TU MENTE EN
FORMA

Wouter de Jong
Maud Beucker Andreae

TU MENTE EN
FORMA

Un plan de 12 semanas para
fortalecer y equilibrar
tu cerebro

OCEANO

TU MENTE EN FORMA
Un plan de 12 semanas para fortalecer y equilibrar tu cerebro

Título original: THE 12 WEEK MIND WORKOUT.
Focused Training for Mental Strengthand Balance

© 2022, Wouter de Jong

Traducción: Karina Simpson

Diseño de portada: Departamento de Arte de Océano
Fotografía del autor: Stef Nagel

D. R. © 2022, Editorial Océano de México, S.A. de C.V.
Guillermo Barroso 17-5, Col. Industrial Las Armas
Tlalnepantla de Baz, 54080, Estado de México
info@oceano.com.mx

Primera edición: octubre, 2022

ISBN: 978-607-557-634-3

Impreso y encuadernado: Impregráfica Digital, S.A. de C.V.

Impreso en México / Printed in Mexico

Para Ava

ÍNDICE

INTRODUCCIÓN

¿No es extraño que los anuncios de relojes muestren esos momentos "eternos" en los que ni siquiera se te ocurriría mirar la hora? Un hombre y una mujer se dan un beso profundo y significativo, cada uno portando un reloj brillante; o un musculoso escalador colgado de un brazo del borde de un acantilado, con un atractivo reloj alrededor de su muñeca.

Por desgracia, estos momentos intemporales tienden a ser una excepción a la regla. Nuestras vidas se rigen por el reloj: corremos de una cita a otra. Y si no vemos el futuro con ilusión, podemos añorar el pasado con melancolía. Mi tío de La Haya solía decir: "Si tienes un pie en el futuro y el otro en el pasado, estás orinando sobre el presente". Estoy seguro de que todos conocemos esa irritante sensación de querer estar siempre en otro lugar o ser otra persona. La mayoría estamos acostumbrados a una sensación de insatisfacción que nos acecha. Tal vez tú también te hayas convencido de que la vida consiste en eso. Imagina cómo sería si tuviéramos una sensación de *paz* en nuestra mente. Si eso fuera posible, ¿qué tan importante sería para ti?

CONCIENCIA SANA

En el mundo actual, estamos esperando algo continuamente, una llave mágica, experiencia, logro o alguien que nos libere de nuestra insatisfacción crónica. El escritor británico y practicante de zen, Alan Watts, comparó esta situación con la impaciencia por escuchar música, anhelando oír la última nota o con dirigirnos a un punto concreto de la pista de baile. Por supuesto que bailamos porque nos gusta hacerlo, pero ¿no será que a veces vivimos con la esperanza de encontrar "ese 'algo' especial"?

Pero ¿qué es ese "algo" especial? ¿Son las cosas materiales, la riqueza, el sexo? Estoy convencido de que significa sentirte "como en casa" en tu propia conciencia. Después de todo, tu mente es el único hogar que ocupará permanentemente.

¿No estás convencido de ello? Imagina que te prometieran el acceso a un súper poder que te permitiera adquirir todo lo que quisieras: dinero, coches, amantes, estatus, habilidades y autoridad, pero con una condición: tienes que renunciar a tu conciencia. ¿Estarías de acuerdo?

No, por supuesto que no: sin conciencia, todas estas cosas no tendrían ningún valor. Pregúntate también esto. ¿Qué vida preferirías: la del profesor Stephen Hawking, el genio paralizado que dijo no temer a la muerte, pero que tampoco tenía prisa por morir, porque hay muchas cosas bonitas por las que vivir; o la del extremadamente sano Markus Persson, el multimillonario sueco e inventor de Minecraft, que sufre ataques de depresión profunda porque piensa que la vida no tiene sentido?

LA IMPORTANCIA DE UNA MENTE SANA

Podrías llenar fácilmente un libro con todas las metas y ambiciones que te gustaría alcanzar en la vida, pero el objetivo principal (ya sea ir de campamento, fundar un partido político, leer esta frase, asistir a una reunión o tomar un analgésico) es que te sientas a gusto en tu propia mente. Incluso las personas que se suicidan sólo quieren librarse del dolor y el sufrimiento, ser felices. Por supuesto, las circunstancias materiales son importantes, sobre todo las necesidades básicas a satisfacer para sobrevivir, pero al final la verdadera felicidad no depende de las posesiones o emociones efímeras, sino de tu visión de la vida, de tu mentalidad.

Por lo tanto, una mente sana y feliz tiene un valor incalculable (no querríamos cambiarla por nada) y, sin embargo, no la tratamos como corresponde ni como merece. ¿No es asombroso que todo lo que hacemos pase por el filtro que llamamos conciencia, pero que prestemos tan poca atención al verdadero filtro? En Occidente, nunca hemos sido tan prósperos como ahora, pero si consideramos que en el Reino Unido, por ejemplo, una de cada cuatro personas padecen trastornos mentales cada año,[1] que la mala salud mental es la causa de 72 millones de días de trabajo perdidos y cuesta más de 42 millones de dólares cada año,[2] parece que el progreso dentro de nuestras mentes no va a la par de esa prosperidad.

ENTRENAR LA MENTE

Nos sorprende que en la Edad Media la alimentación aún no estuviera vinculada a la salud. En la década de 1950, el ejercicio físico todavía no estaba asociado a la salud: si alguien veía a una persona corriendo en el parque, pensaba: "¿Por qué tiene tanta prisa? Seguro va tarde para tomar el tren".

Hoy es bastante aceptable que prestemos atención a lo que comemos y que ejercitemos nuestro cuerpo. Pero seguimos sin relacionar la formación mental con la salud; comúnmente, ni siquiera pensamos en nuestro cerebro hasta que algo va mal (y acudimos a un psicólogo clínico en busca de ayuda). ¿No te parece muy extraño? Si quieres inscribirte en un gimnasio, no hace falta que demuestres primero que tienes dolencias físicas.

Por fortuna, una tercera revolución está cobrando impulso: el entrenamiento mental. Toda una serie de pruebas científicas afirma que el entrenamiento mental puede ayudarnos a llevar vidas más significativas y agradables (y a crear un mundo mejor). Dentro de diez años (eso esperamos), entrenar la mente será tan natural como lavarse los dientes. En otras palabras, si no haces ningún entrenamiento mental, los demás se van a quejar del aire viciado que se arremolina alrededor de tu cabeza.

ENTRENAMIENTO MENTAL

"La vida es como una cámara", escribió el financiero y activista Ziad K. Abdelnour. "Enfócate en lo importante. Captura los buenos momentos. Y si las cosas no salen bien, toma otra foto." Tal vez siempre tomes buenas fotos, y si es así, mejor cierra este libro ahora. Pero es más probable que, como cualquier persona, tu cámara a veces falle. En teoría, la mayoría queremos una vida feliz y con sentido, pero no vivimos así. Este libro te ofrece herramientas para comprender la naturaleza de una "vida significativa y feliz" y ponerla en práctica.

Tu mente en forma te brinda los recursos necesarios para mantener una condición mental sana y constante en todos los momentos de la vida: los alegres, los tristes y los francamente aburridos. Si tu mente es clara y aguda, sabrás dónde puedes influir y qué debes aceptar. No aprenderás a liberarte *de* ciertas experiencias (internas), pero descubrirás la libertad *dentro* de tu experiencia. Te ayudará a mantener la paz interior, incluso cuando estés triste o molesto, o cuando las cosas no vayan como te gustaría. Aprenderás a mantener o cambiar tu comportamiento, lo que ayudará a que tu vida esté alineada con lo que realmente te importa.

Este libro no se basa en la fe ciega, la charlatanería o la palabrería. Se sustenta en una sólida base científica, rica y pragmática, sobre cómo podemos influir en nuestras mentes. Por supuesto, la investigación es siempre provisional y discutible, pero es todo lo que tenemos, por el momento. Por eso he citado las pruebas de múltiples estudios científicos, así como mis propias experiencias y las de los participantes en mis cursos de formación.

CÓMO TENER UN CEREBRO FELIZ

Hemos hablado de una mente sana, pero para entrenar una mente sana primero debemos entender lo que esto significa, sin caer en el esoterismo. La ciencia puede ayudarnos. Richard Davidson, profesor de psicología y psiquiatría de la Universidad de Wisconsin-Madison, ha investigado qué provoca que nuestro cerebro sea claro, eficaz y feliz. Cuatro circuitos cerebrales independientes son responsables de lo que él llama el "cerebro feliz":

1. *Atención.* Nuestra capacidad de mantener la concentración; una mente distraída es una mente infeliz.
2. *Resiliencia.* Nuestra capacidad para recuperarnos rápidamente de estados mentales negativos.
3. *Positividad.* Nuestra capacidad de crear emociones y pensamientos positivos y de alimentarlos.
4. *Altruismo.* Nuestra capacidad de dar incondicionalmente; la generosidad.

Curiosamente, estos circuitos pueden funcionar de forma independiente. Esto significa que uno tiene la capacidad de entablar muy buenas conversaciones con un amigo, pero al mismo tiempo ser bastante malo para reparar la relación con ese mismo amigo después de un desacuerdo. También significa que las emociones positivas y negativas no son inversamente proporcionales: puedes experimentar muchas emociones positivas y aun así sentir que con frecuencia te abruman los sentimientos desagradables. La investigación también demuestra que todos estos circuitos son elásticos. En otras palabras, pueden ejercitarse como se entrenan los músculos.

CÓMO ABORDAR EL ENTRENAMIENTO
DE LA MENTE

Estos circuitos cerebrales son la base del entrenamiento mental. El libro está dividido en tres partes: la atención, el poder de la compasión y las habilidades para la felicidad. La parte 1, sobre la atención, proporciona la base para las otras dos partes: el entrenamiento de la atención te dará más conciencia y control sobre ti mismo. Aprenderás a centrar tu atención donde y como quieras; así adquirirás un nivel básico de preparación para realizar los ejercicios de las partes 2 y 3. En la parte 2, sobre la compasión (tu circuito de resiliencia), aprenderás a afrontar de forma constructiva las situaciones difíciles de la vida. desarrollarás la resiliencia para mantenerte fuerte en medio del dolor y el sufrimiento.

Esto te dará apoyo para la siguiente parte, porque habrás aprendido a renunciar a los patrones de comportamiento que te impiden llevar una vida más feliz. La parte 3, que trata sobre la felicidad (los circuitos de positividad y altruismo), te introducirá en las técnicas que necesitas para desarrollarte y prosperar en la vida.

Cada parte consta de cuatro semanas, y cada una tiene sus propias sugerencias de entrenamiento. Por supuesto, esas "semanas" son sólo periodos orientativos. Si quieres dedicar más tiempo a practicar ejercicios en una semana concreta, hazlo. Es importante que no te apresures. No se trata de soluciones rápidas ni remedios milagrosos. Su valor sólo se notará después de la práctica frecuente y la consolidación.

Cada semana comienza con un calentamiento (la teoría), seguido de un entrenamiento (la práctica) y un ejercicio de enfriamiento (la reflexión). Es bueno saber por qué algo es benéfico y, si lo pones en práctica y luego reflexionas sobre ello, optimizarás tus esfuerzos. Puedes elegir entre tres niveles de práctica: ligero, medio y (para los muy clavados) intensivo. Los ejercicios de entrenamiento ligeros no te ocuparán ningún tiempo extra; harás estos ejercicios durante tus actividades diarias (como ducharse, hacer una llamada telefónica o esperar en un semáforo). Si deseas realizar un mayor entrenamiento, puedes elegir el nivel medio, en el que hay muchas pistas de audio y ejercicios adicionales [12weekmindworkout.com/spanish]. Estos ejercicios requieren entre 20 y 30 minutos al día. Si el entrenamiento intensivo es lo tuyo, entonces asigna de 30 a 45 minutos.

TU PROPIO ENFOQUE

En *Tu mente en forma* es importante que confíes sólo en tus experiencias e intuición. No caigas en la trampa de pensar que todo se puede encontrar en los libros. El conocimiento no equivale a la experiencia. Debes absorber tus experiencias para reconocer y adentrarte en el valor profundo de los ejercicios. La simple lectura de una receta de un médico no hará que te cures. Si crees que tienes poco tiempo para hacerlos, recuerda que el británico promedio pasa tres horas y 23 minutos al día viendo la televisión o utilizando su laptop. Eso es más de un año entero mirando pantallas, por cada ocho años de su vida. ¿Y qué es más importante para ti: una mejor calidad de vida o estar al día con tus amigos de Facebook?

Hace falta valor y disciplina para ver dentro de uno mismo. Dar un paso hacia delante y dejar de lado viejos hábitos e ideas arraigadas es más emocionante que hacer paracaidismo, escalar el Everest o viajar a la Luna, sobre todo si estás dispuesto a abandonar la más peligrosa de las ideas del crecimiento personal: "Así soy y no puedo cambiar".

EN CONCLUSIÓN

En mi opinión, luchar por la prosperidad material no es el verdadero problema; de hecho, ¡tener algo de dinero y lo suficiente para vivir puede ser una ventaja! El verdadero reto es utilizar nuestra prosperidad material para apoyar el progreso mental y crear un mundo más sostenible.

Soy plenamente consciente de que no siempre podemos lograr que el mundo esté al servicio de nuestros propósitos. El entrenamiento mental se basa en mi creencia de que tenemos la opción de adoptar una visión alternativa de nuestro mundo. Y si introducimos más claridad y definición en nuestra conciencia (paradójicamente) deberíamos ser más capaces de moldear el mundo a nuestro gusto. Una mente clara y satisfecha hará que queramos algo más de la vida que reposar en una hamaca. Hará que nos involucremos más en los otros que en nosotros mismos. Seremos más serviciales y cariñosos si nos sentimos cómodos con nosotros mismos y nuestra mente. Gastaremos más dinero en los demás, realizaremos más trabajo voluntario, estaremos más dispuestos a compartir y ayudar, en comparación con las personas infelices.[3] En resumen, un mundo mejor empieza en la mente.

Si para entrenar una mente sana invirtiéramos todo el esfuerzo que ponemos en nuestra apariencia y en nuestra presencia en las redes sociales, no sólo seríamos más felices, sino que también crearíamos las condiciones adecuadas para una sociedad en la que prestemos atención a lo que más importa: los demás.

WOUTER DE JONG

PARTE 1

ATENCIÓN

Si intentas perseguir dos conejos,
ambos escaparán.
PROVERBIO CHINO

Ocho segundos. Ése es el tiempo que puedes concentrarte en algo o al-guien. Después de eso, pierdes la concentración y tu mente se centra en otra cosa: una bolsa de papas fritas, una aplicación, tus pensamientos, lo que sea. En el año 2000, la capacidad media de atención de un individuo era de 12 segundos; desde entonces, la era de los teléfonos inteligentes ha recortado un tercio de este tiempo (¿sigues conmigo?). Ahora, incluso los peces dorados tienen una capacidad de atención mayor: esa pequeña cria-tura puede mantener la atención durante nueve segundos.

La atención es la base de todas nuestras actividades, desde apagar el despertador por la mañana hasta programarlo por la noche y cual-quier otra cosa que suceda en medio: conducir un coche, asistir a reuniones de trabajo, dar un beso, cocinar... De niño podías pasar horas jugando con los bloques de Lego, pero ahora que eres mayor te resulta mucho más difícil prestar toda tu atención a una sola ac-tividad. En primer lugar porque, como adulto, tenemos más deman-das de atención. Hoy en día, la atención es como oro en polvo: las marcas y los anuncios compiten por nuestra atención, los colegas esperan que nos concentremos, nuestros hijos quieren que juguemos con ellos, un amigo en apuros quiere que lo escuchemos. En segundo lugar, cada día la era digital nos expone a un diluvio de información que ansía nuestra atención. El número de imágenes que debemos procesar (procedentes de los periódicos, de nuestra computadora, de nuestro teléfono móvil o simplemente de la calle) se ha multiplicado por 100 con respecto a hace un siglo. Estamos sometidos a 300 anuncios publicitarios, de diversas formas, cada día.[1]

LESIÓN DE LA ATENCIÓN

Todos estos "buscadores de atención" hacen estragos en tu concentración. Y tu propio cerebro es cómplice, porque es adicto a la información: cuantos más datos recibe, más codicioso se vuelve y más devora.[2] Al igual que puedes lesionar tu cuerpo con un ejercicio excesivo, también puedes sobrecargar tu "músculo de la atención". Como consecuencia, podemos desconectarnos incluso durante las actividades más sencillas. Tu mente se desvía hacia el futuro (mientras comes la sopa, ya estás anticipando el postre; durante una sesión de masaje, ya estás lamentando que acabará pronto), o alternativamente hacia el pasado (¿por qué tu amigo no fue amable contigo ayer?). Estas divagaciones de tu cerebro hacia el pasado o hacia el futuro inmediato no te ayudan; simplemente te distraen de tu actividad actual, lo que significa que no puedes disfrutarla con plenitud y eres más propenso a cometer errores.

¿Cuántas veces has oído la expresión "estar más en el ahora"? Se ha usado tanto que parece hueca, ¿no? Lo lógico es que todo el mundo esté en el ahora, es imposible no estarlo. Lo que realmente importa es cómo estás presente. Hacer planes para el futuro sólo es útil si los disfrutas cuando ese futuro se presenta. Y disfrutar también requerirá toda tu atención.

Si ignoras una lesión en la muñeca o en la rodilla, te provocará otros problemas, y lo mismo ocurre con un músculo de la atención que está sobrecargado. Para evitarlo, tenemos que averiguar cómo devolver a nuestras vidas esa atención indivisible de la que disfrutábamos en nuestra infancia. Esto es lo que vamos a trabajar en las próximas cuatro semanas.

UN ALMUERZO QUE SALVA VIDAS

Si alguna vez acabas en la cárcel y decides pedir la libertad anticipada, cruza los dedos para que te escuchen a las ocho de la mañana o justo después de comer. Un revelador estudio sobre la libertad anticipada mostró que los jueces concedían 65% de las solicitudes por la mañana, pero sólo 10% al final del día. Después de la comida se produjo otro pico de 65 por ciento. ¿A qué se debe esto? Los investigadores concluyeron que la decisión de conceder la libertad anticipada exigía un alto nivel de atención. Justo antes de la comida, a los jueces les quedaba poca batería, y lo mismo ocurría al final de la tarde. Esto explica por qué hubo un número significativamente menor de liberaciones anticipadas a esas horas.

ABDOMINAL MENTAL

¿Notaste una errata en el segundo párrafo de este capítulo? Si es así, ¡eres muy inteligente! Si no lo hiciste, el error estaba en la frase: "En primer lugar porque, como adulto, tenemos más demandas de atención", que por supuesto debería decir "adultos". Lo más probable es que lo hayas pasado por alto porque este tipo de errores no son importantes para ti. Requeriría más energía poner los puntos sobre las íes, además de prestar atención al contenido. Tu músculo de la atención trata de ahorrar energía. A menos, claro, que seas un editor de libros (y tu trabajo sea detectar errores).

ENTRENAMIENTO DE LA ATENCIÓN

Es interesante que, cuando aprendemos nuevas habilidades (pintar, conducir un coche, gestionar eficazmente), el entrenamiento de la atención no está en el programa de estudios.

Sin embargo, la atención está en el centro de todo lo que hacemos, así como cuando aprendemos algo nuevo en la escuela. Por desgracia, las únicas palabras que estábamos acostumbrados a escuchar en la escuela acerca de la atención eran algo así como: "¡Presta atención o tendré que pedirte que salgas del salón!", o bien: "¡Si no dejas de hablar ahora, te mandaré a la dirección!". Teníamos que prestar atención si no queríamos que nos castigaran. ¿No es extraño? Porque, ¿cómo se presta atención? Y, sin embargo, la atención debería formar parte del plan de estudios, ya que es el núcleo del aprendizaje constructivo.

Entonces, ¿cómo podemos fortalecer el músculo de la atención? Respuesta: practicando la atención plena. Si la idea de la atención plena no te atrae y sólo con escuchar la palabra te dan ganas de tirar este libro a la basura, ¡espera! Sí, lo sé, todo el concepto de *mindfulness* (o atención plena) se ha desvirtuado. Quizá te recuerde a un grupo de hippies desaliñados, tal vez pienses en un retiro o en hípsters intentando impresionar con citas de Eckhart Tolle.

Es estupendo que el *mindfulness* haya ganado popularidad en los últimos años (ya no nos sorprende si el director general se toma un tiempo libre para ir a un "retiro"), pero su popularidad ha llevado a un uso indiscriminado e incorrecto del término. Un error común es creer que ser "consciente" es igual a sentirse relajado o zen, o que nada ni nadie podrá volver a perturbarte. Sin embargo, el significado literal de *mindfulness* es "tener conciencia plena [es decir, atención]": estar atento y registrar lo que ocurre momento a momento sin prejuicios. Todo, desde el dolor y la alegría, hasta el enojo y esa comezón en el dedo gordo del pie.

Si tu estilo de vida es consciente, significa que has decidido conscientemente dónde y cómo quieres centrar tu atención. Tu músculo de la atención se fortalecerá, poco a poco notarás que te resulta más fácil centrarte y, en consecuencia, no sólo te sentirás más satisfecho, sino que tendrás un enfoque resistente y constructivo para afrontar situaciones desagradables.

> *¿No es cada segundo el momento más importante de tu vida? No hay un después... el después es ahora.*
> DE DIJK

LOS BENEFICIOS DEL ENTRENAMIENTO DE LA ATENCIÓN

Uno de los primeros estudios sobre el entrenamiento de la atención activa (el programa de *mindfulness* "tradicional" de ocho semanas) y su impacto en el trabajo sorprendió incluso a los investigadores. Descubrieron que los participantes estaban menos estresados e inquietos, tenían un estado de ánimo más positivo y trabajaban con más eficacia que el grupo de control.

La ventaja (inesperada) fue el impacto físico: al final del entrenamiento de la atención, los participantes recibieron una inyección contra la gripe para comprobar la respuesta de su sistema inmunitario. Los que habían practicado el control de la atención desarrollaron muchos más anticuerpos que el grupo no entrenado.[3]

Los beneficios del entrenamiento de la atención son enormes. Muchos estudios demuestran que ayuda a combatir el miedo, el dolor físico, la ansiedad y los sentimientos depresivos, y que conduce a un aumento de la felicidad, la salud, la concentración, la toma de decisiones y el autocontrol, entre otras cosas.[4] Y si consideramos que la atención es la base de todo lo que hacemos, una vida (más) atenta debe ser el primer paso para crecer en todos los ámbitos.

En un estudio pionero realizado por el neurocientífico Christopher deCharms, los pacientes que sufrían dolor crónico fueron sometidos a una fMRI (un tipo de radiografía) en tiempo real para medir su actividad cerebral. En la imagen, su dolor se visualizaba como un fuego: cuanto más intenso era el dolor, mayor era la actividad de su cerebro, mayores eran las llamas. Los pacientes practicaban entonces el tipo de atención que querían prestar a las llamas (su dolor) y se concentraban en hacerlas más pequeñas. Como resultado, su experiencia de dolor disminuyó y las llamas también. Los pacientes habían cambiado consciente y activamente la estructura de sus cerebros; las llamas se hicieron más pequeñas o incluso se extinguieron.[5]

INTENTO

Los ejercicios diarios queman la grasa del vientre y los rollitos de grasa pueden convertirse en un *sixpack*, pero si dejas de hacer ejercicio, toda la grasa vuelve a aparecer. Así funciona también la atención: si ejercitas regularmente tu músculo de la atención, te ayudará a estar más atento en la vida diaria, pero si vives distraído (haciendo muchas cosas al mismo tiempo, dejando que tu mente divague o usando constantemente el teléfono móvil) el músculo se debilitará. Esto ocasionará una vida menos atenta (olvidarás las citas, extraviarás cada vez más objetos, prestarás menos atención en el tráfico, etcétera), lo que a su vez tendrá un efecto negativo todavía mayor sobre el músculo. El entrenamiento de la atención rompe este círculo vicioso: prestar más atención fortalece el músculo, lo que a su vez te hace estar más atento. En realidad, es bastante sencillo: presta atención a tu atención, y tu atención crecerá.

Durante las próximas semanas trabajarás exactamente en esto. Cada semana comienza con un calentamiento (teoría), un entrenamiento (práctica) y un enfriamiento (reflexión).

Un mal intento es mejor que ningún intento.
ANÓNIMO

Considera de antemano qué nivel de entrenamiento es factible para ti, y sé realista. Si te dedicas a correr, no podrás participar en un maratón de inmediato. Un ascenso gradual es crucial para el entrenamiento de la atención: los ejercicios cortos pueden potenciar realmente tu músculo de la atención. Si después de un tiempo descubres que los ejercicios adicionales son demasiado para ti, no te preocupes. No te rindas, tan sólo retrocede un paso. Lo principal es practicar. La versión de "entrenamiento ligero" también es adecuada. Y si crees que no has hecho lo suficiente, detente y piensa en lo que has conseguido, no en lo que deberías haber logrado. Esto en sí mismo es un buen ejercicio de atención.

SEMANA

01

LOS FUNDAMENTOS

La vida es lo que te pasa mientras
estás ocupado haciendo otros planes.
JOHN LENNON

¿Cómo funciona la atención y por qué es tan difícil llevar una vida consciente? En particular, ir distraído y actuar en piloto automático tienden a reducir la atención, pero ¿por qué es importante y cuáles son las consecuencias? ¿Y por qué cierto nivel de distracción y algunos comportamientos automáticos incluso pueden ser muy útiles? Esta semana encontrarás las respuestas a estas preguntas, para que comprendas por qué necesitas fortalecer tu músculo de la atención. El punto de partida de esta semana se centra en la base del entrenamiento de la atención: tu respiración.

CALENTAMIENTO

Un músculo de la atención fuerte es indispensable si quieres llevar una vida más feliz. Todos tenemos suficiente tiempo (todo el mundo tiene las mismas 24 horas al día), pero no tenemos suficiente atención. Por desgracia, el hábito de hacer muchas cosas a la vez está muy extendido en el mundo contemporáneo, a pesar de que las pruebas científicas han demostrado que no funciona: la calidad de nuestros resultados al realizar muchas tareas a la vez parece ser la misma que cuando ejecutamos tareas estando borrachos.[1] Las investigaciones, y quizá también nuestra experiencia personal, nos muestran que, para que una tarea tenga éxito y/o sea productiva, necesitamos mantener la concentración. Esto también se aplica al sexo.[2] Pensar en lavar los trastes o en sacar la basura durante el juego sexual previo es fatal. O, al menos, no resultará una nueva vida.

Fíjate en este cubo. ¿La bolita está delante o detrás?

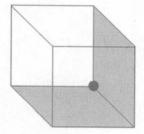

Por supuesto, es una pregunta capciosa: no hay respuesta correcta o incorrecta. Resulta que hay interpretaciones visuales del llamado cubo de Necker. El cerebro humano no puede ver las dos cosas al mismo tiempo. Del mismo modo, es imposible mantener dos conversaciones al mismo tiempo.

ABDOMINAL MENTAL

EL MODELO DE ATENCIÓN

No puedes dividir tu atención. Es como un foco: si ilumina un objeto (por ejemplo, una silla), otra cosa (una mesa) quedará en la sombra. Del mismo modo, si prestas toda tu atención a tu pie, te desentiendes temporalmente de tu mano; si estás escuchando un emocionante podcast, tu atención no estará en tu madre enferma.

Al igual que un foco, puedes cambiar la dirección o el alcance de tu atención. ¿Estás centrando tu atención en el interior o en el exterior? ¿Te centras en algo concreto o estás abierto a más estímulos? Cada tipo de atención depende de las circunstancias y del momento. Intentaré aclarar todo esto aportando ejemplos y beneficios para cada tipo de atención.

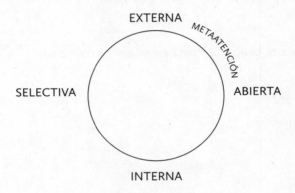

CENTRAR LA ATENCION

Figura 1.1 La metaatención te hace consciente de la dirección y la duración de tu atención. Fuente: © Wouter de Jong.

Atención selectiva

En la atención selectiva, la luz de tu atención es tan fina como un rayo láser. Centras tu atención en un aspecto: un episodio de tu programa de televisión favorito, una comezón en el pie, *Las cuatro estaciones* de Vivaldi (¡sin leer ni enviar mensajes de texto al mismo tiempo!). Concentras toda tu atención en esa única actividad.

Ventaja: la atención selectiva es eficaz. Tienes una buena probabilidad de completar el proyecto (hornear unas galletas) y el riesgo de cometer errores (quemarlas) se reduce considerablemente.

Atención abierta

La atención abierta es lo contrario a la atención selectiva. Aquí la luz es como una lámpara que ilumina toda la habitación. Te abres a todos los estímulos que hay dentro de ti y a tu alrededor. Si estás sentado disfrutando un café en una de las mesas exteriores de una cafetería, habrá todo tipo de estímulos internos y externos: un músico callejero, las idas y venidas del camarero, el sol sobre tu piel, una conversación en otra mesa, comezón en la oreja y tu reflexión sobre una discusión que tuviste con tu hermano.

Ventaja: estás abierto a información (nueva) que potenciará la parte creativa de tu cerebro.[3] Después de estar pensando durante días, esta hora de atención abierta te ha dado cinco ideas para el regalo de cumpleaños que te gustaría darle a tu amigo.

Atención externa

Diriges tu atención hacia el exterior: al partido de tenis, a la tarta de manzana recién horneada, a la hora en que sale el tren, a la agradable sonrisa del mesero o la mesera.

Ventaja: la atención externa aumenta tu capacidad de adaptación, tu habilidad para notar los cambios en tu entorno. Te ayuda a evitar un tranvía que se acerca y a fijarte en la sonrisa de tu pareja.

Atención interna

La atención interna significa centrarte en tus pensamientos, sentimientos o sensaciones físicas. ¿Sientes algún cosquilleo? ¿Sientes calor o frío? ¿Celos? ¿Estás contento o te sientes estresado?

Ventaja: la atención interna te informa sobre el estado de tu mente y te ayuda a controlar tus impulsos. Los pensamientos y sentimientos dan lugar a la acción adecuada: el nudo en el estómago te dice que ese nuevo trabajo tal vez no es una buena idea, y si tu piel se eriza no se debe al frío sino a la emoción.

Enciende un temporizador en tu teléfono y presta toda tu atención al sentido del tacto durante dos minutos completos (atención selectiva externa): ¿cómo se siente la textura de la cubierta de este libro, cómo se sienten las páginas? Cada vez que te distraigas, vuelve a centrar tu atención.

¿Cómo te fue? ¿Sentiste algo nuevo? ¿Alguna textura sorprendente? ¿Te has distraído con frecuencia? ¿En qué pensamientos? ¿Lograste volver a centrarte en el libro?

EL COLOR DE TU ATENCIÓN

Un aspecto importante del modelo de atención es el color de tu luz de atención. Esto se debe a que la atención no sólo se refiere al objeto de tu atención, sino también a tu relación con el objeto. ¿Ofreces atención positiva (color verde); muestras resistencia (rojo), o tus sentimientos son neutrales (blanco)?

Por ejemplo: una persona puede asignarle luz roja a una película porno y luz verde a un monasterio, pero otra persona podría hacer lo contrario.

Del mismo modo, también podrías sentir frustración (rojo) ante tus propias emociones, como los celos, la tristeza o la ira, o podrías enfocarlas de forma más constructiva y verlas de forma neutra (blanco) o de aceptación (verde).

Metaatención

Tenemos un tipo especial de atención que comúnmente se produce en el entrenamiento de la atención: la metaatención. Utilizamos esta expresión cuando prestas atención a tu atención. Estás reflexionando sobre tu atención: primero te das cuenta del tipo de atención que has utilizado y después del color. El subconsciente tiende a adoptar un tipo de atención favorito, que no siempre es el adecuado para un momento dado. Por ejemplo, puedes adoptar la atención abierta cuando deberías centrarte en tu trabajo (atención selectiva), o la atención selectiva cuando podrías beneficiarte de un impulso a la creatividad (atención abierta).

Emplear la metaatención te ayuda a darte cuenta de que te estás centrando en la pesada respiración de tu colega (atención externa y selectiva) y que el color que te provoca es rojo (irritación); o que estás prestando atención a todos los estímulos que hay dentro de ti y a tu alrededor (atención abierta), como el llanto de un bebé, las ganas de comer y la luz del sol en tus ojos. La metaatención es un primer paso para modificar la dirección, la amplitud y el color de tu atención.

Concéntrate durante 30 segundos en la sensación de tu mano derecha (atención selectiva interna). También sé consciente del tipo de atención que utilizas (metaatención). ¿Lograste centrar tu atención en la mano? Si no es así, ¿qué distrajo tu atención? ¿Hubo distracciones externas, como el ladrido de un perro? ¿O pensamientos de distracción (tengo hambre; ¿cuánto tiempo falta para terminar?) y sentimientos (satisfacción, irritación, impaciencia)? ¿Eras consciente de que se desviaba tu atención (metaatención)?

ABDOMINAL MENTAL

ABANDONAR EL AHORA (EN PILOTO AUTOMÁTICO)

En un mundo ideal, cambiarías conscientemente entre atención selectiva y abierta, de rojo a verde, de interna a externa y viceversa. Pero como has leído en la introducción y tal vez hayas experimentado en las abdominales mentales, hay muchos buscadores de atención que pueden perturbar esta conciencia.

Las distracciones, como los correos electrónicos entrantes, una canción genial en Spotify, el trabajo, un colega sonándose la nariz o un mendigo que toca tu hombro en la calle, te aleja de la actividad que querías o deberías estar haciendo en ese momento y que requiere toda tu atención. Todos estos factores externos debilitan tu músculo de la atención y te alejan del ahora.

Aunque de vez en cuando te distraigan factores externos, tú mismo eres el mayor distractor. ¿Cuántas veces se han desviado tus pensamientos mientras leías este capítulo? Los pensamientos de las personas tienden a desviarse entre 20 y 40% del tiempo mientras leen.[4] Quizás esta cifra te parezca elevada, pero en promedio soñamos despiertos la mitad del tiempo y, además, dormimos alrededor de ocho horas al día. Esto significa que a los 30 años, hemos vivido de forma inconsciente unos 20 años.

NUESTRO MONO PARLANCHÍN

En la filosofía oriental existe un término para esto: mente de mono parlanchín. Es ese parloteo infinito en tu cabeza cuando saltas inconscientemente de pensamiento en pensamiento, de emoción en emoción, como un mono que se balancea de árbol en árbol. *¿Qué otras citas tengo esta tarde? Vaya, olvidé llamar a mi madre ayer. Debo renovar mi suscripción telefónica y no debo olvidar reservar las vacaciones de verano.* Antes de que te des cuenta, tu mente de mono está en China... y ya han pasado tres horas.

Recientemente, los científicos del cerebro han descubierto cómo funciona la mente de mono en tu cerebro: es una red de partes interconectadas que está inactiva cuando se concentra, pero se hiperactiva cuando se distrae. En esos momentos, la *red predeterminada* trabaja sin parar, buscando soluciones a tareas y problemas: qué vas a cenar esta noche, llamar a la niñera o preocupaciones más serias como la pérdida del trabajo o un familiar enfermo.

DESVENTAJAS

Una desventaja de una mente de mono hiperactiva es que te pierdes una parte importante de tus experiencias placenteras. Besas a tu ser querido mientras tu mente está ocupada con alguna tarea administrativa que debes hacer, o te pierdes de sentir el cálido sol de primavera en la espalda porque estás preocupado por una fecha límite.

Otra desventaja es que tu mono parlanchín también provoca que te pierdas muchas experiencias desagradables. Probablemente estés pensando, ¿qué tiene eso de malo? Pues bien, si quieres afrontar de forma constructiva un acontecimiento desagradable (como las discusiones y las críticas) y las emociones dolorosas (la ira y la tristeza), tienes que experimentarlas conscientemente. De lo contrario, volverán a golpearte como un bumerán.

Una tercera desventaja es que al estar tan distraído se pierde la oportunidad de hacer más interesantes las actividades repetitivas. Si vas al trabajo en bicicleta y tu mente ya está en la mesa de la oficina (o todavía en la cama), estás saltando de un momento cumbre a otro momento cumbre sin apreciar el tiempo intermedio.

En una prueba de atención aleatoria de transeúntes, se les pidieron indicaciones para llegar a una ubicación. Mientras cada transeúnte daba sus sugerencias, dos hombres de la mudanza que cargaban una enorme puerta pasaron entre el transeúnte y la persona que recibía las indicaciones, y en ese instante de distracción la persona que preguntaba era sustituida por otra. Curiosamente, la mitad de los transeúntes no se dieron cuenta de que estaban hablando con otra persona y terminaron la conversación como si no hubiera pasado nada.[5]

REVELACIÓN

Otra desventaja de la mente de mono es que el parloteo suele tener un enfoque oscuro. Aunque el día esté lleno de acontecimientos positivos, es probable que no estés pensando continuamente en cosas como "¿Verdad que tengo suerte de que mi tren llegue a tiempo?" o "¿Verdad que tengo una vida divertida?". Las personas tenemos un sesgo de negatividad: una tendencia natural a centrarse en (la prevención de) el riesgo, que la mente suele traducir en lo negativo: "¡Qué cantidad de cosas tengo por hacer!"; "¡Ay no! ¡Otra vez mi teléfono!". O bien, sacamos conclusiones negativas. Sin darnos cuenta, de pronto nos estamos subestimando a nosotros mismos, estamos juzgando a los demás, interpretamos el comentario de otra persona como un ataque, etcétera. Y así sucesivamente.

ABDOMINAL MENTAL

Intenta sentir curiosidad por las cosas cotidianas como un paseo en bicicleta: por ejemplo, el movimiento de los pedales (atención selectiva interna) o lo que se te ocurra: los árboles, el viento, la gente esperando en los semáforos, el ingenio técnico de la bicicleta (atención abierta externa). ¿Esto cambia tu experiencia como ciclista? ¿Has logrado seleccionar conscientemente un tipo de atención (selectiva interna, selectiva externa, abierta interna, abierta externa)? ¿Y has podido mantener tu atención o te has distraído con frecuencia? Si es así, ¿a dónde se fue tu atención? Y no olvides que el color de la atención también es importante. ¿Cuál era el color de tu atención: verde o rojo? En otras palabras, ¿aceptaste lo que experimentaste o te irritó?

MENTE INFELIZ

Los inconvenientes de la distracción tienen una consecuencia importante: una mente infeliz. Así lo confirmó un estudio de la Universidad de Harvard en el que los participantes que utilizaron la aplicación Track Your Happiness puntuaron sus sentimientos y pensamientos reales. Los resultados confirmaron que las personas tienden a soñar despiertas casi la mitad de su vida diaria (46.9%), pero también que la mejora de la sensación de bienestar no dependía de la calidad de la actividad, sino del "nivel de atención de los participantes durante la actividad".[6] Esto significa que lavar los platos puede hacernos mucho más felices que un parque de diversiones o un concierto de la Filarmónica de Berlín (o una salida que nos acelere el corazón), siempre y cuando estemos concentrados en el cepillo, las tazas y los platos, y en nuestros movimientos. Una de las explicaciones podría ser que, cuando estás prestando toda tu atención a algo, es imposible que te distraigas en la infinita corriente de diálogo interno (crítico y negativo). En otras palabras: estás centrando tu atención en una silla (el lavado) y desplazando la mesa (el parloteo de tu mente de mono) a la sombra.

VENTAJAS

Ahora bien, no estoy tratando de argumentar que la mente que divaga sea del todo mala. Los expertos en evolución creen que distraer nuestra mente fue un gran avance en la evolución humana; al igual que la planificación y la reflexión consciente, la distracción subconsciente es una de las habilidades que nos distinguen de otros animales. He aquí una lista de algunos de los aspectos positivos de la distracción:

- La distracción puede ser una versión innata de la alerta de Facebook o un recordatorio en tu teléfono móvil. Como tus pensamientos están brevemente en otro lugar, de pronto te acuerdas de desearle feliz cumpleaños a tu sobrina.
- La distracción deja espacio para la creatividad. Imagina que te estás bañando y, ¡ping!, de repente tienes una idea brillante sobre cómo hacer tu presentación. Parece que surge de la nada, pero en realidad ese "de la nada" es tu red predeterminada. Tu subconsciente la ha tenido ahí todo el tiempo.
- Distraerse es como tomarse un descanso de la concentración. De vez en cuando, el músculo de la atención selectiva necesita descansar un poco para recargarse.

⚫━⚫ Por último, puede ser divertido dejarse llevar por la distracción: por ejemplo, soñar despierto con tu nuevo amor,
con un año sabático o con ese coche antiguo que quieres
comprar.

Incluso después de realizar el entrenamiento de atención, no creas
que nunca volverás a distraerte. Sin embargo, sucederá con menos frecuencia y más conscientemente. ¿Por qué es tan difícil? La
respuesta de Einstein es que: "No podemos resolver los problemas
usando el mismo tipo de pensamiento que usamos cuando los creamos". En otras palabras: la parte del cerebro responsable de distraerse también es responsable de notar que te distrajiste.

El entrenamiento de la atención te ayudará a mejorar tu conciencia de la distracción. Te harás amigo de tu mente de mono. En
lugar de procesar un interminable ciclo de "tareas pendientes" y
problemas persistentes, aprenderás a pedirle que haga tareas reales
(puntos de atención) que tú mismo has pensado.

DEJAR EL AHORA (EN PILOTO AUTOMÁTICO)

Después de una buena cantidad de repeticiones, descubrirás que las
cosas suceden en automático: casi 90% de todo lo que haces, lo realizas en piloto automático. Es como los surcos que crea una cascada
que se abre paso por una pared rocosa.

ABDOMINAL MENTAL

Cruza los brazos. Ahora crúzalos al revés. ¿Te has dado cuenta de
lo difícil que es? Tanto si cruzas el brazo derecho por encima del
izquierdo, como si cruzas el izquierdo por encima del derecho, lo
haces en piloto automático, sin pensar, porque así es como te has
entrenado. Sólo cuando cambias un hábito te detienes a pensar en
lo que estás haciendo.

Las acciones y los comportamientos automáticos son útiles. Es posible realizar diferentes tareas al mismo tiempo si haces una de ellas en automático (por ejemplo, caminar), para que puedas concentrarte plenamente en la otra (por ejemplo, mantener una conversación). Por desgracia, el piloto automático también tiene sus inconvenientes: te llevará de nuevo a todos esos patrones destructivos, actividades dañinas e improductivas que asoman la cabeza de vez en cuando, como encender un cigarro sin pensar, comer chocolates después de cenar y, por supuesto, echar mano del teléfono móvil.

> *Somos lo que hacemos habitualmente.*
> ARISTÓTELES

No decidimos de forma consciente mostrar comportamientos "pobres"; lo hacemos sin darnos cuenta. El piloto automático sintoniza con lo que estás acostumbrado a hacer; no tiene en cuenta el mal tiempo o un cambio inesperado de dirección. Seguro conoces al gruñón en la oficina que entra en crisis cada vez que cambian los procedimientos de trabajo. Su argumento: "¡Pero si siempre lo hemos hecho así!", surge del miedo a lo desconocido y de la resistencia al cambio.

Ese piloto automático suele ayudarte a vivir bastante cómodo, así que incluso puedes echarte una siesta de vez en cuando.

Averigua si hoy puedes aguantar cuatro horas *sin tu teléfono móvil* y toma nota mentalmente cada vez que sientas el impulso de usarlo. Aquí tienes un truco para ayudarte a darte cuenta: escribe la palabra "atención" en el pulgar que utilizas para usar el teléfono.

ABDOMINAL MENTAL

¿Cómo te fue? ¿Observaste que comúnmente tienes el teléfono en la mano sin darte cuenta de cuándo lo tomaste? ¿Con qué frecuencia ocurrió? ¿Te sorprendió gratamente o te decepcionó?

LLEGAR MÁS FRECUENTEMENTE AL AHORA

Tu piloto automático está sintonizado con lo que estás acostumbrado a hacer. Si quieres vivir con más conciencia, apaga ese piloto automático y planifica conscientemente tu ruta en un mapa a la antigua, sin sistema de navegación. Esto empieza con el entrenamiento de la atención. Al tomar nota de tu atención (metaatención) te vuelves consciente de tus comportamientos automáticos (al principio, lo harás sin implementar cambios). Éste es el primer paso para que, de forma definitiva, decidas eliminar tus comportamientos habituales destructivos.

ABDOMINAL MENTAL

Las investigaciones demuestran que en promedio tomamos 227 decisiones al día sólo en lo que respecta a la comida (por lo regular de forma inconsciente).[7] Intenta ser consciente de ello hoy: al elegir entre una barrita de muesli o una manzana, al poner en el carrito del súper ese artículo extra que no estaba en la lista, al rociar la ensalada con aderezo o aceite de oliva, etc. Al final del día, comprueba hasta qué punto lo llevas a cabo. ¿Cuántas veces te metiste algo en la boca antes de darte cuenta de lo que hacías? ¿Te encontraste en la caja del súper con un carrito lleno de alimentos, en lugar de sólo el filete de salmón y la lechuga que pensabas comprar? ¿Realmente probaste ese tomate cherry o preferiste esa galleta de chocolate?

Al igual que con la distracción, mi intención no es animarte a renunciar a los comportamientos automáticos. Al fin y al cabo, puedes hacer que funcionen a tu favor, como comer una ensalada todos los días. No sólo es saludable elegir en automático una ensalada en lugar de un sándwich, sino que esta elección instintiva (así como masticar y tragar inconscientemente la comida) te ayuda a tener tiempo y energía para realizar cosas más complicadas que sí requieren pensamiento, como tocar una nueva pieza en el piano o entender un programa de computación.

Las investigaciones sobre la actividad cerebral de los deportistas de élite confirman que éstos muestran menos actividad cerebral durante las tareas difíciles en comparación con los aficionados y semiprofesionales, lo que les proporciona más energía mental para sobresalir.[8]

RESPIRACIÓN

El primer paso para decir adiós a esos comportamientos automáticos (destructivos) y silenciar con frecuencia esa mente de mono parlanchín es el entrenamiento de la atención, que significa observar con detenimiento lo que ocurre en un momento determinado sin pretender cambiarlo de inmediato. Empezaremos a entrenar el músculo de la atención prestando interés selectivo a nuestra respiración: te centrarás en cómo sube y baja el estómago o en inhalar o exhalar al respirar por la nariz o la boca.

Te preguntarás por qué te concentras en tu respiración y no en tu dedo meñique o en la punta de tu zapato. La razón principal es que tu respiración siempre está ahí, en el aquí y ahora, y provoca un movimiento corporal que es fácil de detectar. Además, la respiración se encuentra entre el control y el descontrol: tú la controlas, pero también puedes soltarla y dejar que se maneje sola. Y, por último, la respiración cambia en función de tu estado de ánimo. Por ejemplo, si estás estresado, tu respiración será alta y rápida; si estás relajado, tu respiración será tranquila y es más probable que provenga del estómago.

ABDOMINAL MENTAL

Siéntate con la espalda recta y relájate. Concéntrate en tu respiración durante un minuto. ¿Qué sientes? ¿Tu respiración es torácica o abdominal? ¿Lograste mantener la concentración o tu mente se distrajo? Si es así, ¿hacia dónde se dirigió? ¿A las preocupaciones o a los pensamientos agradables? ¿Sentiste irritación o sensaciones físicas como comezón?

Durante las sesiones de entrenamiento de las próximas semanas comprobaremos que la mente de mono comúnmente te distrae del camino. El truco es darte cuenta lo antes posible (y de forma constante), observar en qué se está centrando y volver a concentrarte en la respiración (o en tu actividad en ese momento).

¿HAS PERDIDO LA FE EN TI MISMO?

Si te encuentras distraído durante este ejercicio, es posible que te enojes y te frustres. Quizá te descubras siendo demasiado crítico mientras vuelves a centrarte en la respiración.

No lo hagas. Este tipo de autocondena no ayuda al cambio de comportamiento (vivir de forma más atenta). El efecto, de hecho, es el contrario: enojarse y frustrarse acabará provocando una mayor distracción. Así que no te enojes, felicítate por haberte dado cuenta de tu distracción. Te estás dando la oportunidad de volver a centrarte. Sé educado, despídete del mono y vuelve a enfocarte en lo que hacías: respirar. El entrenamiento de la atención no consiste en impedir que tu mente se distraiga por completo, sino en adoptar un enfoque positivo de tus divagaciones y devolverlas al ahora.

CÓMO PREVENIR LESIONES EN EL MÚSCULO DE LA ATENCIÓN

Al igual que los atletas necesitan agua y proteínas para mejorar su aptitud física, tu músculo de la atención también requiere apoyo para desarrollarse más rápido y no sufrir lesiones. Prueba la siguiente receta para el perfecto licuado de proteínas para la atención:

1. *Una pizca de ligera determinación.* Si eres demasiado frenético en la forma de enfocar tu atención, te tomará mucha energía. Y si tu atención es demasiado floja, comúnmente te encontrarás soñando despierto. Intenta mantener tu atención ligera y suelta. Piensa en las cuerdas de una guitarra: suenan mejor cuando no están demasiado flojas ni muy apretadas.

2. *Una pizca de juicio.* Una de las mayores ideas erróneas sobre el entrenamiento de la atención es que nunca debes juzgar (volveré a hablar de esto en la semana 3). Esto no es cierto: es extremadamente útil e importante hacer juicios y ser capaz de establecer distinciones y elecciones. El entrenamiento de la atención no consiste en practicar la vida sin hacer juicios; se trata de retrasar el juicio para poder hacer uno más sensato más adelante. La advertencia es que cuanto más progreses en el entrenamiento de la atención, más te darás cuenta de la infinita cantidad de prejuicios que generas: sobre ese nuevo compañero de trabajo, la nueva pareja de tu hermana, ese nuevo futbolista que entró a tu equipo de futbol. Es posible que empieces a condenarte a ti mismo por hacer esos juicios improvisados, pero ten cuidado y evita el efecto bola de nieve. Sé consciente de tus juicios y date una palmadita en la espalda si te das cuenta de que los formulas.

3. *Un puñado de generosidad.* Acepta que cometes errores y permítete aprender despacio. En las próximas semanas debes centrarte en todas las cosas que has hecho, en lugar de agobiarte por las cosas que no has hecho.

ENTRENAMIENTO

Ésta es la primera semana de tu entrenamiento de atención. Como en todo tipo de entrenamiento, empezarás poco a poco. Vivir con atención todavía es un territorio relativamente desconocido; hay que explorarlo de forma gradual. Esta semana se centra en la conciencia del momento, de nuestra respiración y de nuestra atención. Piensa de antemano en lo que te gustaría lograr al entrenar tu músculo de la atención. ¿Quieres reducir el estrés, preocuparte menos, sentirte más en forma, comunicarte más eficazmente o ser más resistente?

Una vez que conozcas tu intención, podrás hacer un seguimiento de tu progreso con más facilidad y aumentar tus posibilidades de conseguirlo. Las siguientes acciones y reflexiones pueden ayudarte:

- Escribe tu intención, de preferencia con lápiz y papel. Redáctala de forma positiva y no escribas: "Quiero reducir la autocrítica negativa", sino: "Quiero ser más amable conmigo mismo".
- Expresa tu intención varias veces, en voz alta o en tu cabeza. No te presiones demasiado. No intentes crear un ambiente divertido para una fiesta forzando las cosas ("A las ocho de la noche la pasaremos bien"), ya que suele tener el efecto contrario. En lugar de eso, crea las condiciones adecuadas: pon música, invita a gente agradable, ofrece botanas deliciosas. La condición para el entrenamiento de la atención es, sobre todo, no tener expectativas, sólo una mentalidad abierta.
- Y no lo olvides: una intención es sólo una indicación, no algo grabado en piedra ni medible. Intenta dejar de lado un resultado deseado.

ılıl LIGERO
EJERCICIO 1: RESPIRACIÓN

Haz tres respiraciones durante el día: cada vez que las hagas, presta atención a tres inhalaciones y exhalaciones completas. Elige un momento determinado, por ejemplo, al encender la computadora o lavar los trastes. Concéntrate en tus sensaciones físicas durante la respiración, como la elevación y el hundimiento de tu estómago, tu pecho subiendo y bajando, o el aire que fluye por tu nariz. El objetivo de este entrenamiento no es ralentizar la respiración, sino profundizarla y calmarla, es decir, cambiarla. Tampoco se trata de alcanzar una sensación especial. Lo único que importa es que seas consciente de tu proceso respiratorio, sin importar si es superficial o rápido; no es necesario que te haga sentir más relajado. Si notas pensamientos o sentimientos pasajeros, sólo obsérvalos. Intenta retrasar cualquier juicio y vuelve a centrar tu atención en la respiración.

💪 CONSEJO DEL ENTRENADOR

Si prefieres no centrarte en tu respiración (porque te molesta o porque has experimentado ataques de pánico por la respiración) elige otro punto de atención. Algo que sea muy notorio, como las plantas de los pies, el dorso de las manos, el pecho o tal vez los músculos faciales. En las semanas 2 o 3, cuando hayas entrenado tu músculo de la atención, intenta centrarte también en tu respiración.

EJERCICIO 2: ACTIVIDAD

Elige una actividad que por lo regular realizas en piloto automático, como ir al baño, subir las escaleras o abrir las cortinas. A partir de ahora, debes realizar esta actividad todos los días prestándole toda tu atención. Concéntrate en los sentidos que intervienen en estas acciones. Por ejemplo, fíjate en el primer bocado de la comida. Estudia ese trozo de salmón, siente la fuerza muscular necesaria para llevar el tenedor a la boca, sé consciente del sabor, mastica con conciencia, investiga la textura en tu boca y observa cualquier comportamiento y pensamiento automático sin juzgarlo. Presta toda tu atención a la actividad durante un máximo de cinco minutos.

CONSEJO DEL ENTRENADOR

Es posible que surjan algunos problemas, como la falta de tiempo o de motivación, o bien sentimientos desagradables. Así es como hay que afrontarlos:

1. ¿Falta de tiempo? Una sola respiración o microacción es suficiente para una práctica. Comprueba qué momento del día te conviene más para practicar y anótalo en tu agenda.
2. ¿Falta de motivación? Vuelve a revisar tus intenciones y define por qué quieres hacerlo.
3. ¿Es desagradable? El entrenamiento de la atención no tiene por qué ser una experiencia totalmente placentera. Es gratificante si no te rindes, incluso en los momentos difíciles; las experiencias desagradables también ocurren en la vida real. Si una actividad como ésta te empieza a parecer incómoda o cansada, recuérdate que es un entrenamiento.

MEDIO

EXTENSIÓN DEL ENTRENAMIENTO LIGERO Si has realizado los ejercicios anteriores sin problemas y quieres hacer un poco más, puedes intensificar tu entrenamiento probando con alguna meditación, centrando tu atención en la respiración. En las próximas semanas, añadiremos nuevos puntos de atención a este estilo de meditación. Utilizarás una pista de audio para esta meditación.

Pista de audio 1. Enfócate en la respiración

ıll INTENSO

EXTENSIÓN DEL ENTRENAMIENTO LIGERO Si quieres hacer un entrenamiento intensivo, esta semana lleva a cabo la meditación para la respiración y el cuerpo, y utiliza la pista de audio. Tu primer punto de atención será tu respiración y luego tu cuerpo. En las próximas semanas, seguiremos ampliando estos ejercicios de atención con nuevos puntos de enfoque.

🎧 *Pista de audio 2. Atención a la respiración y al cuerpo*

🎧 *Puedes descargar las pistas de audio en 12weekmindworkout.com/ spanish*

ENFRIAMIENTO

Ésta ha sido la primera semana en la que te has centrado en tu atención. ¿Cómo te fue? ¿Hubo momentos en los que no tenías ganas u olvidaste hacer un ejercicio? ¿O has practicado y has notado que a veces te relajaba más o te daba una mayor claridad mental? Tal vez notaste que te sentías inquieto durante los ejercicios, ya sea porque no estabas sentado cómodamente o porque la voz de la pista de audio te resultaba molesta. En resumen, tu mente de mono estaba parloteando de nuevo. Todo esto no importa. De hecho, forma parte del proceso y de un entrenamiento fantástico.

Pregúntate si has logrado alguna de las siguientes cosas durante la semana 1:

- ¿Eres más consciente de tu respiración durante el día?
- ¿Has encontrado algunas actividades cotidianas, como comer, lavarte las manos o cepillarte los dientes, que ofrezcan un material adecuado para el entrenamiento de la atención?

◀▬▶ ¿Eres más consciente de tu piloto automático y de tu mente de mono parlanchín? ¿Eres más consciente de tus prejuicios subconscientes?

Cualquier primera semana de entrenamiento en un centro deportivo, en un campo de entrenamiento o en una pista de tenis, te generará muchos sentimientos contradictorios, que van desde el orgullo hasta el "no tengo ganas", y desde los músculos adoloridos hasta la sensación de satisfacción. Con el entrenamiento de atención sucede lo mismo. Has completado la semana 1 y te diriges hacia una atención totalmente sana.

EN CONCLUSIÓN

Después de dos años de estudio, un estudiante de metafísica budista estaba listo para su examen. Entró con confianza en el salón de su maestro. Su mente estaba llena de pensamientos e ideas acerca del complicado tema sobre el que sería examinado. "Estoy preparado", dijo el estudiante. "Sólo tengo una pregunta", dijo el profesor. "La maceta de la entrada, ¿estaba a la izquierda o a la derecha del perchero?"

SEMANA

02

TU CUERPO,
TU BITÁCORA

Aquellos que ven alguna diferencia entre el alma
y el cuerpo no tienen ninguno.
OSCAR WILDE

Tu cuerpo es tu bitácora, te dice cómo te va (si lo lees). Comúnmente no lees para nada la información que te proporciona tu cuerpo, porque tu comportamiento y tus hábitos inconscientes alejan tu atención de tus sensaciones corporales. En la semana 2 de tu entrenamiento mental descubrirás por qué sucede y cómo conduce a la enfermedad nacional número uno: el estrés. Y, por supuesto, te explicaré cómo puedes volver a centrarte en tu cuerpo, y lo practicarás. Así empezarás a abrir tu bitácora corporal con más frecuencia.

CALENTAMIENTO

Imagina que vas manejando por la autopista. Miras el medidor y ves que casi te has quedado sin gasolina. Después de un kilómetro y medio te detienes en una gasolinera para cargar. Al cabo de una hora, otro indicador empieza a parpadear. Muestra una llave inglesa: necesita mantenimiento. ¿Qué debes hacer? ¿Usas el martillo de

emergencia para aplastar la luz intermitente, o llevas el coche al ta-
ller para resolver el problema? Imagino que lo segundo. Pero ¿no es
extraño que frecuentemente apaguemos las luces de aviso de nuestro cuerpo o las ignoremos? Comúnmente ni siquiera notamos las
sensaciones (desagradables) de nuestro cuerpo, como el hormigueo
o los hombros tensos. Seguimos adelante, a veces incluso cuando el
motor se sobrecalienta.

HÁBITOS OBSTINADOS

Seguimos adelante porque la mayor parte del día nos apoyamos de
forma inconsciente en una serie de comportamientos automáticos
90% de las veces. Durante el despliegue de estos comportamientos,
tu atención no se centra en el interior, sino en el exterior. Este estado inconsciente provoca que no te percates de información interna
importante, como un escalofrío, una tensión o un nudo en el estómago. Para detener esos comportamientos automáticos instintivos
de vez en cuando (para devolverle a tu cuerpo la atención que se merece) primero debes saber qué los provoca.

EL SISTEMA DE AMENAZA Y EL SISTEMA DE IMPULSO

Quizá no te sorprenda saber que esos comportamientos automáticos son tan obstinados y están tan arraigados porque se originan en
una zona de tu cerebro que tiene millones de años. Ésta consta de
dos sistemas cruciales para la supervivencia a corto plazo. La parte
más antigua es el sistema instintivo de amenaza. Su objetivo es la
supervivencia. El sistema de amenaza surgió en la época del tigre de
dientes de sable, y concentra automáticamente la atención externa
en cualquier cosa que provoque tu miedo (desde un jefe enojado
hasta el claxon de un coche) y te prepara para luchar, huir o quedarte paralizado.

El segundo sistema, más reciente, también se centra en un factor externo, pero en este caso como recompensa. En la Prehistoria, dicha recompensa podía ser una buena comida. En los tiempos modernos, la búsqueda de una recompensa puede centrarse en la comida y la bebida, pero también en otras posibilidades: una tendencia hedonista hacia la bebida y las drogas, el deseo de amor, la búsqueda de un abdomen perfecto o un mejor trabajo. En ambos sistemas, la atención se centra por completo en el entorno y el mundo exterior, en lugar de dirigirse a las sensaciones físicas internas.

ABDOMINAL MENTAL

Hoy intenta ser consciente de los sistemas de regulación instintivos a los que vuelves de forma automática. ¿Tu sistema de impulso fue el que te dijo que masticaras y tragaras un puñado de dulces, o que siguieras mirando los "me gusta" en tus redes sociales? ¿A veces tu sistema de amenaza toma el control o es muy irascible, ocasionando que te sobresaltes cuando suena el claxon de un coche en la calle?

EL SISTEMA CALMANTE

Pero si esos sistemas existen desde hace tanto tiempo, ¿hay algo que pueda librarnos de sus garras? Así es. La respuesta es el sistema calmante. Este sistema tiene como objetivo garantizar nuestra supervivencia a largo plazo. A diferencia de los sistemas instintivos, con el sistema calmante las respuestas ya no estarán totalmente determinadas por el piloto automático, sino que serán conscientes y equilibradas. El sistema calmante te proporciona recuperación, te ayuda a buscar conexión con los demás (y a cuidarlos), te anima a tomar descansos cuando es necesario y a irte a dormir cuando estás cansado. En el sistema calmante, tu atención está totalmente abierta para recibir todo lo que se presente a tus sentidos, así como tus sensaciones físicas.

Pregúntate qué sistema de regulación estás utilizando mientras lees este libro. ¿Es el sistema de amenaza (tienes miedo de que alguien te regañe, ya sea otra persona o tú mismo)? ¿Es el sistema de impulso (quieres mejorar a través de la lectura), o es el sistema de relajación (sientes que te mereces este tiempo de descanso y no sientes la necesidad de cumplir)? ¿O los tres sistemas se alternan? Cada lector tendrá una respuesta diferente. Al igual que cada persona reacciona de forma distinta ante una montaña rusa: uno puede quedarse petrificado de miedo (sistema de amenaza), otro se nutre de la adrenalina (sistema de impulso) y un tercero cuida del pasajero asustado a su lado (sistema calmante).

ABDOMINAL MENTAL

EQUILIBRIO Y ERROR

El sol brilla y Harry está recostado en el jardín. Escucha el suave susurro de las hojas de los árboles, algunas mariposas revolotean a su alrededor: la vida es buena. Es claro que el sistema calmante de Harry está en control en este momento. Se levanta de un salto cuando oye ladrar a la perra del vecino, Mia. Su pelaje se eriza, y ahora está completamente concentrado en la perra labrador color chocolate, listo para atacar o huir. El sistema de amenazas está ahora en marcha. Por fortuna, el dueño de Mia se la lleva lejos. Harry se estira bien y empieza a ronronear (sistema calmante). Tiene un poco de hambre. Un gorrión desprevenido le llama la atención (sistema de impulso). Mantiene su cuerpo bajo y sus patas marcan el tiempo, mientras fija su atención en el pájaro, observando su presa. Después de correr y abalanzarse, falla (¡por segunda vez esta semana!) y entra perezosamente a la casa para ir a su plato de comida para gatos. Mordisquea satisfecho y, después de frotar su cabeza contra la pata de la silla, es hora de tomar una siesta (sistema calmante). Mientras sueña con cazar una docena de aves, el gato Harry se da tiempo para recuperarse de las emociones de la tarde.

Harry es un buen ejemplo de cómo funcionan los sistemas reguladores: experimenta breves momentos de estrés (necesarios para la supervivencia a corto plazo) y despliega repetidamente su sistema calmante para tranquilizarse. Sin embargo, como hemos visto, aparte de Mia y el gorrión, esa tarde ha habido pocos desencadenantes que provoquen los sistemas de Harry. Para nosotros, los humanos ocupados, es un poco diferente: con frecuencia, nuestros sistemas de impulso y amenaza están en alerta máxima. El sistema de amenaza es el más poderoso: cuando sospecha que hay peligro, en una fracción de segundo puede tomar el control total de tu cerebro. Esto es algo bueno: si estás comiendo felizmente un puñado de moras y se acerca un oso corpulento, no sería prudente que decidieras recoger unas cuantas moras más (sistema de impulso) o ponerte un suéter (sistema calmante) antes de salir corriendo.

Dicho lo anterior, FRECUENTEMENTE respondemos con el sistema de amenaza, incluso cuando no es necesario, y esto es perjudicial. El entorno moderno está repleto de estímulos. La pantalla de la computadora o del teléfono móvil, la evaluación del trabajo que estás a punto de hacer, incluso el sonido de un coche acelerando, son estímulos bastante inocentes, pero tu viejo y fiable sistema los interpreta como amenazas que pueden poner en peligro tu vida, y por ello te mantienes todo el tiempo en alerta roja. Otro factor desencadenante son las expectativas que nos imponen la sociedad y la cultura occidentales y la incertidumbre sobre si podremos cumplirlas. Tu cerebro primario interpreta esta falta de control como una "jungla" en la cual tu vida está en peligro y, por instinto, emplea la variedad de respuestas conocidas. Esto explica por qué te pones tenso justo antes de una fecha límite o te molestas cuando te critican.

ABDOMINAL MENTAL

> Piensa si te preocupa un sistema de amenaza o impulso hipersensible.
>   Si es así, ¿cuál de los dos es el dominante?

Si te encuentras de forma constante en "modo supervivencia" o "modo impulso", tu atención se centra todo el tiempo en los estímulos externos. El sistema calmante, que hace que tu atención sea más abierta y, por lo tanto, te vuelve susceptible a las sensaciones físicas, aquí siempre es el odioso que informa de un "error"; en otras palabras, sufres estrés (crónico). Esto afecta a un gran número de personas: cada año se pierden más de 7.5 millones de días laborales debido al estrés, con un costo de 1,600 millones de libras (2,100 millones de dólares).

Figura 2.1 La atención y sus sistemas de regulación de las emociones: una visión general de tu capacidad de atención en momentos de estrés y descanso, incluyendo los sistemas predominantes. Fuente: © Wouter de Jong.

ESTRÉS

Sin embargo, los propios desencadenantes (el cliente molesto, la discusión con tu pareja, las expectativas que te impone tu entorno) no son la causa principal del estrés crónico, sino tu *interpretación* de éstos. Tu percepción te hace entrar en pánico cuando tu bandeja de entrada está desbordada y tienes la agenda repleta, o la que, por el contrario, te da la capacidad de afrontar todo ello con calma y alegría; es tu percepción la que te hace sentir estresado en un embotellamiento o, por el contrario, relajado ("¡Genial, por fin tengo un momento para mí!").

La investigación ha demostrado que la cantidad de estrés que se experimenta es menos importante que la forma en que éste se percibe.[1] Encontramos que las personas que consideran el estrés útil tienen respuestas físicas ante el estrés que se corresponden con lo que sucede en el cuerpo cuando sentimos alegría: el corazón late más rápido, pero los vasos sanguíneos permanecen relajados. Hay un dato interesante: el estrés no desencadena problemas de salud en estas personas; al contrario, las personas que encuentran útil el estrés tienen una esperanza de vida más alta.

Tu percepción (tu experiencia interna) es lo que más influye en ti. Incluso si experimentas estrés, la forma en que lo percibes es crucial. ¿El estrés te altera (más)? ¿O puedes dar un paso atrás y percibirlo como algo que a veces puede ayudarte? ¿Como algo que te permite rendir más y que actúa como un maravilloso sistema de alarma?

ABDOMINAL MENTAL

¿Sueles dividir tu tiempo? ¿Dispones de ocho horas para el trabajo, una hora para tus hijos, una hora para tu pareja, media hora para preparar la comida y algo de tiempo para ti? Si lo piensas, repartir así tu tiempo es un poco extraño, porque todo el tiempo es tu tiempo, ¿no? ¿Por qué no miras tu lista de tareas para hoy desde una perspectiva diferente? ¿Podrías unir los deberes y los deseos?

LEE TU CUERPO

Quizá suena contradictorio, pero puedes distanciarte de tu propio estrés si te centras en tu cuerpo, sobre todo en la zona en la que tu estrés se manifiesta por primera vez. Esto es algo que no has hecho lo suficiente debido al estrés... Pero ¿por qué no invertir la corriente? Si prestas una atención verde (de aceptación) a tus sensaciones físicas, activarás el sistema calmante (la calma), lo que significa que abres tu atención y eres susceptible a las sensaciones físicas, lo que a su vez activa tu sistema calmante...

Volvamos a lo que decíamos al principio: trátate a ti mismo de la misma manera en que tratas a tu coche. Presta atención a tu "tanque vacío" y a tus "luces de aviso", y al mensaje que te da tu cuerpo. Y, al igual que con tu coche, dale mantenimiento a tu cuerpo y revísalo de vez en cuando, sobre todo en momentos de (relativa) paz y tranquilidad. Pregúntate a ti mismo: "¿Qué estoy sintiendo realmente?". Lee tu bitácora: te ayudará a activar tu sistema calmante.

Centra tu atención en las sensaciones físicas de tu mano derecha (temperatura, humedad, hormigueo). Ahora transfiere conscientemente esta atención de aceptación a todo tu cuerpo. ¿Qué sensación es la más destacada? Quizá notes que tienes sed, o que tienes los pies fríos, o que hay cierta tensión en el cuello. Fíjate qué sucede, pero no juzgues lo que ocurre (*¿por qué tengo el cuello tan rígido otra vez?*). ¡Acéptalo! Y si surgen esos pensamientos, anótalos sin juzgarlos y vuelve a prestar atención a tu cuerpo.

ABDOMINAL MENTAL

EL MODELO DEL LUNES POR LA MAÑANA

El "modelo del lunes por la mañana" (figura 2.2) explica por qué y cómo centrar la atención consciente y de aceptación en el cuerpo tiene un efecto calmante.

LA CAPACIDAD DE ATENCIÓN
DEL ANCHO DE BANDA

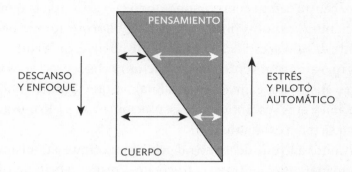

Figura 2.2 El modelo del lunes por la mañana: en la parte superior del "embudo", la atención está formada principalmente por pensamientos, mientras que en la parte inferior está integrada por estímulos sensoriales. Fuente: © Wouter de Jong.

Son las 8:30 de la mañana, no has dormido bien, saliste de casa tras una discusión y llegaste al trabajo con dolor de cabeza; además, la agenda de hoy está repleta. Hay un torbellino de pensamientos en tu cabeza: estás preocupado por la discusión, te urge resolver todas las tareas pendientes, las preocupaciones se acumulan. En resumen, tu atención es subconsciente, está en rojo (resistiendo), completamente tomada por el pensamiento. Te encuentras en la esquina superior derecha del diagrama. Además, has recibido un correo electrónico irritante de un cliente insistente. Estás listo para escribir una respuesta agresiva.

Pero entonces recuerdas las luces de aviso del coche y te permites centrar la atención en tu cuerpo. Te concentras en el calor de la taza de té contra tu mano y en la ligera tensión del músculo necesario para llevarla a la boca. También notas el dolor de cabeza y la adrenalina que recorre tu cuerpo. Aunque no todas estas sensaciones son agradables o algunas son desagradables, intenta acercarte a todas ellas con una atención verde (de aceptación).

Como sólo puedes concentrarte en una cosa a la vez (recuerda el cubo de Necker), tu atención se desplaza gradualmente de los pensamientos estresantes a las sensaciones de tu cuerpo. En términos del diagrama, ahora estás avanzando hacia la parte inferior izquierda. Tu torbellino de pensamientos se debilita y se convierte en una ligera brisa, y de forma lenta, pero segura, tu sistema calmante toma el control.

Al centrar tu atención en tus sensaciones físicas eres capaz de distanciarte de los pensamientos estresantes en lugar de responder de inmediato a ellos. Esto te permite tomar una decisión consciente sobre tu próxima acción. Tal vez sigas con la decisión de escribir ese correo electrónico agresivo, pero al menos estás tomando una decisión consciente y no actúas en piloto automático.

Tu cuerpo puede darte muchos consejos sensatos, pero debes ser capaz de reconocerlos. Si entrenas tu atención, aprenderás a ser consciente de esas valiosas señales físicas. Escucha y actúa según la sabiduría de tu cuerpo. La sabiduría del cuerpo se puso de manifiesto en un experimento realizado por la Universidad de Iowa en el que los sujetos estaban conectados a un detector que registraba la actividad de las glándulas sudoríparas de sus manos: cuanto más estrés sentían, más sudor producían. Estaban participando en un juego de cartas apiladas: los sujetos siempre ganaban con la baraja de cartas azules y perdían con la baraja de cartas rojas. Después de sacar unas 50 cartas, la mayoría de los participantes empezaron a darse cuenta de lo que estaba pasando. Sin embargo, lo más interesante fue que, en promedio, les empezaron a sudar las manos después de tomar la décima carta roja, es decir, 40 cartas antes de que supieran conscientemente que había algo raro. Su cuerpo fue más inteligente y más rápido que sus pensamientos conscientes.[2]

PLUS

Tu postura le da a tu cuerpo un plus de atención. Tu mente simplemente sigue las acciones físicas; como una dócil oveja, replica lo que ocurre en tu cuerpo. Por ejemplo, parece que los movimientos abiertos que invitan a la reflexión te hacen más receptivo a escuchar la historia de alguien. La forma de sentarse, caminar o estar de pie también afecta a la mente: una postura cerrada (piernas cruzadas, hombros doblados) aumenta el estrés, mientras que una postura abierta lo reduce. Además, una postura abierta te ayudará a desarrollar sentimientos más positivos y crea claridad en tu mente. Y, por último, si estás muy ocupado, no olvides levantar las comisuras de los labios. Sin importar si te sientes realmente feliz, se ha comprobado que sonreír tiene un fuerte impacto para reducir el estrés.[3]

REVELACIÓN

En un experimento realizado en la Universidad de Michigan, los participantes tuvieron que leer una historia mientras estiraban y flexionaban al mismo tiempo determinados dedos. Se les mencionó la hipótesis de que el uso de los músculos afectaba a la comprensión de la lectura. Lo que los investigadores buscaban medir era si levantar el dedo medio conducía a una percepción negativa de la historia y si levantar el pulgar tenía el efecto contrario. Ambas hipótesis se confirmaron. El pulgar y el dedo medio, respectivamente, tuvieron un efecto positivo y negativo en la sensación de felicidad de los participantes.

ENTRENAMIENTO

Esta semana entrenarás tu músculo de la atención centrándote en las sensaciones físicas, lo que te hará menos dependiente de las preferencias automáticas que surgen de los sistemas de amenaza y de impulso.

Una conciencia corporal más fuerte te da la oportunidad de reconocer previamente las señales de estrés y de afrontarlas de forma más constructiva.

ıll LIGERO

Esta semana te voy a dar cuatro ejercicios que puedes hacer en diferentes momentos del día.

EJERCICIO 1: RESPIRACIÓN 2.0

La semana pasada practicaste conscientemente la inhalación y la exhalación tres veces; esta semana te centrarás en la inhalación. Puedes practicar la respiración en cualquier lugar y momento del día (en la regadera, en el elevador, esperando en un semáforo). Haz la respiración 2.0 al menos tres veces al día, de 30 segundos a unos minutos.

Revisa contigo mismo:

- ¿Cuál es el centro de mi atención? Luego pregúntate: ¿qué estoy experimentando en este momento? ¿Hay pensamientos, sentimientos, emociones o un estado de ánimo particular? ¿Qué sensaciones experimento en mi cuerpo? Lo único que debes hacer es observar, no juzgar.
- ¿Cómo es mi respiración? A continuación, concéntrate en tu respiración. Presta total atención a tu inhalación y exhalación desde el principio hasta el final. No es necesario que cambies tu respiración; sólo debes notarla.

◀▬▶ ¿Qué siente mi cuerpo? A continuación, amplía tu atención a las sensaciones físicas de todo tu cuerpo. No importa lo que encuentres, tan sólo déjalo estar.

EJERCICIO 2: CAMINAR CONSCIENTEMENTE

Una vez al día, camina durante unos minutos y sé consciente de las sensaciones físicas que te produce. Intenta sentir cada paso, en lugar de limitarte a avanzar hacia tu destino. Es útil centrarse en un anclaje concreto, por ejemplo, lo que sientes en las rodillas o en las plantas de los pies al dar cada paso. Si descubres que pierdes la atención, te distraes y/o te surgen pensamientos, vuelve a centrar tu atención en las sensaciones de la planta de los pies u otro punto de tu cuerpo.

EJERCICIO 3: TU CUERPO

Durante la semana fíjate en los acontecimientos agradables (desde un cumplido hasta una bonificación inesperada) y en los desagradables (desde un retraso del metro hasta una discusión) y presta atención a cómo se sienten en tu cuerpo. Centra tu atención en las sensaciones concretas lo más que puedas. Una herramienta útil es nombrarlas, por ejemplo, hormigueo, estremecimiento, entumecimiento, dolor punzante o calor. Si surgen pensamientos, reconócelos y vuelve a las sensaciones físicas.

EJERCICIO 4: ESTRÉS

Intenta reconocer el estrés en una fase temprana:

◀▬▶ Sé consciente de las sensaciones físicas, como un nudo en el estómago, un dolor de cabeza, un hormigueo o el encogimiento de los hombros.

- **⫿—⫿** Intenta también identificar los factores estresantes (el trabajo, tus padres, el perro) y luego averigua el impacto que tienen en tu cuerpo. ¿Experimentas el estrés porque tu sistema de impulso es dominante (*quiero, debo, debo*) o es tu sistema de amenaza el que toma el control (*no quiero esto, me da miedo, quiero esconderme/desaparecer*)?

- **⫿—⫿** Además, trata de ser consciente de qué sentimientos y pensamientos surgen y causan estrés, y de su impacto en tus acciones.

- **⫿—⫿** Si notas patrones de estrés en ti, no te culpes. Piensa que es maravilloso haberlos descubierto. Al fin y al cabo, esto te da la oportunidad de poner en práctica los ejercicios de atención y respiración. Recuerda que el estrés (razonable) es útil en algunas situaciones.

CONSEJO DEL ENTRENADOR

1. Utiliza recordatorios para ayudarte a seguir practicando. Por ejemplo, usa tu protector de pantalla, pega post-its en el espejo o crea contraseñas como "Ahora seré consciente en un instante".

2. Reflexiona sobre los ejercicios al final del día. Antes de acostarte, pregúntate: ¿he logrado centrar mi atención durante al menos cinco minutos hoy? Si no lo has hecho, realiza otro par de ejercicios.

3. No percibas el entrenamiento de la atención como un castigo, sino como un regalo para ti mismo.

⫿⫿ MEDIO

EXTENSIÓN DEL ENTRENAMIENTO LIGERO Si quieres hacer un entrenamiento extra, puedes alternar cada dos días la meditación, la atención a la respiración y al cuerpo de la semana 1 y el escaneo corporal. Cuando escaneas el cuerpo, literalmente revisas diferentes partes de tu cuerpo. Se trata de comprobar lo que sientes, desde la punta de los dedos de los pies hasta la parte superior de la cabeza. Recuerda que no debes juzgar a nadie. Observa cuando tu mente de mono parlanchín entre en escena, y vuelve a prestar atención a tus sensaciones corporales. Usa las pistas de audio para los dos entrenamientos.

🎧 *Pista de audio 2. Atención a la respiración y al cuerpo*

🎧 *Pista de audio 3. Escaneo corporal*

💪 CONSEJO DEL ENTRENADOR

¿Te resultó difícil hacer algún ejercicio adicional en la semana 1? Aquí tienes algunos consejos y trucos que te ayudarán a seguir adelante:

1. Planea los ejercicios de atención como cualquier otra cita en tu agenda.
2. Implementa hábitos saludables: planea hacer los ejercicios a horas fijas.
3. Haz el ejercicio en un lugar donde te sientas cómodo. Esto hará que realizarlo sea más atractivo. Acondiciona un rincón o una zona en tu casa sólo para ti. Coloca algunos objetos que te hagan sentir relajado, como una fotografía, una vela o un adorno.

¿Te sigue pareciendo muy complicado? En ese caso, ¡recuerda que el entrenamiento ligero por sí solo será ejercicio suficiente!

ıl INTENSO

EXTENSIÓN DEL ENTRENAMIENTO LIGERO + MEDIO Si quieres hacer un entrenamiento intensivo esta semana, alterna a diario la exploración del cuerpo con la meditación de atención a la respiración, y sigue de inmediato con el ejercicio de atención al sonido. Es muy probable que te parezca más difícil realizar dos meditaciones consecutivas, quizá porque te impacientes o porque te hartes de escuchar esa voz. Es bueno que aumenten los pensamientos y los comportamientos automáticos que distraen tu atención: significa que hay más cosas a las que prestar atención. Sobre todo cuando experimentas resistencia, puedes aprender muchas cosas sobre la forma en que funciona tu atención y cómo puedes recuperar el control.

🎧 *Pista de audio 2. Atención a la respiración y al cuerpo*

🎧 *Pista de audio 3. Exploración del cuerpo*

🎧 *Pista de audio 4. Atención al sonido*

🎧 *Puedes descargar las pistas de audio en 12weekmindworkout.com/spanish*

ENFRIAMIENTO

No importa cuántas veces te cambies de casa en tu vida, tu cuerpo es el único lugar en el que vivirás siempre. Así como cuidas tu casa desde el tejado hasta los cimientos, tu cuerpo también merece toda tu atención, no sólo haciendo ejercicio y comiendo de forma saludable, sino también a través de la conciencia corporal. Esta semana has creado las bases para fortalecer esta conciencia. Te ayuda a aprender (incluso cuando te resulte desagradable) a estar a gusto con tus sensaciones físicas, sin dejarte cautivar por el piloto automático de tus sistemas de amenaza o de impulso.

¿Cómo te ha ido esta semana? Quizá te haya resultado difícil mantener la atención en las señales corporales durante los ejercicios de entrenamiento. Tal vez disfrutaste de tu mente vagando en una corriente de conciencia durante tu meditación, sin salir de tus pensamientos. ¿O te has quedado dormido durante el escaneo corporal? Tal vez te resultó más difícil darte cuenta de lo que sentías sin juzgarlo, y pensaste con impaciencia: "¡Sí, ya sé todo sobre ese dedo del pie!", y luego te molestaste por tu impaciencia. O quizá no sentiste nada en absoluto y esto te hizo dudar de ti mismo o del ejercicio. En esta fase, has dado el primer paso desde la falta de habilidad inconsciente (cuando no tienes ni idea de la atención, la distracción o los comportamientos automáticos) hasta el momento en el que eres consciente de cómo funciona la atención, así como de las trampas. Esta fase de aprendizaje puede ser frustrante y, desde luego, no siempre es agradable ni fácil. Pero créeme, todo mejorará con la práctica y pronto obtendrás sus beneficios.

Todo lo que siembres en tu mente inconsciente,
lo cosecharás en tu cuerpo o en tu vida.
JOSEPH MURRAY

Pregúntate si has logrado algo de lo siguiente en la semana 2:

- ¿Puedes distinguir entre los sistemas de amenaza, impulso y calmante?
- ¿Sabes a qué sistema sueles recurrir en automático?

- ¿Ha mejorado tu conciencia general de las sensaciones corporales?
- ¿Eres capaz de identificar tus factores de estrés y el efecto que tienen en tu cuerpo?

EN CONCLUSIÓN

Es muy probable que tratar el cuerpo y la mente como entidades separadas cause problemas. El cuerpo y la mente están unidos en un baile íntimo e interminable. Si dejamos que se desfasen el uno del otro, arruinamos la armonía entre ellos.

A un hombre ocupado le preguntaron cómo podía estar tan relajado, a pesar de todas sus actividades. Respondió:

—Cuando estoy de pie, estoy de pie; cuando voy, voy; cuando me siento, me siento; cuando como, como; cuando hablo, hablo.

—Pero eso también lo hacemos nosotros —exclamó quien hizo la pregunta—. ¿Qué más haces? —el hombre ocupado repitió su respuesta; de nuevo, el autor de la pregunta dijo—: Pero seguramente todos hacemos eso.

El hombre dijo:

—No, no lo haces. Cuando te sientas, ya estás de pie; cuando estás de pie, ya estás caminando; cuando caminas, ya has llegado; y cuando comes, ya has terminado.

REVELACIÓN

SEMANA

03

LIDIAR CON LOS
PENSAMIENTOS
Y LAS EMOCIONES

Los pensamientos nos tienen a nosotros
en lugar de que nosotros tengamos
pensamientos.
DAVID BOHM

Después de lo básico (la respiración) de la semana 1, ya hablamos de cómo puedes comprobar tu propio estado (tanto físico como mental) prestando atención a tu cuerpo. La atención a tu cuerpo es la base de la atención a tus pensamientos y emociones, los cuales trabajarás esta semana. Te mostraré cómo los pensamientos y los sentimientos pueden ser un obstáculo para tu atención y hacer que entres en piloto automático de forma involuntaria. Por supuesto, también te mostraré lo que puedes hacer al respecto.

CALENTAMIENTO DE PENSAMIENTOS

Los pensamientos son maravillosos. Gracias a ellos tenemos medicinas y desarrollos tecnológicos, nos comunicamos y creamos música. Tenemos un número extraordinario de pensamientos: los investigadores calculan que son unos 50 mil al día.[1] En comparación, solemos pronunciar unas 16 mil palabras al día.[2]

Lee lo siguiente:

Carlos va a la escuela. Está preocupado por la clase de matemáticas. Ayer no logró controlar al grupo; pero, a fin de cuentas, ése no es el trabajo del conserje.

Lo más probable es que en tu mente Charles haya pasado de alumno a profesor, y luego a conserje. Sin darte cuenta, le pusiste a Charles etiquetas que resultaron ser incorrectas. Sueles hacerlo de forma inconsciente a nivel mental. La mitad de tus pensamientos son inconscientes, y no siempre se ajustan a la realidad. Comúnmente, tu flujo de pensamientos es como una reunión de lunes por la mañana: interminable, que no lleva a ninguna parte, que parece durar semanas, en la que tu colega más aburrido siempre muestra la misma presentación o, lo que es peor, exhibe miles de diapositivas de PowerPoint. Alrededor de 90% de nuestros pensamientos consiste en repeticiones.

OBSTÁCULOS

Cuando se trata de vivir con más atención, los pensamientos pueden ser obstáculos. Por ejemplo, no es fácil distinguir entre tu corriente de pensamientos y las observaciones. Consideras tus pensamientos como "la verdad" y los sigues ciegamente. Crees que tienes pensamientos, pero los pensamientos te tienen a ti. Aquí intervienen tres mecanismos: la interpretación, el juicio y el replanteamiento.

Ceci n'est pas une pipe.

Mira este cuadro de René Magritte. ¿Qué ves? Una pipa con el texto: "Esto no es una pipa". Ahora estarás pensando: "¡Pero seguro que esto es una pipa!". Y, sin embargo, Magritte tiene razón: no es una pipa, sino un conjunto de pinceladas que representan una pipa. De hecho, como se trata de una reproducción del cuadro de Magritte, en realidad son miles de pixeles en un trozo de papel.

INTERPRETACIÓN

Tus pensamientos son una interpretación de lo que ocurre a tu alrededor, de todas tus experiencias, que abarcan el gusto, el tacto, el olfato, la vista y el oído. Estas experiencias se conectan con las anteriores. La palabra *pipa* o el cuadro de una pipa no es una pipa, o nuestro concepto mental de una pipa. Del mismo modo, la palabra *manzana* no es la manzana en sí, sino una referencia a la manzana. ¿Alguna vez le has dado un mordisco al pensamiento de una manzana? El mecanismo de interpretación ahorra una preciosa energía mental porque permite evaluar las situaciones con rapidez.

Escucha un sonido y anota cada vez que observes que estás pensando *acerca del* sonido. Observa lo difícil que es escuchar sin interpretar ni juzgar.

La interpretación suele producirse de forma inconsciente. Cuando escuchas un sonido fuerte y ensordecedor en el exterior (¡bum bum!) también está relacionado con la duración, el volumen y el tono, entre otros. El sonido no suele ser la única parte de la historia completa.

Cuando escuchas el sonido, de inmediato te invita a hacer asociaciones (por ejemplo, con un coche, un camión, una motocicleta, una podadora, un taladro) o tal vez tengas al instante una imagen del coche de tu abuelo, o pensamientos sobre las motocicletas en general (*Ay, qué molestas son*).

Al principio, sólo oímos algo, pero muy pronto tenemos una sucesión de pensamientos sobre lo que oímos (la interpretación de él). Es difícil separar la audición (o cualquier otra percepción sensorial) del pensamiento. Si quieres tener una vida más consciente, debes tener claros los pensamientos que conforman tu realidad.

Lo que ayuda es tu capacidad para separar tus estímulos sensoriales de tus pensamientos, en especial si están mezclados con emociones negativas. Por ejemplo, después de una conversación con tu madre, tus pensamientos pueden ser los siguientes: *Siempre me critica, ¡piensa que no puedo hacer nada bien!*

JUICIOS

Y esto me lleva al segundo mecanismo que provoca que los pensamientos sean un obstáculo para tu atención: el juicio. Esto va un paso más allá de la interpretación; al fin y al cabo, también vas a tener una opinión sobre tus observaciones.

No te digo que dejes de hacer juicios; la vida se volvería muy aburrida si lo hiciéramos. Es más, tus juicios personales son muy útiles. Por ejemplo, influyen cuando vas por el parque al anochecer y decides tomar otro camino cuando ves a alguien con una gabardina larga dirigiéndose hacia ti. Más vale prevenir que lamentar.

Sin embargo, tus juicios personales son un problema cuando se convierten en un obstáculo. *Por qué mi novia no ha respondido a mis mensajes de texto, tal vez no está interesada en mí. Tengo más derecho que mi colega a recibir ese bono. Él no lo hace bien, así que lo haré yo mismo. Es probable que no vuelva a tener otra relación estable.* Este tipo de conclusiones implícitas suelen ser incorrectas, y tales pensamientos afectan tu comportamiento o generan estrés: *No puedo hacerlo. Soy superior a los demás. No sirvo. No tengo tiempo. Nunca lo conseguiré. Ella seguro me odia.*

ABDOMINAL MENTAL

Intenta ver las siguientes cosas de forma objetiva: tu pareja, tu trabajo, tu aspecto. ¿Con qué rapidez te dejas llevar por los juicios? Fíjate en lo difícil que es ser objetivo. Incluso ponemos etiquetas a objetos "concretos", como un teléfono (*bonito, viejo, lento, útil*).

Juzgar los pensamientos puede llevarnos a las fantasías. Una observación objetiva (*Éstas son mis piernas*) acaba recibiendo una etiqueta subjetiva y se aleja de la verdad (*Son gordas/delgadas/cortas*). En cuestión de nanosegundos, la realidad queda coloreada por un juicio subjetivo y, en consecuencia, pierdes la capacidad de percibir objetivamente.

El siguiente experimento demuestra que hasta el más pequeño de los animales puede quedar atrapado en su mente: se coloca una hormiga en un papel dentro de un círculo marcado con tinta negra. Durante horas, la pequeña criatura se pasea por el interior del círculo, sin cruzar la "frontera" negra. La hormiga está atrapada en su propia ilusión: la idea de que no puede cruzar esa línea.

REVELACIÓN

REPENSAR

Podrías decir que el chocolate, Instagram o correr es tu mayor adicción, pero en realidad todo está superado por el pensamiento. Tenemos un pensamiento tras otro, los juicios alientan las fantasías, y antes de que nos demos cuenta nuestra actividad mental consiste sólo en una corriente inconsciente e infinita de pensamientos. Para la mayoría de las personas, 95% de su atención está ocupado por pensamientos. Esta "adicción" nos deja poco espacio para prestar atención a otras cosas, como nuestros sentidos (lo que oímos, sentimos, probamos y vemos), que son más objetivos que los pensamientos.

Como en la mayoría de las adicciones, preferiríamos librarnos de este proceso de pensamiento persistente, por lo que comúnmente apartamos los pensamientos molestos. Sin embargo, ésta no es una forma deseable de salir de una espiral de pensamientos (por lo regular negativos), y casi nunca es exitosa. Aunque los pensamientos pueden elevarnos a alturas increíbles, también pueden enfurecernos e incluso matarnos.

Un estudio reciente de la Universidad de Virginia demostró que muchos prefieren recibir una descarga eléctrica a estar a solas con sus pensamientos. Los participantes permanecieron solos en una habitación vacía y desnuda de seis a 15 minutos sin ningún tipo de distracción. Se descubrió que 67% de los participantes masculinos y 25% de los femeninos preferían recibir una descarga eléctrica a tener que permanecer sentados durante ese tiempo.[3]

Seguro no hacía falta un estudio para saber esto. Sólo hay que pensar en lo molestos que se ponen los pasajeros de un avión si el sistema de entretenimiento de a bordo no funciona y tienen que pasar cinco minutos con sus propios pensamientos.

Nuestro método para lidiar con los pensamientos molestos (¡si es que somos conscientes de ellos!) es seguirlos ciegamente (esa bolsa de papas fritas está vacía antes de que te des cuenta) o suprimirlos. Pero ¿tienes un control absoluto de tus pensamientos? Tan sólo intenta evitar pensar en un oso blanco o en un elefante rosa. Apartar los pensamientos no funciona. ¿Y qué hay de evitar los pensamientos por medio de las distracciones? Sin duda puede ayudar y ser muy eficaz temporalmente: ver una película o hacer deporte es necesario, ¡y también se siente bien! Sin embargo, a largo plazo, tu corriente inconsciente de pensamientos se apoderará de tu conciencia. Hasta que no logres volver a centrar tu atención en tus sentidos, en tu cuerpo, y después en tus pensamientos, no podrás mantenerlos bajo control.

Al final, nos convertimos en nuestros pensamientos.
El pensamiento se manifiesta como una palabra. La palabra
se manifiesta como una acción. La acción se convierte en
hábito y el hábito persevera y se convierte en carácter.
BUDA

ENFRENTA ESE OBSTÁCULO
La mejor manera de encontrar más concentración en tu corriente de pensamientos es tomar distancia de ellos. Pregúntate: ¿en qué pensamientos me gustaría invertir? Necesitas tener una idea clara

de cuáles son tus pensamientos para responder a esta pregunta y reconocerlos como *pensamientos* y no como hechos. Quieres registrarlos sin juzgarlos, y estar por encima de ellos para tomar una decisión consciente sobre qué pensamientos te ayudarán a pasar a la acción y cuáles debes ignorar: tus propias fantasías.

Puedes concentrarte en tu respiración, en tu cuerpo, en el tictac del reloj, en el aullido del viento o en la mesa de la cocina, sin juzgar. También puedes hacerlo con tus propios pensamientos. El reto consiste en ser consciente de que son sólo pensamientos, sin perderte en ellos, sin analizarlos, sin querer comprenderlos, sin soñar despierto ni apartarlos... incluso sin querer nada de ellos. En realidad es sencillo: poner una etiqueta en "pensar" que diga PENSAR.

Los pensamientos surgen a cada momento. La conciencia de que estás pensando precede al pensamiento en sí. Compáralo con una gran pantalla en el cine. Te recuestas en el cómodo asiento y observas cómo aparecen los pensamientos en la pantalla. No formas parte del escenario (tus pensamientos), sigues siendo un espectador (tienes la atención abierta). Y aunque veas un fuego, un amanecer o una cascada en la pantalla, en realidad no está ardiendo, calentándose o mojándose. En otras palabras, tus pensamientos no son hechos.

SÉ CONSCIENTE DE TUS PENSAMIENTOS

El pensamiento "¡Qué hombre tan extraño!" y luego pensar en este pensamiento (*No es amable que yo piense eso* o *Yo creo que está borrachísimo*) es diferente de "Mira, acaba de surgir un pensamiento sobre ese hombre", o "Estoy haciendo suposiciones sobre él". Los dos últimos demuestran que eres consciente de tus pensamientos, lo que es necesario para determinar (a distancia) qué pensamientos son útiles y cuáles no. A diferencia de los primeros, los últimos te aseguran que no te dejas arrastrar de forma inconsciente por una historia o un análisis. Si miras una prenda de vestir a medio centímetro de distancia, sólo verás un trozo de tela; si das un gran paso atrás, verás con claridad que se trata de una camiseta. Lo mismo ocurre con el pensamiento: cuando piensas en el pensamiento, estás por encima de él; y tu conciencia del pensamiento te dará una mayor comprensión.

ABDOMINAL MENTAL

Observa cómo surgen tus pensamientos sin querer cambiarlos, comprenderlos o analizarlos, ni dejarte arrastrar por ellos. Si tienes una oleada de pensamientos, nómbralos con un sentido de curiosidad: *¡Interesante, tengo pensamientos!* (como si los marcaras con una etiqueta que diga "pensamiento"). No dejes que el contenido de tus pensamientos te absorba e intenta no pensar en pensar. También presta atención si no surgen pensamientos. Durante el ejercicio, intenta tener (cierta) conciencia de tu respiración. Y recuerda que el pensamiento "no estoy pensando ahora" también es un pensamiento.

Si te ha resultado difícil esta abdominal mental, no te desanimes: la práctica hace al maestro. Perder la concentración, dejarte llevar por tus historias y pensamientos y (con el tiempo) darte cuenta de ellos es una buena práctica. De hecho, ¡en eso consiste el ejercicio! ¿O te pareció que el ejercicio era pan comido? Bueno, tal vez tengas un talento natural, pero es más probable que hayas confundido el pensar con el hecho de ser consciente de tus pensamientos.

Por ejemplo, muchas personas que meditan no lo hacen en realidad; sólo piensan con los ojos cerrados. Incluso si sientes que de repente no tienes ningún pensamiento, lo más probable es que sólo no seas consciente de ellos. Esto no es un problema, el consejo es el mismo: sigue intentando. Sólo practicando mucho experimentarás la diferencia entre pensar sobre el pensamiento y ser consciente de tus pensamientos. Así es como aprendes a distinguir y crear una distancia entre ambas cosas.

A veces, una situación es demasiado intensa para afrontarla sólo con el entrenamiento de la atención. Quizá tu colega te haya traicionado y haya impedido que consigas un ascenso, o que un profesor te haya dicho que tu hija está siendo acosada en la escuela. Aunque en esas situaciones te recuerdes a ti mismo que debes ver tus pensamientos desde la distancia, no puedes alejarte de ellos; te conviertes en tus pensamientos. En ese caso, puedes utilizar una técnica diferente basada en la terapia cognitivo-conductual: cuestionar tus pensamientos en ese momento con otros pensamientos para determinar si son útiles. No se trata de que seas consciente de que estás pensando; se trata de pensar sobre el pensamiento. Hay tres preguntas clave que podrías hacerte en una situación así:

1. ¿Lo que pienso es cierto?
2. ¿Mi pensamiento es útil?
3. ¿Mi pensamiento es amable y/o sabio (y coincide con mis valores)?

Los pensamientos obstructivos son las historias que te cuentas a ti mismo y en las que crees con firmeza. A continuación te presentamos cinco tipos comunes de pensamientos obstructivos que te ayudarán a detectarlos más fácilmente.

1. El adicto al amor: "Tengo que caerle bien a todo el mundo".
2. El pensador del desastre: "No puede salir bien; así que prefiero no arriesgarme".
3. El perfeccionista: "No debo cometer ningún error".
4. El moralista: "Todo el mundo debe seguir mis normas; nunca debes cancelar una cita".
5. La víctima: "Vuelvo a estar en ese dilema; probablemente volveré a fallar, como siempre".

ABDOMINAL MENTAL

¿Cuál de estos cinco pensamientos obstructivos tienes?
    ¿ Hay otros?
¿Cuál sería un pensamiento alternativo útil para ti?

EMOCIONES DE CALENTAMIENTO

Cualquier emoción puede cegarte, no sólo el amor. Quizás es ese miedo terrible que te obliga a abandonar el escenario durante una presentación, o el resentimiento que te impide perdonar a un amigo cercano por una u otra tontería, o la ansiedad excesiva que provoca que una madre le diga constantemente a su hijo: "¡Ten cuidado!".

Cuanto más intensas sean tus emociones, más difícil será ser objetivo. Si estás perdidamente enamorado, puedes ver a tu pareja como un visionario, mientras que otras personas quizá piensan que es un nerd. Y si estás angustiado porque tienes el corazón roto, tal vez estés convencido de que nunca volverás a amar a alguien. Si todavía estás enojado, te resulta difícil evaluar hasta qué punto fuiste responsable de la discusión. Muchas personas consideran que "dado que siento esta emoción, entonces es la verdad". Además de los pensamientos, los sentimientos son el segundo factor que puede obstaculizar tu atención.

EMOCIONES BÁSICAS

Existen seis emociones básicas, cada una con una función clara:

1. *Miedo*: supervivencia. En situaciones de peligro, tratamos de mantenernos a salvo.
2. *Ira*: movimiento. Nos motiva a proteger lo que creemos que es valioso.
3. *Tristeza*: aceptación y fortalecimiento de las relaciones. Si mostramos que estamos tristes, apelamos a otra persona para que nos ayude o consuele.
4. *Alegría*: ánimo. Nos proporciona la motivación para mantener lo que nos gusta y hacerlo con mayor frecuencia.
5. *Desagrado*: abstinencia. Esto nos aleja de las cosas que no son buenas para nosotros.
6. *Sorpresa*: apertura a nueva información. Esto se puede ver literalmente en el rostro: los ojos se agrandan, las cejas se levantan y la boca se abre.

Cualquier sentimiento que experimentemos se debe a una de estas seis emociones básicas o a una combinación de ellas. Por ejemplo, la melancolía, que es una mezcla de tristeza y alegría, o la vergüenza, que combina la ira y el miedo. Por ejemplo, la decepción forma parte de la tristeza, la calma pertenece a la alegría y la irritación a la ira. Todo ser humano (sea de donde sea, Reino Unido, Estados Unidos, Francia, Japón) siente estas emociones básicas y utiliza los mismos músculos faciales para expresarlas.

La película animada *Intensa-Mente* (2015), creada con la ayuda de los principales científicos de las emociones, te lleva al interior de la mente de una niña de 11 años llamada Riley, mientras lidia con un evento emocional en su joven vida: mudarse a una ciudad diferente. En la película, la cabeza de Riley se presenta como una sala de control en la que dominan cinco emociones básicas: alegría, miedo, ira, desagrado y tristeza (para simplificar, omitieron la sexta emoción fundamental, la sorpresa). La sala de control de emociones asesora a Riley en sus decisiones.

Es útil pensar en una emoción y en lo que surge de ella como si fueran cuatro personajes unidos. El más pequeño del centro representa las sensaciones físicas: el escalofrío que te recorre cuando miras hacia abajo desde la cima de una montaña o un puente alto, o ese nudo en el estómago cuando te despides de tu ser querido. Luego viene el personaje que da valor a esos sentimientos. ¿El sentimiento es fuerte o débil, agradable o desagradable? El tercer personaje representa tu forma de pensar y/o de hablar sobre esos sentimientos. Puedes pensar: *Estoy muy triste*, o gritar porque estás furioso. El cuarto personaje es la acción vinculada a tus sentimientos: esconderte, atacar, llorar.

ESTIMULA LA ACCIÓN

Al igual que tus pensamientos, tus emociones también tienen una función directiva. Escuchas (de forma inconsciente) sus órdenes y organizas toda tu vida para experimentar el mayor número posible de emociones agradables y el menor número posible de emociones desagradables. Las emociones estimulan la acción; nos ayudan a actuar (con rapidez). Si se sienten agradables, te motivan a hacerlo frecuentemente o a seguir haciéndolo; si se sienten desagradables, el mensaje es que te mantengas alejado o que cambies la situación. Las emociones tienen una buena intención, incluso las desagradables.

En la película, cuando Riley se muda de casa, todo en su cabeza se pone patas arriba. Vemos cómo sus emociones afrontan este enorme cambio. Para Riley, la alegría es la emoción dominante en la sala de control: "Todo debería ser divertido". A los demás no se les permite unirse. Esto deja menos espacio para otras emociones, como la tristeza. Así que, como la mudanza no es divertida, se desata el caos en la sala de control.

¡¿FELIZ?!

Sin importar lo que ocurra en la cabeza de Riley, su manera frenética de aferrarse a las emociones positivas es algo que todos hacemos. Esto es especialmente cierto en Occidente, donde ser feliz ha alcanzado un estatus casi religioso, con el emoji sonriente como símbolo de culto. Aunque tendemos a prohibir las emociones negativas (desagradables), los sentimientos afloran sin que podamos hacer nada al respecto. Sólo intenta no sentir miedo cuando te amenazan en la oscuridad dos hombres grandes de hombros anchos.

El ser humano está programado para evitar el dolor, pero éste es inevitable. Al fin y al cabo, no podemos evitar enfermar, ser multados, sufrir rupturas de pareja, caernos de la bicicleta o perder repentinamente el trabajo. No importa lo que digan los libros de autoayuda, *la vida apesta* (de vez en cuando). Imagínate que te tropiezas con una losa que sobresale del pavimento y te das un buen rasguño en la rodilla. ¡Ay! En lugar de curar la herida, empiezas a preocuparte. ¿Por qué esa losa estaba salida? ¿Por qué fui yo quien tropezó con ella? En muchos casos de sufrimiento (físico y psicológico), así es exactamente como nos comportamos; en lugar de cuidarnos, nos resistimos. Así luchamos contra nuestros estados de ánimo más oscuros, ahogamos nuestras penas o superamos los contratiempos. Este tipo de respuesta *de lucha, huida e inmovilización* puede ser eficaz: a veces hay que defenderse, si hay un riesgo físico (grave), hay que huir o inmovilizarse. Sin embargo, luchar o huir de nuestro dolor es contraproducente. Esto se aplica en especial a las emociones. Piensa en la picadura de un mosquito. Cuanto más te rascas, más comezón te da. La picadura significa *problemas*; rascarnos (resistencia) un *problema doble*; y nuestra molestia porque no nos rascamos y nos culpamos por resistirnos significa un *problema triple*.

Necesitamos tanto las emociones negativas (desagradables) como las positivas (agradables). Pero es difícil estimar el valor de cómo las emociones negativas pueden ayudarnos. Por supuesto, puedes distraerte cuando tengas emociones difíciles o bien envolverte en ellas.

A corto plazo, esto está bien. Las dificultades surgen si suprimes o escondes tus sentimientos desagradables en piloto automático; por ejemplo, si empiezas a quejarte sobre tus empleados cada vez que te sientes estresado o si tomas tu teléfono móvil para enviar mensajes de texto. Estas acciones son como echar más leña al fuego: conducirán a un aumento de las emociones (en este caso, el estrés y la ira). Si quieres beneficiarte de tus emociones, es importante que te des cuenta de que no aparecen para molestarnos. Hay que mantener una distancia adecuada para separar las observaciones objetivas de las emociones. Ésa es la situación ideal, pero ahora veamos la realidad.

REPRIMIRTE O ABRIRTE, ÉSA ES LA CUESTIÓN

Al igual que los pensamientos, las emociones pueden ser huéspedes no invitados; no hay mucho qué hacer con ellas. Sin embargo, puedes influir en ellas si las recibes o no, y según cómo lo haces. ¿Les cierras la puerta en las narices y trancas la puerta con un armario pesado para que no puedan entrar? O bien abres la puerta de par en par y le das total libertad a tu invitado, permitiendo que suba los pies a la mesa. Comúnmente, hacemos una cosa o la otra: o reprimimos nuestras emociones o nos ahogamos en ellas.

La represión permite que nuestro miedo a sentir tenga un papel relevante. Significa que te perderás mucha información valiosa. Tus emociones te dicen lo que consideras importante en la vida. Si tienes sentimientos de culpa hacia tu familia, la represión quizá signifique que no irás a ver a tu hijo pequeño cuando haga su prueba de natación, sino que pasarás otro sábado en la oficina.

Cuando te ahogas, te abruma una ola de emociones que te arrastra porque has perdido el control de la acción. Insultar a alguien cuando vas manejando, golpear con el puño sobre la mesa, revisar obsesivamente el teléfono... tampoco es la forma de reconocer los mensajes subyacentes que tus emociones intentan transmitir.

> ¿Cómo gestionas tus emociones? ¿Cierras la puerta con doble llave o la mantienes abierta? ¿Prefieres reprimir tus emociones o ahogarte en ellas? La mayoría de la gente prefiere una u otra, pero por supuesto la forma puede variar según las situaciones y las emociones. Quizá cierres la puerta después de una ruptura, pero la abras cuando estés enojado con tu jefe. Tal vez reprimas tus temores financieros.

ABDOMINAL MENTAL

La teoría de la olla exprés fue popular por mucho tiempo: la idea era que si te absorbes por completo en tus emociones podrías procesarlas y deshacerte de ellas. Piensa en las sesiones de entrenamiento en las que los participantes descargan su ira golpeando un saco de box. Los estudios demuestran que golpear una pera de box puede suponer un alivio temporal, pero a largo plazo sólo acelera e intensifica la ira.[4]

¿CUÁL ES LA SOLUCIÓN? DANCE

Tú, el que siente, quieres ser el que manda, no tus sentimientos. Pero, al igual que con los pensamientos, también debes tomar distancia. Separar tus sentimientos de la forma en que los tratas. Pero ¿cómo? La forma más sencilla (pero también la más difícil) es no hacer nada, sentir tus emociones y dejarlas ser. De este modo, mantienes el control al sentirlas plenamente y estar en contacto con ellas. El plan de cuatro pasos de DANCE puede ayudarte también a mantener armonía con tus emociones:

  ‖ **D**eterminar y reconocer las emociones.

  ‖ **A**ceptar e investigar con una mentalidad de aceptación.

  ‖ **N**o identificarse, no es necesario actuar.

  ‖ **C**almarse y tomar decisiones conscientes. Lo que resulta en...

  ‖ **E**stimular (la emoción), tomar una acción sabia.

DANCE no es una herramienta para hacer que tus emociones desaparezcan (aunque eso podría suceder), pero te ayuda a mantener el control sobre ellas. Ya no tienes miedo de tu miedo. En términos de Riley, en tu sala de control tú determinas lo que sucede, no tus emociones.

Determinar

El núcleo de tus emociones se encuentra en tu cuerpo. En este paso, localizas tu sentimiento en tu cuerpo (por ejemplo, la ira), lo aceptas y le pones una etiqueta (internamente o en voz alta): por ejemplo, "ira", "vergüenza". A esto también se le llama *etiquetar los afectos*. Aquí vale la pena añadir que este paso se aplica asimismo a las emociones positivas.

En un experimento, se les mostraron a los sujetos fotografías de rostros emocionales. Al grupo A se le pidió que pensara en un nombre de pila para cada rostro, como Marcel o Lola, mientras que al grupo B se le pidió que etiquetara la emoción (enojo, temor, etc.). Los investigadores descubrieron que la amígdala, que es una parte del cerebro que está activa en las emociones, no se encendía tanto en el grupo B (que aplicaba una etiqueta a la emoción) como en el grupo A (que sugería un nombre de pila). Por el contrario, las partes del cerebro responsables de investigar activamente nuestras emociones mostraron más actividad en el grupo B que en el grupo A. Parecía que los sujetos que etiquetaron sus emociones no eran rehenes de sus sentimientos en la misma medida que los del grupo A. El estudio también demostró que cuanto más experimentado era un sujeto en el entrenamiento de la meditación y la atención, mayor era su capacidad para etiquetar sus emociones, y menos control ejercían esas emociones sobre él.[5]

Por lo tanto, localizar los sentimientos (¡una vez más, podemos ver la importancia de la atención corporal!) y darles un nombre aumentará tu control sobre tus emociones. Hay varias formas de etiquetarlas:

- Centrar tu atención internamente (en tu cuerpo).
- Escribir sobre tus emociones: intenta no concentrarte demasiado en los hechos o en lo que deberías hacer o sentir, sino enfocarte al máximo en tus emociones y en cómo se sienten.
- Habla: el reto no es analizar y buscar soluciones, sino sentir y verbalizar lo que te provocan tus sentimientos y tu nivel de aceptación.

Piensa en el último cumplido que has recibido. Intenta localizar en tu cuerpo tus sentimientos actuales sobre ese cumplido y etiquétalos. Ahora haz lo mismo con una vez que te hayan criticado duramente o que hayas hecho una tontería que te molestó mucho. Etiquetar te ayuda a ser consciente de tus sentimientos en un momento concreto.

ABDOMINAL MENTAL

Si sientes que tus sentimientos se mueven es una señal de que los estás etiquetando de forma precisa y adecuada. La emoción se siente fluida en lugar de fija, cambiante y no estática. Piensa en una emoción no etiquetada como si fuera un bloque de hielo. El etiquetado preciso de los afectos hace que la emoción se derrita; se vuelve flexible, se siente más ligera y se puede eliminar más fácil. Entonces experimentarás un momento "eureka", o de alivio. No es porque de repente hayas dejado de estar celoso/enojado/apasionado, sino que entiendes lo que está pasando.

Descubrirás que el tiempo que te absorbe una emoción se ha acortado (la ciencia lo denomina "periodo refractario").[6] Si tienes una grave desavenencia con tu hermana que lleva varios días en tu mente, habrá menos espacio para otras cosas. Tu trabajo se resiente, tus hijos o amigos sufren; en general, estás menos atento.

El etiquetado de los afectos y la concentración sin resistencia acortarán el periodo refractario de las emociones. Seguirás sintiendo la emoción, pero la intensidad disminuye más rápido.

Cuidado: *si piensas demasiado* en etiquetar tu emoción, corres el riesgo de perder la concentración en tu cuerpo que te permite *sentir la emoción*. En ese caso, es más probable que pienses en una etiqueta que no coincida con las señales de tu cuerpo. El periodo refractario incluso podría aumentar.

> *Lo que se puede sentir, se puede curar.*
> ANÓNIMO

Aceptar e investigar

Una vez que hayas reconocido tus sentimientos, el segundo paso es aceptarlos e investigarlos. Aceptar las emociones no es lo mismo que resignarse o rendirse como un escarabajo indefenso. ¿Debo aceptar que alguien me maltrate verbalmente? ¿Debo aceptar que alguien me impida ascender? ¿Debo contener mis emociones cuando mi pareja llega tarde por enésima vez? Por supuesto que no. Se trata de aprender a comprender y aceptar tu experiencia interna, de modo que tu respuesta al mundo exterior se convierta en una respuesta menos automática. Si alguien se mete en una fila, ahora serás más consciente de la irritación de tu cuerpo y podrás tomar una decisión consciente sobre qué sería más constructivo: decirle a la persona amablemente que se ha adelantado o tan sólo ignorar lo que ha hecho. Tus sentimientos están para aceptarlos; los problemas están para resolverlos. Esto te dará espacio para ver lo que puedes resolver y lo que no.

Imagina que has tenido una discusión con tu mejor amiga. Hiciste algo que estaba mal a sus ojos, y entiendes su punto de vista. Aunque lo han hablado y le has pedido perdón, ella sigue enojada. Has hecho todo lo posible para solucionar el problema, pero no has tenido éxito. Le das vueltas a lo sucedido en tu mente y no logras dormir, aunque sabes que ya no puedes hacer nada más al respecto. Ésta es la forma de salir del atolladero: permite que el sentimiento de culpa entre en tu cuerpo y experimenta el nudo en tu estómago con una atención investigadora. Así no recurrirás inconscientemente a reprimir la emoción o a ahogarla. Tú tienes el control, no la emoción.

> En un experimento de investigación, se pidió a dos grupos que mantuvieran sus manos en un cuenco de hielo el mayor tiempo posible. A un grupo se le pidió que se centrara con curiosidad en la sensación física de dolor; al otro, que se distrajera del dolor pensando, por ejemplo, en sus seres queridos, en un plato favorito o en unas vacaciones de ensueño. El estudio demostró que durante los primeros minutos esta última técnica parecía ser la más eficaz, pero pronto se vio que el grupo que se centraba en el dolor podía mantener las manos en el cuenco de hielo por mucho más tiempo.[7]
>
> REVELACIÓN

Sentir una emoción desagradable puede escocer o quemar, es decir, doler. Piensa que el dolor es como una pelota de playa que flota en una alberca: cuanto más intentas empujarla hacia abajo, más fuerte te golpea la nariz cuando sale a la superficie. El ejercicio y el reto consisten en abrirte al dolor y sentirlo plenamente en tu cuerpo sin querer deshacerte de él de inmediato, e incluso estar preparado para comprenderlo. No, no es agradable, pero es necesario; en el segundo caso, a largo plazo, te resultará más fácil lidiar de forma adecuada con lo que se siente desagradable, con los acontecimientos incómodos y las emociones molestas que experimentas en tu cuerpo en ese momento. El entrenamiento de la atención no te enseña a sentirte *bien*, sino a *sentir* bien.

No identificación

El penúltimo paso de DANCE consiste en asegurarte de no identificarte con la emoción. Un truco fácil es repetirte a ti mismo: "Tengo sentimientos, pero mis sentimientos no son yo". Se trata de dejarse llevar. Hay que reconocer que a veces suena como una frase vacía. "Suéltalo", te dice tu amigo cuando estás enojado por una oportunidad perdida o cuando te sientes triste porque una relación amorosa no funcionó. Gracias por nada. Entonces, ¿cómo se puede soltar? Todo depende de tu enfoque. No te centres en el verbo en sí, en la parte de *soltar*, sino en aquello a lo que te *aferras* con desesperación.

Los pueblos nativos que cazan monos pequeños no utilizan redes ni balas, sino maní. Los cazadores cuelgan de una cuerda un coco vacío lleno de maní, con agujeros lo bastante grandes como para que la mano de un mono ansioso se cuele por ellos. Una vez que un mono hambriento y desprevenido ha tomado el maní, los monos se quedan atrapados, ya que su puño es demasiado grande para sacarlo del coco. Aunque el mono podría liberarse con facilidad si soltara el maní, sigue aferrándose obstinadamente. Esto lo convierte en una presa fácil para los cazadores.

Con frecuencia tú también eres como un mono ansioso, aferrándote con frenesí a una emoción y a tu propio criterio. Quizá suena contradictorio, pero al registrar con claridad a qué te aferras exactamente, es más fácil soltarlo. Hasta entonces, acepta tu propia respuesta frenética; eso también te ayudará a soltarte antes.

¿Cuál es tu maní? ¿Cuáles son las historias que te cuentas a ti mismo, a qué ideas te aferras? Por ejemplo: "Nunca voy a encontrar un nuevo trabajo. Por eso sigo haciendo este trabajo (aunque me robe toda la energía)". O bien: "Mi madre es muy crítica; no aprueba nada de lo que hago". O bien: "Tengo todo el derecho a tener el corazón roto, después de todo, hace apenas un año que me abandonaron".

ABDOMINAL MENTAL

Calmarte y tomar decisiones conscientes

Los tres primeros pasos de DANCE tratan de tus emociones actuales "lo que estoy experimentando ahora mismo"; c (calmarse) trata de ti; calmarse se centra en "lo que necesito". En este cuarto paso, activarás el sistema calmante para tranquilizarte. En la parte 2, examinaremos con más detenimiento las técnicas de relajación de DANCE y aprenderás a recurrir de forma consciente a tu sistema calmante.

Si aplicas DANCE en su totalidad, te ayudará a determinar el curso de acción más sabio (el estímulo en DANCE): intervención constructiva o no hacer nada (el poder de esto último se subestima muy seguido). Las preguntas que debes formularte en esta fase son: "¿Qué necesito?" y "¿Qué requiere la situación?".

Veamos un caso para ver el DANCE en la práctica. Karen tiene 42 años. Ha tenido una relación difícil con su padre. A ella le parece excéntrico y preocupado por su propio bienestar. Las emociones contra las que lucha son la vergüenza y la ira. Karen piensa que no debería sentirse así; después de todo, es su padre. Se avergüenza de su ira, pero al mismo tiempo sigue enojada con él. El contacto con su padre ha sido difícil durante años. En un programa de coaching,

Karen aprende a etiquetar los afectos. Localiza el enojo en su cuerpo, luego le pone una etiqueta (interna o en voz alta), como "vergüenza" o "enojo", y practica la aceptación e investigación de la emoción en su cuerpo. En las semanas siguientes, Karen sigue haciendo lo mismo cada vez que siente ira hacia su padre. Karen se da cuenta de que se aferra a su ira. Repite su mantra en su cabeza una y otra vez: "Me siento enojada, pero no soy la ira en sí". Poco a poco, deja de sentirse abrumada por su emoción y ésta empieza a molestarla menos. La c (calma) de Karen, "lo que necesito", es que quiere ser reconocida por su padre pero también por los demás. Quiere sentir un brazo alrededor de sus hombros. Ahora le resulta más fácil consolarse a sí misma. Aunque la relación con su padre sigue siendo difícil, acepta mejor la situación.

No tienes que seguir los pasos de DANCE en orden estricto, pero es lo ideal. A veces un paso sucede muy rápido, a veces lento. No puedes forzar tu progreso a través de los pasos, y a veces incluso tendrás que retroceder. Acepta dónde estás ahora. Investiga cómo se siente el paso actual con una mente abierta y curiosa, y tarde o temprano el siguiente paso llegará de forma natural.

ENTRENAMIENTO

Esta semana vas a entrenar para lograr una distancia entre tú y tus pensamientos y sentimientos de una manera discreta. Esto es para evitar que los reprimas o los ahogues. El modo de lograrlo es justo lo que practicaste la semana pasada: centrarte en los estímulos físicos.

ⅰ⑈ LIGERO
EJERCICIO 1: RESPIRACIÓN ENFOCADA EN EL PENSAMIENTO
Tiempo de práctica: de 30 segundos a dos minutos. Haz pausas ocasionales en lo que hagas cada día, respira conscientemente y anota tus pensamientos. Cuando seas consciente de un pensamiento, etiquétalo internamente como pensamiento. No te dejes arrastrar por la corriente de tus pensamientos. Quizá notes una tendencia a analizar, a profundizar en el origen de un pensamiento concreto. Esto no es necesario; este ejercicio sólo consiste en registrarlos. No te pido que luches contra el impulso de analizar, sólo que tomes nota: "Ah, estoy analizando". Si empiezas a sentirte atrapado dentro de tus pensamientos, entonces concéntrate en tu respiración. Cuando sientas más espacio, vuelve a centrarte en registrar el pensamiento como tal.

EJERCICIO 2: RESPIRACIÓN ENFOCADA EN LOS SENTIMIENTOS
Tiempo de práctica: de uno a tres minutos. Este ejercicio es la continuación del anterior.

Centra tu atención en los posibles sentimientos y sigue los tres primeros pasos de DANCE: determina ("siento celos/sorpresa", etc.), investiga con una mente de aceptación (no apartes tu ira/tristeza/disgusto, sino permite que ocurra y no juzgues) y no te identifiques con tus sentimientos ("tengo sentimientos, pero los sentimientos no son yo").

La práctica relacionada con las emociones suscita muchas preguntas. Es posible que no estés acostumbrado a ello y que incluso te parezca que no tienes sentimientos. Quizás el sentimiento esté en lo más profundo de ti y necesite tiempo para aflorar. Si éste es el caso, intenta notar si algo te resulta agradable o desagradable. Poco a poco, centrarte en tu cuerpo te ayudará a aprender a sentir y especificar ese sentimiento.

EJERCICIO 3: PILOTO AUTOMÁTICO

Toma nota de tu piloto automático en circunstancias difíciles. Cuanto más estrés experimentes, más difícil será que estés presente y alerta. Registra tus pensamientos, sentimientos y estímulos físicos sin juzgarlos.

MEDIO
EXTENSIÓN DEL ENTRENAMIENTO LIGERO
Ejercicio 1

🎧 *Pista de audio 5. Atención a los pensamientos y sentimientos*

Si estás abrumado por tus sentimientos y no te sientes seguro para continuar, es recomendable que pidas ayuda a un entrenador experimentado.

EJERCICIO 2

Centra tu atención en tu respiración durante diez minutos cada día, sin utilizar una pista de audio. Utiliza un temporizador.

ıl INTENSO

EXTENSIÓN DEL ENTRENAMIENTO LIGERO, todos los días:

🎧 *Pista de audio 5. Atención a los pensamientos y sentimientos*

Si estás preparado, elige cuatro días de esta semana en los que prestarás atención a los pensamientos y sentimientos con una meditación sin pista de audio, como se describe a continuación. Se aconseja programar un temporizador de 20 a 25 minutos.

La meditación en silencio estando sentado se realiza de la siguiente manera. Repasa todos los puntos necesarios para entrenar la atención, dedicando unos minutos a cada uno de ellos. Empieza por la respiración y luego sigue con el cuerpo, los sonidos, los pensamientos y las emociones. Este ejercicio toma un poco más de tiempo, por lo que estarás entrenando la flexibilidad de tu músculo de la atención. La ventaja de las variantes ligera y media es que son más fáciles de acceder y practicar. Sin embargo, la gran ventaja del ejercicio intensivo es que surgirán más resistencias y patrones de obstrucción. Los ejercicios de atención no pretenden que te sientas relajado o que tengas una agradable sensación de bienestar, sino que te ayuden a mantener la paz interior en cuanto surja un patrón obstructivo, y también para que apliques esta técnica en tu vida diaria. Recuerda: si el ejercicio se vuelve más difícil, significa que realmente estás aprendiendo.

🎧 *Puedes descargar las pistas de audio en 12weekmindworkout.com/ spanish*

ENFRIAMIENTO

¿Cómo te fue esta semana? ¿Te resultó más difícil? Toma en consideración que no has entrenado tu atención durante años. La paciencia es primordial; no jalarías de una plantita para que crezca más rápido. Ten cuidado con un pensamiento en particular: "No puedo hacerlo". Esto socavará todos tus esfuerzos por seguir practicando. El "no puedo hacerlo" pronto se convierte en "no quiero hacerlo" o "no tengo ganas de hacerlo". El "no puedo hacerlo" es un pensamiento obstructivo que encontramos con frecuencia en nuestra vida diaria.

Si notas que esto ocurre, responde con una sonrisa: "¡Ya lo tengo, esto es un pensamiento!". No juzgues, no intentes analizarlo ni comprenderlo. Mantén las cosas lo más sencillas posible.

Otra cosa que hay que abordar es la resistencia. Si la experimentas, intenta investigarla utilizando los cuatro pasos de DANCE. Acoge cada fase; la verdadera aceptación consiste en determinar hasta qué punto estás abierto o cerrado a los sentimientos.

Pregúntate si en la semana 3 has logrado algo de lo siguiente:

- ¿Pudiste separar la interpretación de la percepción sensorial?
- ¿Lograste distanciarte de tus pensamientos etiquetándolos como "pensamientos"?
- ¿Registraste los sentimientos con la técnica DANCE, sin perderte en ellos ni reprimirlos?

EN CONCLUSIÓN

Si *tenemos* nuestros pensamientos y sentimientos en lugar de *ser* nuestros pensamientos y sentimientos, ya no seremos esclavos de nuestros comportamientos automáticos.

*No hay que darle un empujón extra al río
para que fluya.*
PROVERBIO CHINO

Has llegado a la última semana del entrenamiento de la atención. Esta última semana tiene un "final abierto", ya que se centra en la atención abierta. Durante las últimas tres semanas has estado ejercitando el músculo de la atención, perfeccionando tu atención selectiva, con el enfoque en cosas específicas, que van desde tu respiración hasta tu dedo pequeño del pie y tus pensamientos y emociones.

Esta semana dejarás de lado de forma consciente este fuerte enfoque al abrir tu atención, sin dejarte llevar inconscientemente. En este caso, no te concentras en nada ni en nadie en particular, pero eres consciente de lo que ocurre en ti y a tu alrededor. Tener una atención más abierta mejorará tu conciencia de los impulsos y te ayudará a controlarlos.

Esta semana entrenaremos nuestra atención abierta y aprenderemos cómo utilizar el control de los impulsos de forma eficaz en lo que más hacemos al día: comunicarnos.

CALENTAMIENTO: ATENCIÓN ABIERTA

Durante las últimas tres semanas has ejercitado principalmente tu atención selectiva prestando atención a diferentes puntos de enfoque: tu respiración, tu cuerpo, los sonidos e imágenes que te rodean y tus pensamientos y emociones. Tu músculo de atención selectiva está empezando a marcarse. Pero en el gimnasio no sólo se entrena el torso. También quieres mejorar los glúteos, los brazos y las piernas. Por lo tanto, un entrenamiento mental no estará completo hasta que practiques la atención abierta, además de la atención selectiva. Te ayudará a desarrollar el músculo de la atención plena y podrás responder de forma consciente en lugar de inconsciente. Numerosos estudios han demostrado que la atención abierta es un catalizador de la creatividad y el autocontrol. También te ayuda a determinar tus valores. Volveremos a hablar de ello más adelante.

> En un experimento, "Mind the trap", se pidió a los participantes que resolvieran acertijos bastante complicados. Después de completar varios, encontraron la mejor estrategia para enfrentarse a las preguntas. A continuación, los sujetos recibieron acertijos que podían resolverse de la misma manera (complicada) pero también mediante métodos mucho más sencillos. Los que tenían entrenamiento en atención abierta no fueron tan rígidos en su pensamiento y descubrieron con mayor rapidez la solución más fácil, que quienes no habían tenido ninguna experiencia en el entrenamiento de atención abierta.[1]
>
> **REVELACIÓN**

Recapitulemos lo que es la atención abierta. La atención abierta significa tener conciencia de todo lo que está ocurriendo, momento a momento. La atención selectiva es como un foco: se centra en un solo elemento (una silla, un sofá, una mesa). La atención abierta es el foco que ilumina toda la habitación. Al igual que con la atención selectiva, la atención abierta no significa que tengas que intentar cambiar o juzgar tu experiencia, y tampoco debes dejarte llevar. Imagina que abres tu atención y sientes el estrés en tu cuerpo: el cuello rígido, los hombros encogidos. También oyes a tu vecino tocar la trompeta. Tomar conciencia del paso de los estímulos es suficiente; no necesitas cambiar nada.

Los sistemas de amenaza y de impulso hacen que tu atención sea estrecha y selectiva (sientes que debes actuar). La atención abierta está impulsada por el sistema calmante. En contraste con los otros dos sistemas, éste no se basa en el rendimiento (no estás escapando ni persiguiendo algo); estás abierto a lo que surge. Dejarás que los pensamientos, los sonidos, los sentimientos, las imágenes y los olores pasen sin prestarles ninguna atención específica. El truco está en no distraerte y mantenerte alerta (aunque sin hacer mucho esfuerzo).

¿Y cómo se logra esto? Mediante el entrenamiento. Un pianista no improvisa hasta que no conoce a fondo una pieza. Esto también se aplica a la atención: si estás bien entrenado tanto en la atención focalizada como en la atención abierta, puedes soltar el foco y registrar a dónde va tu atención por sí misma. Así, tu atención improvisará y vagará a su antojo. Tu atención puede estar primero en el oído, luego pasar despacio al pensamiento, saltar de repente a la mirada y después al sentimiento, o volver a pensar, y así sucesivamente. En pocas palabras, se da la bienvenida a todo lo que llega. No se trata de hacer algo, sino de estar, de ser, sin importar lo que aparezca.

ABDOMINAL MENTAL

Pon un temporizador durante cinco minutos, siéntate y, sin ningún tipo de juicio, sé consciente de lo que ocurre de un momento a otro, en términos de pensamientos, sentimientos, sonidos, vistas y olores.

ATENCIÓN ABIERTA Y CREATIVIDAD

Las sesiones de lluvia de ideas se utilizan para generar ideas creativas, lo cual es curioso porque parecen ser extremadamente ineficaces. No nos atrevemos a sugerir ideas o planes fuera de lo común porque nos preocupa lo que digan o piensen los demás participantes. Tenemos inhibiciones similares dentro de nuestra propia cabeza. Nos cuesta trabajo dejar de lado los marcos y construcciones convencionales; no salimos fácilmente del camino trillado. Si abriéramos nuestra atención con más frecuencia, sería más fácil tomar un camino diferente o incluso construir un nuevo puente o cavar un túnel.

Quizá los científicos aún no se ponen de acuerdo sobre cómo funciona, pero en un estado de atención abierta las ideas suelen surgir mucho más rápido. Una de las explicaciones afirma que en este estado es más fácil darse cuenta de lo que ocurre en el subconsciente. Permites que entren la incertidumbre y la duda, sin temerles ni sentir la necesidad de rechazarlas con hechos y argumentos.

Esto se conoce a veces como "capacidad negativa".[2] Walt Disney fue uno de los primeros en utilizar el entrenamiento de atención (abierta) en el lugar de trabajo por su efecto positivo en la creatividad.

Las ideas provienen del espacio.
THOMAS EDISON

Un experto ve pocas posibilidades; un principiante impetuoso ve miles. Al entrenar tu atención abierta, siempre serás un novato entusiasta, aunque seas un experto en ciernes. Verás diferentes caminos, más soluciones, nuevas posibilidades.

ABDOMINAL MENTAL

Para entrenar tu atención abierta e inquisitiva, hoy vas a fingir que eres un extraterrestre que ha venido a husmear en la Tierra. Mira todo lo que veas con asombro, como si nunca antes lo hubieras probado, sentido, olido u oído. Sorpréndete y comprueba lo que esta forma de atención hace por ti. A medida que lo practiques, te darás cuenta de lo difícil que es acercarse a los objetos, las personas o los acontecimientos sin juzgarlos.

Por fortuna, a veces experimentamos la atención abierta sin ningún tipo de entrenamiento: esos momentos de inspiración que van desde: "¡Bollywood será el tema de nuestra fiesta de bodas!" y "Voy a comprarle un gato a mi abuela solitaria" hasta una idea sobre cómo vender tu trabajo. Una persona tendrá sus mejores ideas en la regadera, otra mientras anda en bicicleta y una tercera mientras pasea al perro. Si entrenas tu atención abierta, estos momentos de inspiración entrarán cada vez más en tu mente.

ABDOMINAL MENTAL

Piensa en un problema solucionable que te haya molestado. Déjalo pasar y practica la atención abierta durante diez minutos. No esperes que este ejercicio de atención abierta te traiga la solución perfecta de inmediato. Pero, como cuando se encuentran las llaves después de dejar de buscarlas, lo mismo sucede en el cerebro: olvídate del problema durante varios días, practica la atención abierta y lo más probable es que se te ocurra una solución o una nueva idea.

ATENCIÓN ABIERTA Y AUTOCONTROL

En un conocido estudio, se pidió a los niños que esperaran antes de comerse los tentadores malvaviscos que se les ponían enfrente. Si esperaban, se les decía que serían recompensados con un segundo malvavisco. Por supuesto, un número (grande) de esos niños no esperó; se comieron el malvavisco casi de inmediato. A todos los niños que participaron en el experimento les dieron seguimiento en los años subsecuentes. Adivina qué: los que habían esperado antes de comer eran mucho más felices y exitosos que los niños que no habían sido capaces de controlarse.

¿Te reconoces a ti mismo en esos niños glotones? Bueno, la gran noticia es que el control de los impulsos se entrena. Entre el deseo de comer algo dulce (el impulso) y el hecho de llevarse el dulce a la boca (la respuesta), hay un breve momento, también conocido como el "cuarto de segundo mágico", porque es el único momento en el que puedes decidir si sigues tu impulso. El psiquiatra austriaco y superviviente del Holocausto Viktor Frankl fue testigo de cómo, por compasión, sus compañeros de prisión hambrientos eran capaces de controlar sus impulsos y compartir su último trozo de pan con otro individuo. Durante su internamiento, adquirió una de sus ideas más importantes: "Existe un espacio entre el estímulo y la respuesta. En ese espacio se encuentra nuestra libertad y poder para elegir nuestra respuesta. Nuestro crecimiento y libertad residen en nuestras respuestas".[3]

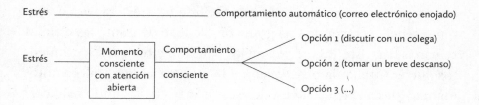

Figura 4.1
Fuente: Rob Brandsma.

ACTUAR

La decisión de actuar (o no actuar) se divide en tres pasos. Primero, observamos la situación: el malvavisco. A continuación, hacemos una estimación racional de las recompensas a corto y largo plazo: ¿un dulce o dos dulces? Por último, hay un acto de voluntad: cumplir o no con la conducta prevista.

En las últimas décadas, los psicólogos se han centrado sobre todo en el segundo y el tercer paso y su impacto en la toma de decisiones. Por ejemplo, los gobiernos suelen hablar de las consecuencias potencialmente mortales del tabaquismo en sus campañas, apelando sobre todo a la racionalidad y la fuerza de voluntad de las personas, pero comúnmente no consiguen transmitir el mensaje. Lo mismo sucede con la importancia del ejercicio y el efecto perjudicial de consumir demasiada grasa y azúcar, y sin embargo el número de personas con obesidad sigue aumentando (junto con el número de dietas de moda y los entrenadores del estilo de vida). Al parecer, nos resulta difícil controlar nuestros impulsos: el impacto de la fuerza de voluntad (el tercer paso en la toma de decisiones) es claramente limitado.

Mientras tanto, la importancia de observar la situación, que es el primer paso en la toma de decisiones, suele pasarse por alto. Aunque la observación parezca la más fácil de las tres etapas, su aparente sencillez esconde una gran complejidad. Durante las últimas semanas has visto los efectos de los pensamientos y los sentimientos que enturbian la observación y la influencia de tu piloto automático. Meses, incluso años, de esos "cuartos de segundo mágicos" pasan sin que tomemos decisiones conscientes. Comúnmente sólo nos damos cuenta en retrospectiva, y decimos "Hubiera hecho...".

Es un reto estar atentos a ese cuarto de segundo, mantener una conciencia clara en ese momento crítico. Seguro ya adivinaste cómo afrontamos este reto. Si nos acercamos al mundo con una atención abierta, si separamos el juicio de la observación, estaremos en mejor posición para captar nuestros impulsos (el *modus* del ser) y entonces podremos decidir si vamos a escuchar o no (el *modus* de la acción). Recuerda la c de DANCE (calma) que se centra en "¿Qué necesito?" y "¿Qué requiere la situación?".

> Siéntate y toma nota de esos impulsos iniciales que tienes de moverte, pero sin actuar en consecuencia. Quizá te sorprendas queriendo alargar la mano para rascarte el pie, para enviar un mensaje por teléfono o para tomar un sorbo de la taza de té. Sólo cuando eres consciente de ellos, te percatas de tus impulsos y te das cuenta de la inconsciencia con la que sueles llevar a cabo esas acciones.

ABDOMINAL MENTAL

ATENCIÓN ABIERTA Y SELECTIVA

La atención abierta es, por mucho, la mejor técnica para notar el inicio del impulso en el momento en que se produce. Este impulso puede expresarse mental, física y/o emocionalmente. Su objetivo es estar presente lo antes posible, para aprovechar al máximo el tiempo limitado que le proporciona su cuarto de segundo.

Aquí vemos cómo la atención selectiva y la atención abierta trabajan en estrecha colaboración. El entrenamiento de la atención selectiva te ha hecho capaz de notar pensamientos, sentimientos y señales físicas de forma más inmediata. La atención abierta te dará una visión de conjunto para que percibas las tres cosas. La atención selectiva se centra en un punto, como un operador de cámara de televisión, mientras que la atención abierta es como el director, que ve todas las imágenes que llegan y se da cuenta al instante de cuál escena le llama la atención.

La atención abierta, por lo tanto, te da más control sobre tus acciones. Estás atento al cuarto de segundo mágico, mantienes todas las lentes enfocadas y, en consecuencia, eliges tu comportamiento de forma más consciente. Hay más espacio entre tu impulso y tu acción, lo que te permite tomar decisiones más prudentes que coincidan con tus valores.

¿Si tus valores son "la paz y la tranquilidad" (sin importar si son correctos)? ¿No es estupendo tener ese cuarto de segundo para deshacerte del enojo que te causa ese comentario de tu madre, y no volver a reaccionar? ¿O resulta que el valor "la verdad" siempre sale a la luz? En ese caso, utiliza ese cuarto de segundo para tomar la decisión consciente de expresar tu enojo.

ATENCIÓN ABIERTA Y VALORES

En un pantano no puedes ver lo que hay en el fondo. Si intentas apartar el barro con las manos, es probable que el agua se vuelva aún más turbia. No estará clara hasta que el sedimento se haya asentado.

Nuestra mente es como ese pantano. Si intentas forzar la claridad (por ejemplo, ignorando el nudo que tienes en el estómago) o si juzgas tus pensamientos y alejas tus emociones, tu mente, tu corazón y tu cuerpo seguirán agitados y no verás lo que hay en el fondo, es decir, tus valores más profundos. Abre tu atención, y la inquietud se asentará y surgirá una mente clara. Verás lo que hay en el fondo y te vincularás con lo que es profundamente importante para ti.

Numerosos estudios demuestran que el entrenamiento de la atención y la atención abierta te dan más claridad sobre tus valores. Al mismo tiempo, aumentan tu capacidad de actuar según esos valores, gracias a un mayor control de los impulsos.[4]

CALENTAMIENTO: ATENCIÓN Y COMUNICACIÓN

En promedio, dedicamos entre 70 y 80% de nuestras horas de vigilia a alguna forma de comunicación. Al parecer, 9% se destina a escribir, 16% a leer, 30% a hablar y la mayor parte, 45%, a escuchar.[5] En otras palabras, en términos de comunicación, hay mucho que ganar con el entrenamiento de la atención.

> *Piensa dos veces antes de hablar, porque tus palabras y tu influencia plantarán la semilla del éxito o del fracaso en la mente de otro.*
>
> NAPOLEÓN HILL

DETECTAR LAS MULETILLAS

Eh, quizá no necesites que te digan que la mayoría de los comportamientos automáticos se producen cuando hablamos, ya sabes. Los complementos como "eh", "ya sabes" y "bueno" o frases como "es decir, o sea..." muestran lo automático de nuestro hablar. Utilizamos este tipo de muletillas para dejar claro al oyente que todavía es nuestro "turno". Pero comúnmente minimizan el discurso y le restan importancia. ¿Has oído alguna vez al expresidente de Estados Unidos, Barack Obama, que es un orador talentoso, utilizar muletillas, además de su mantra "¡Sí podemos!"? La ventaja de omitir este tipo de comportamientos automáticos es que aumenta el impacto del mensaje; hace que su historia sea más fuerte y creíble.

ABDOMINAL MENTAL

Toma nota de todas las muletillas del lenguaje que utilizas hoy (¡pero no te juzgues!). Si tomas en serio la idea de acabar con el uso de muletillas, pídele a un familiar, un amigo o un colega que levante la mano cada vez que uses uno, aunque te irrite. Por lo general, no eres consciente de que los estás utilizando.

Detectar las muletillas del lenguaje es muy útil si queremos perfeccionar nuestra atención. Pero requiere disciplina, autoestima y práctica diaria. ¿Recuerdas que hay cierto grado de automatismo en el tipo de palabras que utilizamos? Algunos prefieren palabras dudosas como "tal vez", "en realidad" y "más bien"; otros utilizan palabras con una connotación negativa, como "no", "pero" y "sin embargo"; mientras que unos más usan palabras más positivas como "además", "genial" y "grandioso". El uso de las palabras tiene un efecto poderoso. Frecuentemente empiezas a *pensar* en las palabras que utilizas con frecuencia, las usas aún más y te comportas de acuerdo con ellas: te conviertes en tus palabras. Es fácil, por ejemplo, adoptar una actitud de "sí, pero".

REVELACIÓN

De los estudios realizados se desprende que la expresión de palabras negativas no sólo provoca una respuesta de estrés en el orador, sino también en el oyente. También se observó un aumento del miedo y la molestia en este último, lo que reduce la confianza y la posible cooperación.[6] En la parte 2 sobre la compasión, volveremos a hablar del poder de las palabras.

¡PIENSA!

¿Cómo ser más consciente de tu discurso? ¿Cómo elegir tus palabras en lugar de que ellas te elijan a ti? Utiliza la siguiente ayuda mnemotécnica: PIENSA. Haz una pausa. Detén el impulso de hablar, presta atención a tu respiración y a tus sensaciones físicas. Y pregúntate a ti mismo qué quieres decir. ¿Lo que quieres decir es...

VERDADERO
ÚTIL
INSPIRADOR
NECESARIO
AMABLE?

¿Has tenido una discusión con un ser querido? ¡PIENSA! ¿Estás harto del servicio de atención al cliente de una empresa? ¡PIENSA! ¿Estás decepcionado de tu hija adolescente? ¡PIENSA! ¿Tienes miedo de la respuesta de tu jefe? PIENSA. PENSAR sólo funciona con un músculo fuerte de la atención, porque te permite aumentar el espacio entre tu impulso y tu acción, que en este caso es hablar.

Utilizas el cuarto de segundo mágico para comunicarte de forma más eficaz. No significa que las emociones como el miedo o la ira estén ausentes, sino que te comunicas desde una perspectiva más amplia que tu emoción. Te ayuda a entender a la otra persona y te facilita la comprensión. La atención abierta te permite crear una mente clara y te ayuda a expresar explícitamente tus necesidades, a verbalizar tu punto de vista y a establecer la línea, todo ello mostrando respeto por la otra persona.

ESCUCHAR

La comunicación consiste en hablar y escuchar, tanto de forma verbal como no verbal. Sin embargo, en los debates sobre comunicación se presta mucha más atención a la voz que al oído. Existen innumerables cursos de formación sobre presentaciones, pero ¿con qué frecuencia se oye hablar de personas que asisten a un curso de escucha? Aunque muchos de nosotros pasamos gran parte de nuestros días escuchando, es una actividad a la que le prestamos poca atención. No hay una asignatura que se llame "escuchar" en la escuela, las universidades no imparten instrucciones de escucha, e incluso los cursos promedio de comunicación sólo dedican 7% de su tiempo a la escucha.[7] Así que no es de sorprender que también seamos bastante malos recordando, que es el siguiente paso después de escuchar.

Durante un experimento que puso a prueba la memoria auditiva, se vio que los sujetos sólo podían recordar 17.2% de los contenidos poco después de ver las noticias. Ni siquiera las indicaciones de los investigadores ayudaron a la mayoría a lograr recordar más de 25 por ciento.[8] Asimismo, en promedio el oyente oía, comprendía y recordaba sólo hasta 50% inmediatamente después de una presentación de diez minutos. Al cabo de 48 horas parecía que sólo se retenía la mitad. Imagínate lo poco que quedaría después de una semana.[9]

Existe una explicación de por qué somos tan malos oyentes: un orador habla de 125 a 175 palabras por minuto en promedio, mientras que el oyente puede escuchar 450 palabras por minuto. La diferencia entre la velocidad de habla y la de pensamiento brinda a la mente de mono del oyente todas las oportunidades para distraerse.[10]

En resumen, hay mucho margen de mejora en nuestras habilidades de escucha, porque escuchar al otro es la mejor manera de conectar con los demás e influir en ellos. He aquí un mantra que todos deberíamos repetir en voz alta: "¿Quieres que te escuchen? Entonces escucha".

ESTILOS DE ESCUCHA

Tienes que conocer tu estilo de escucha para mejorar tu atención. Cuando te comunicas, ¿sueles pensar sólo en ti mismo o más bien en la otra persona? O tal vez seas de los que se concentran en las dos partes. A grandes rasgos, existen cuatro estilos diferentes de escucha, que podríamos considerar en orden jerárquico:[11]

1. *Escucha automática.* Escuchas con el piloto automático y principalmente buscas la confirmación de lo que ya sabes o crees saber. La comunicación que acompaña a esta escucha es una charla superficial.
2. *Escuchar con atención.* Se comprueba si la información se ajusta a la propia visión del mundo y se escucha principalmente cualquier cosa que se desvíe de ella. La atención suele centrarse en lo que está mal o en lo que falta. Los abogados utilizan esta forma de escuchar en su beneficio. La forma de comunicación correspondiente es el debate o la discusión.
3. *Escucha empática.* Te imaginas asumiendo la perspectiva y los sentimientos de la otra persona, sin hacer ningún juicio. Este diálogo es la forma de comunicación correspondiente.
4. *Escucha generativa.* En los otros estilos de escucha se piensa en uno mismo o en la otra persona. En la escucha generativa hay espacio tanto para tu perspectiva como para la del otro, e incluso para una perspectiva más amplia. Con la escucha generativa combinas y optimizas los otros niveles de escucha. Eres sensible a la atmósfera, escuchas y lees entre líneas, y comprendes el verdadero mensaje que hay detrás de las palabras. Estás abierto a todo lo que surge, sin juzgar. Esta forma de escuchar (una especie de atención abierta) suele conducir a una perspectiva compartida y a la cooperación.

La percepción termina donde empieza el juicio.
DAVID DEWULF

Así pues, sé consciente del estilo de escucha que sueles utilizar. ¿Es una escucha automática? Intenta pasar al segundo nivel de escucha. Y luego da un paso más: empatiza con la otra persona, aunque (al menos al principio) conserves tu propio punto de vista. Si das otro paso, hacia la escucha generativa, significa que estás cambiando entre los tres primeros niveles de escucha. Regresar al nivel anterior suele ser bastante fácil, pero dar un paso adelante requiere una atención consciente. Por ejemplo, si te encuentras escuchando de forma distintiva, practica el cambio a la escucha empática o generativa.

ABDOMINAL MENTAL

Hoy escucha a los demás como una esponja; absorbe todo lo que digan sin dar una respuesta u opinión inmediata. No empieces a formar una respuesta en tu mente hasta que te la pidan o sea necesaria. Prueba a cambiar de nivel. Observa qué estilo de escucha sueles utilizar la mayor parte del tiempo. Observa también lo difícil que es escuchar sin juzgar.

PRÁCTICA DE LA ESCUCHA EFECTIVA

La clave de una escucha eficaz es dejar de lado las opiniones, los puntos de vista e incluso la superioridad moral. Las ideas y los juicios son útiles, pero el problema surge cuando nos aferramos a ellos tenazmente, sin importar si son positivos o negativos. ¿Te has dado cuenta de la rapidez con la que nuestra vocecita nos dice que califiquemos algo o a alguien como bello o feo, interesante o insignificante, bueno o malo, agradable o desagradable?

En estos casos, no estamos escuchando más allá de los límites de nuestro propio punto de vista. También debemos tener en cuenta que cualquier punto de vista es fluido, por muy fijo que parezca. Todos tendemos a renegar de un punto de vista de vez en cuando: quien antes odiaba a los gatos y ahora adora a Fluffy, el gato atigrado; el conservador empedernido que solía votar por los laboristas en sus años de juventud; tu hermana que rechazaba los tatuajes y ahora los tiene por todo el cuerpo, etcétera. En resumen, los puntos de vista (por muy estática que suene esta noción) nunca son fijos. Así que déjate llevar más e intenta escuchar la historia de otra persona con la mente completamente abierta.

ENTRENAMIENTO

ⅠⅢ LIGERO
EJERCICIO 1: RESPIRACIÓN CON UN PASO DE ACCIÓN

Si te cierran una puerta en la cara, quizá sigas mirando la puerta cerrada o intentes forzarla para que se abra de nuevo. Mientras tanto, no te das cuenta de que, a la izquierda y a la derecha, hay otras puertas abiertas. Una respiración con un paso de acción te ayuda a ver esas oportunidades. Esta semana harás el mismo ejercicio que en la semana 3, pero con el "paso de acción" como extra. Ésta es la c de calmarse y tomar una acción consciente.

Haz pausas ocasionales en tus actividades cotidianas, respira conscientemente y anota tus pensamientos. Si eres consciente de varios pensamientos, etiquétalos internamente como parte del "pensamiento". No te dejes arrastrar por la corriente de tus pensamientos. Centra tu atención en los posibles sentimientos y sigue los tres primeros pasos de DANCE: determina ("siento celos/sorpresa/etc."), investiga con una mente de aceptación (no dejes de lado tu emoción de ira/tristeza/disgusto, sino que permite que ocurra y no la juzgues) y no te identifiques con tu sentimiento ("tengo sentimientos, pero los sentimientos no son yo"). Cálmate preguntándote: "¿Qué necesito o qué requiere la situación? ¿Qué es sabio?".

Sin el entrenamiento de la atención, vas de inmediato al último paso, que es la acción. Pero practicando los tres primeros pasos puedes actuar con más eficacia y sabiduría: te preguntas qué requiere la situación y cuáles son tus necesidades. Cuando llegues a la segunda pregunta, qué es lo sabio, debes intentar dejar que tu "subconsciente inteligente" haga el trabajo. Intenta no responder a la pregunta sólo desde una perspectiva analítica, sino estar abierto a la respuesta que surja, sin juzgar. En otras palabras: no busques frenéticamente una respuesta correcta. Recuerda que no encontrarás las llaves perdidas hasta que dejes de buscarlas: lo mismo ocurre aquí. Si las circunstancias hacen que no tengas tiempo suficiente para esto, practica durante tus actividades. Tienes que ser consciente de tu respiración, tu cuerpo, tus pensamientos y tus sentimientos de vez en cuando.

EJERCICIO 2: ATENCIÓN ABIERTA DURANTE EL DÍA

Haz una pausa de un par de minutos tres veces al día. Primero presta atención a tu respiración, luego libera la concentración en tu atención para registrar hacia dónde va (respiración, cuerpo, sonido, pensamiento, sentimiento).

EJERCICIO 3: EJERCICIO DE HABLAR

Practica "PENSAR" antes de hablar varias veces al día. Intenta sofocar tus respuestas instintivas y aprovecha ese cuarto de segundo mágico. No te molestes contigo mismo si no lo consigues.

EJERCICIO 4: EJERCICIO DE ESCUCHAR

Intenta escuchar a los demás unas cuantas veces al día y retrasa tu juicio sobre la otra persona y lo que está diciendo. Es igualmente importante que te des cuenta de que estás juzgando, sin juzgar, por supuesto. Detén tus juicios en el acto con una sutil voz interior: "¡Sí, te veo!".

MEDIO
EXTENSIÓN DEL ENTRENAMIENTO LIGERO

EJERCICIO 1: EJERCICIO DE ATENCIÓN ABIERTA

¿Quieres dar a tu músculo de la atención un entrenamiento extra además de la versión ligera? Entonces practica el ejercicio diario de atención abierta (pista de audio 6). Alterna esta práctica con la realización del mismo ejercicio sin la pista de audio. Programa el temporizador por 15 minutos, centra tu atención en la respiración y en tu cuerpo durante los primeros minutos y luego practica la atención abierta.

🎧 *Pista de audio 6. Ejercicio de atención abierta*

EJERCICIO 2: ATENCIÓN EN LA COMUNICACIÓN

Además, sé consciente de tu nivel de escucha (automática, distintiva, empática o generativa) cada día. ¿Buscas confirmación (escucha automática) o te dedicas a analizar (escucha distintiva)? ¿Te centras en la otra persona (escucha empática) o también tienes en cuenta el ambiente y los intereses y lees entre líneas (escucha generativa)? Cambia conscientemente entre estos cuatro niveles de escucha.

▮▮▮ INTENSO

EXTENSIÓN DEL ENTRENAMIENTO LIGERO + MEDIO Tal vez te estés metiendo de lleno en el tema, en cuyo caso puedes optar por un entrenamiento intensivo esta semana. Si es así, combina tu ejercicio diario de atención abierta con un ejercicio de atención completa sin pista de audio. En este ejercicio silencioso, para el que puedes utilizar un temporizador, tu atención debe centrarse sucesivamente en la respiración, el cuerpo, el sonido, el pensamiento y los sentimientos y la atención abierta. Experimenta para saber cuánto tiempo prefieres centrarte en cada uno de estos puntos antes de pasar al siguiente. Si has experimentado un trauma en el pasado (y necesitas trabajarlo), debes hacer el ejercicio con el mayor cuidado posible y a tu propio ritmo, en especial la parte de la meditación que se concentra en las emociones. Si te sientes abrumado por tus sentimientos y no estás seguro de continuar, es recomendable que pidas ayuda a un entrenador experimentado.

🎧 *Pista de audio 6. Ejercicio de atención abierta*

Además, haz el ejercicio 2: Atención en la comunicación, tal y como se describe en la sección de entrenamiento medio.

🎧 *Puedes descargar las pistas de audio en 12weekmindworkout.com/ spanish*

ENFRIAMIENTO

El entrenamiento de la atención es inmensamente útil, pero quizá te preguntes cómo incluirlo en tu agenda repleta. Lo más probable es que ese pensamiento haya pasado por tu cabeza varias veces mientras leías y practicabas los ejercicios durante las últimas cuatro semanas. O tal vez pienses: "No tengo disciplina. Simplemente no puedo controlar la práctica". Es importante recordar que ser más consciente es una forma de vida, algo que puedes practicar en cualquier momento del día. ¿Recuerdas aquellos dibujos de la infancia, cuando tenías que unir puntos con el lápiz y sólo al final veías que era un oso o una casa? Así funciona también el entrenamiento de la atención. Empiezas con un primer mordisco consciente cuando almuerzas o te cepillas el pelo, y luego vas ampliando tus momentos conscientes y, con el tiempo, notarás que se convierte en una forma de vida.

Si quieres seguir ejercitando el músculo de la atención, mantén tu objetivo realista y el umbral lo suficientemente bajo. Tres horas de ejercicio un domingo son menos eficaces o saludables que media hora diaria. Esto también se aplica al entrenamiento de la mente: cinco minutos al día es un mejor entrenamiento que una hora una vez a la semana. Si forma parte de tu vida diaria, estás aprovechando el poder de tu piloto automático.

¿Hay un límite para el entrenamiento? Esto depende de cada persona. No servirá de nada que sobrecargues tu músculo de la atención hasta el hartazgo, porque no tendrás ganas de hacerlo al día siguiente. Si se cae en la trampa de imponer una excesiva autodisciplina a la hora de realizar los ejercicios, puedes empezar a odiar la práctica. No te excedas y date un tiempo de descanso. Ten en cuenta que es normal que haya cierta resistencia, y que los ejercicios más largos, como una meditación de más de 15 minutos, son valiosos para ayudarte a ver con claridad lo que ocurre en tu interior. Puedes practicar estas técnicas en un "campo de entrenamiento de la atención" (una especie de retiro de entrenamiento de la atención) durante un día, una semana o incluso más, y quizá durante varias horas seguidas. Comúnmente los participantes obtienen muchas ideas y respuestas a problemas que no habían podido resolver. Podría cambiarte la vida.

Las técnicas de atención que has practicado en las últimas cuatro semanas corresponden en gran medida al entrenamiento de atención plena de ocho semanas, conocido como reducción del estrés basada en la atención plena (MBSR, por sus siglas en inglés). Si buscas mayor profundidad, se recomienda este tipo de entrenamiento. La gran ventaja es que puedes intercambiar experiencias en grupo, y la cohesión social es una motivación extra para hacer el entrenamiento. El asesor o entrenador también puede ayudarte con los obstáculos y puntos ciegos durante la práctica.

Hay muchos buenos entrenadores de *mindfulness*. Para encontrar un coach o profesor de *mindfulness* calificado y acreditado, consulta la British Association for Mindfulness-based Approaches (bamba.org.uk), el Mindfulness Teachers Register (mindfulnessteachers.org.uk) o la International Mindfulness Teachers Association (imta.org).

Pregúntate si has logrado algo de lo siguiente en la semana 4:

- ¿Reconoces la atención abierta y la aplicas en situaciones cotidianas?
- ¿Eres capaz de ser menos impulsivo al hablar o responder?
- ¿Pospones tu juicio cuando escuchas a otra persona?
- ¿Eres capaz de cambiar conscientemente entre los diferentes niveles de escucha?

EN CONCLUSIÓN

Continúa con tu entrenamiento de atención, teniendo en cuenta que eres tú quien decide lo que haces y en qué grado. La profesora de meditación Cheri Huber lo expresa así:

Si quieres llamarte a ti mismo jugador de tenis, pide prestadas una raqueta y unas cuantas pelotas y golpea una pelota en cualquier lugar. Si quieres jugar tenis como pasatiempo, te comprarás una raqueta, tomarás unas cuantas clases y jugarás cuando tengas tiempo. Si quieres jugar tenis realmente, buscarás un profesor, tomarás clases, harás ejercicio y jugarás regularmente. Te tomas tu tiempo. Si quieres ser un tenista de élite, buscarás un profesor, absorberás todos los consejos como una esponja, harás ejercicio en todo momento y dedicarás tu vida a entrenar. Nuestra vida es como es, porque la elegimos así. Podemos decir: "No tengo tiempo para detenerme. Estoy demasiado ocupado para ser consciente de lo que hago". Eso está bien. Sólo debes saber quién toma las decisiones. La vida no está fuera de tu control.[12]

PARTE 2

EL PODER DE LA COMPASIÓN

Si quieres que los demás sean felices,
practica la compasión;
si quieres ser feliz tú mismo,
practica la compasión.

DALÁI LAMA

"La compasión es la conciencia profunda de tu sufrimiento y el de los demás, unida al deseo y al compromiso de aliviarlo." Ésta es la definición de compasión de Paul Gilbert, profesor de psicología clínica de la Universidad de Derby y fundador del entrenamiento de la mente compasiva (CMT, por sus siglas en inglés). En otras palabras: compasión significa enfrentarse a las dificultades de la vida sin dejarse arrastrar por ellas, y con la intención de disminuir el sufrimiento de los demás y el propio.

Un anciano tibetano está sentado junto a una hoguera con su nieto. El nieto le pregunta: "Abuelo, ¿la gente es buena por naturaleza?"

El hombre responde:

—Dentro de mí, hay una lucha entre dos lobos. El lobo gris es malo; consiste en la ira, los celos, el resentimiento, la codicia, el engreimiento, la autocompasión, la inferioridad, la mentira, el falso orgullo, la superioridad y el ego. El lobo pardo es bueno y representa la alegría, la satisfacción, el amor, la esperanza, la calma, la humildad, la bondad, la simpatía, la generosidad, la verdad y la compasión. Esta batalla se libra en todos los seres humanos. También en ti.

El nieto mira al fuego y pregunta:

—¿Qué lobo ganará la batalla?

El anciano sonríe y responde:

—El lobo que tú alimentes.

ABDOMINAL MENTAL

Anota hoy qué actividades, pensamientos y emociones alimentan a tu lobo gris y cuáles a tu lobo pardo. ¿Qué lobo ha crecido más?

En la segunda parte de este libro nos basaremos en el entrenamiento de la atención que vimos en la primera parte. Ya has aprendido que un músculo de la atención fuerte aporta muchos beneficios: estar menos estresado, tener un mayor control de los impulsos, lograr una comunicación más eficaz y dejar ser a tus emociones. Ahora estás en buena forma para aumentar el poder de tu compasión. La compasión te proporciona un enfoque constructivo de las fases y los momentos difíciles, así como de las emociones subsecuentes.

Al entrenar tu compasión desarrollas una profunda comprensión de que todos estamos conectados y que todos somos responsables de mejorar un poco el mundo. Una actitud compasiva hacia ti mismo y hacia los demás conduce a la resiliencia y al bienestar.

Con la compasión se da una atención consciente al dolor y al sufrimiento. Quizá pienses que no es una actividad muy edificante, pero el siguiente experimento demuestra lo contrario. Se les pidió a los sujetos del estudio que ejercieran la compasión por extraños que les mostraron en fotografías. Tras una pausa, les enseñaron fotografías de obras de arte modernas y se les pidió que las comentaran. Algunas de las fotos de obras de arte fueron precedidas por las fotos de retratos mostradas, pero aparecieron tan rápido que los sujetos no las percibieron conscientemente (este método se denomina *priming*). ¿Y el resultado? Los sujetos valoraron mejor las obras de arte mostradas después de una foto de retrato que las obras mostradas por sí solas.[1]

✖ *¡Cuidado!*

Antes de continuar, una advertencia: en las próximas cuatro semanas verás la palabra *compasión* exactamente 6,234 veces. Sí, es mucho, lo admito, pero me temo que no se puede evitar. Estas semanas de formación versan sobre la palabra c, y no hay ninguna otra palabra que recoja con precisión su significado. Así que, mientras lees, recuerda hacer una pequeña pausa de vez en cuando para no sufrir la fatiga de la compasión. Tómate una taza de té o café y grita: "¡Esto de la compasión me está volviendo loco!" (o alguna otra frase más contundente) y luego, cuando estés preparado, continúa.

¿QUÉ ES LA COMPASIÓN?

Durante el entrenamiento de la atención aprendiste a separar tu observación de tus pensamientos e interpretaciones. Ahora notas esta separación en tu mente, y no seguirás cualquier dirección al azar, sino que elegirás conscientemente un giro a la izquierda o a la derecha. Si te paras a pensar y mantienes la distancia, podrás controlar los pensamientos útiles y dejar de lado los inútiles. Pero también hay una tercera vía. La creas tú mismo generando tus propios pensamientos: ésta es la ruta de la compasión creada por uno mismo.

Hay tres pasos para la compasión[2] que aclararé utilizando el ejemplo de una persona sin hogar que pide limosna en la calle. El primer paso de la compasión es ver el dolor de la persona. No pasas de largo, sino que te fijas realmente en la persona, prestándole una *atención* abierta y sin juicios. El segundo paso es que te das cuenta de que también podría haberte ocurrido a ti: experimentas una *humanidad compartida* (cada persona sufre, y este sufrimiento nos conecta).

En el tercer paso, tienes el deseo de mitigar la situación de la persona y actúas para hacer algo constructivo. Muestras *amabilidad*, por ejemplo, prestando atención, una sonrisa o algo tangible, como dinero o un sándwich.

¿QUÉ NO ES COMPASIÓN?

La compasión y la empatía no son lo mismo. Mientras que la compasión se centra en el sufrimiento y su alivio, la empatía se centra en todo tipo de sentimientos o situaciones: el dolor de un indigente, la nueva relación amorosa de un amigo, la alegría de un niño pequeño que celebra su cumpleaños. La compasión siempre se centra en aliviar el sufrimiento, lo que no se aplica necesariamente a la empatía.

La compasión tampoco es lo mismo que la lástima. La lástima nace del interés propio. La lástima significa: *yo* primero; la compasión significa: *tú* primero. La lástima es: "Ay, qué terrible, espero que esto no me pase a mí". O bien: "Qué terrible es para mí sentirme así cuando veo a una mujer hambrienta". A veces, la lástima implica una puesta en perspectiva bastante conveniente: "Ella es talla 18, así que no debería quejarme por ser talla 14". La lástima suele incluir la distancia y la aversión al sufrimiento, desprovista de cualquier deseo de hacer algo al respecto.

La compasión no es la búsqueda de emociones agradables. Sentir emociones agradables no es una condición para mostrar compasión. La compasión no está relacionada en absoluto con una emoción específica. Los sentimientos van y vienen, mientras que la compasión siempre está ahí. La compasión sincera es la intención de aliviar el sufrimiento. La compasión se siente satisfactoria; puedes sentirte bien si le ofreces a un indigente una taza de café o derramas una lágrima con alguien en un funeral. Sin embargo, no sólo mostramos compasión cuando esperamos una recompensa que nos haga sentir bien. Sentirse bien por la compasión no es más que un agradable efecto secundario.

> ¿Cuáles son tus sentimientos y pensamientos cuando escuchas la palabra *compasión*? ¿En qué piensas cuando oyes la palabra? ¿Piensas que es propiedad de un grupo concreto de personas o de quienes tienen una profesión específica?

ABDOMINAL MENTAL

PREJUICIOS

Es probable que tengas prejuicios sobre la (auto)compasión. Éstos pueden ser bastante persistentes.

- La compasión es una habilidad blanda y (por lo tanto) es poco útil.
- La compasión es necesaria sobre todo en las profesiones relacionadas con la salud.
- La autocompasión es egoísta y te vuelve flojo.
- La compasión puede ser a veces injusta: algunas personas no merecen compasión.

En resumen, lo más probable es que cuando pienses en la compasión creas que equivale a consentir a los demás y a ti mismo y que es lo contrario del "amor duro": no ir al gimnasio para darte un respiro, por ejemplo, o no hacerle comentarios a alguien porque te da pena ser sincero. Pero la compasión no significa contentarse con no hacer nada, ni limitarse a mimar a los demás, ni defender a los débiles de la sociedad casi como un acto reflejo. La compasión es un fuerte impulso para el crecimiento y el desarrollo. Puedes darle a otra persona una respuesta negativa con compasión, o tratarte a ti mismo con compasión si has tomado decisiones equivocadas. Según la investigación, uno de los rasgos más importantes de una pareja (potencial) no es el sentido del humor, los pectorales bonitos o los intereses compartidos, sino el grado de compasión que muestra la persona.[3]

BENEFICIOS

Los prejuicios sobre la compasión como algo suave, ineficaz y egoísta se contradicen con la ciencia. El entrenamiento en compasión parece producir más fuerza, eficacia, felicidad y salud.[4] Los siguientes resultados del entrenamiento en compasión se basan en las conclusiones de 200 artículos y estudios publicados desde 2003:

- Resiliencia en tiempos difíciles.
- Mayor eficacia y proactividad.
- Emociones más positivas.
- Reducción del temor al rechazo o a cometer errores.
- Mayor autoestima.
- Mayor cuidado personal y una dieta más saludable.
- Mayor inteligencia emocional.
- Más conexión social, menos soledad.
- Mejora del sistema inmunitario.
- Asumir más responsabilidad por el propio comportamiento.
- Más sentido de propósito.
- Mejores niveles de rendimiento.

Los participantes en el entrenamiento en compasión mostraron un número significativamente mayor de ondas cerebrales en frecuencias gamma, lo que indica que todas las partes del cerebro están conectadas. El resultado es un mayor estado de conciencia, una mayor rapidez de respuesta y una mayor facilidad para ofrecer un rendimiento excelente.[5]

No hace falta ser un científico para comprender la importancia de la compasión. Las personas somos muy dependientes unas de otras. Docenas de personas de al menos 35 países han participado en la creación de la página que estás leyendo en este momento.[6] Este trozo de papel impreso no existiría sin el escritor, los editores, los vendedores, los trabajadores de las plantaciones, los leñadores, los impresores, etcétera.

¿Fatiga por compasión? ¡Entonces es hora de tomar un café, dar un paseo o ver un video de gatos!

ENTRENAMIENTO DE LA COMPASIÓN

Si vieras a un niño pequeño caer en un estanque, ¿qué harías? ¿No quieres que se te mojen los zapatos y los calcetines? ¿Prefieres seguir tu camino hacia esa cita tan importante? Por supuesto que no. La compasión instintiva te haría saltar al agua para rescatar al niño, sin pensarlo dos veces. Además de la respuesta de lucha-huida-congelación, el sistema de amenazas también incluye una cuarta respuesta:

cuidar y hacer amigos. En caso de peligro (compartido), nos convertimos en aliados y queremos cuidarnos mutuamente.

Mientras que la lucha, la huida y la congelación se asocian principalmente con el interés propio, el cuidar y hacer amigos se centra sobre todo en el interés por los demás: te sacrificas a ti mismo.[7] Esta respuesta instintiva es el atajo hacia la compasión. La compasión instintiva no puede entrenarse, pero por fortuna es inherente a la mayoría de las personas. Está presente incluso a una edad temprana. Los investigadores del comportamiento reunieron 30 horas de material cinematográfico sobre un grupo de niños pequeños que jugaban y llegaron exactamente a esta conclusión. Registraron no menos de 1,200 formas de colaborar, compartir y/o consolar.[8]

REVELACIÓN

Los monos también muestran compasión de forma instintiva. Cuando una madre mono pierde a su cría, suele seguir cuidando de ella durante varios días. Desplaza y acaricia al animal, y los otros monos que la rodean hacen ruidos para mostrar que sienten su dolor. Es un sonido que todos conocemos: "Ahhh". El sonido es un legado compartido de nuestros antepasados comunitarios, y también lo hacemos cuando vemos a un niño tropezar y caer o cuando un amigo te dice que ha reprobado el examen de manejo.

La capacidad de compasión y de egoísmo está integrada en nuestro ADN. Pero cuanto más inteligentes se han vuelto los animales a través de la evolución, más fuerte es el sistema de consuelo y (en consecuencia) la tendencia a la compasión. El mayor paso en la evolución humana no es el fuego, la lanza o el dibujo rupestre; es la compasión. Charles Darwin llegó a esta conclusión en su libro *El origen del hombre* (1871): "La simpatía habrá aumentado a través de la selección natural, ya que aquellas comunidades que incluyan el mayor número de miembros más simpáticos se desarrollarán mejor y criarán el mayor número de descendientes". Un feto evoluciona y crece en

El poder de la compasión

el vientre materno hasta que está listo para nacer; sin embargo, los bebés humanos siguen dependiendo por completo de un cuidador para sobrevivir. Para criar a sus hijos, los humanos se han enseñado a sí mismos la compasión, es decir, la capacidad de nutrir y educar. Esto contrasta, por ejemplo, con las serpientes y las tortugas, que producen muchas crías con la esperanza de que algunas sobrevivan. Luego abandonan a sus crías y las dejan sobrevivir (o no). La compasión se ha convertido en el instinto más fuerte del ser humano, y éste es precisamente el que garantiza la supervivencia de los humanos como especie. La supuesta frase de Darwin "la supervivencia del más fuerte" (en realidad acuñada por su contemporáneo y seguidor Herbert Spencer) debería haber sido "la supervivencia del más compasivo". Quien muestre compasión, sobrevivirá.

Además de la compasión instintiva, existe la compasión consciente, no instintiva. Ésta es impulsada principalmente por nuestro sistema calmante. Esta compasión es la que vas a entrenar en las próximas semanas. Ya has hecho parte del entrenamiento básico: el entrenamiento de la atención te ayuda a notar el sufrimiento, que es el primer paso de la compasión. Los dos pasos siguientes (compartir y mostrar bondad) se tratarán en el entrenamiento de la compasión durante las próximas cuatro semanas.

Si me enseñas algo, lo olvidaré; si me muestras algo,
lo recordaré; si me obligas a hacer algo, lo haré mío.
CONFUCIO

En las semanas 5 y 6, la atención se centra en la compasión por uno mismo. Luego, en la semana 7, comenzarás con la compasión por los demás y en la última semana (semana 8) integrarás la compasión en tu vida diaria. Si sientes la necesidad de dedicar más tiempo a la semana 5 o a la 6, hazlo. La compasión por uno mismo es la base aquí; una vez que la domines, estarás listo para extenderla a tu entorno. El entrenamiento de la compasión puede ser un reto porque saldrán a la luz algunos patrones difíciles y sufrimiento (profundo). Si eres muy estricto contigo mismo o has sufrido un trauma, un entrenador o asesor puede darte un apoyo adicional. Otra posibilidad sería asistir a un curso de entrenamiento de la compasión para obtener apoyo y conocimientos adicionales. Una tercera opción es entrenar con un grupo de tus amigos durante estas cuatro semanas.

El entrenamiento de la compasión requiere valor: hay que enfrentarse al dolor y al sufrimiento en lugar de darles la espalda. Por fortuna, la compasión funciona como un círculo virtuoso: la compasión refuerza el coraje, que gradualmente facilita el entrenamiento, lo que enriquece la compasión...

Recuerda: el entrenamiento de la compasión no es un paquete turístico organizado; es un viaje de aventura. No sabes exactamente a dónde vas; en la aventura del entrenamiento de la compasión debes estar totalmente abierto a lo que te traiga y a donde te lleve.

Así que la compasión y el egoísmo están alojados en nuestro ADN. Cuanto más inteligentes se vuelven los animales a través de la evolución, más grande y más fuerte es el sistema de calma y, por tanto, la tendencia a practicar la compasión. Es de esperar que la siguiente capa del cerebro humano, nuestro "nuevo cerebro", nos facilitará ver y trabajar en pos de un panorama más amplio, en lugar de ver sólo nuestro pequeño e insignificante yo.

Por ahora, la cuestión no es lo compasivo que eres, sino lo compasivo que quieres ser. Como pequeño ser humano, apuesta a lo grande por la compasión. Sustituye la idea de "eres sólo una gota en el océano" por "los pequeños detalles marcan la diferencia". Tal vez no te importe el panorama general y no te interese en absoluto que la humanidad sobreviva. Entonces pregúntate qué es importante para ti. ¿Preferirías vivir en una sociedad en la que predomine la violencia, en lugar de la bondad?

SEMANA

05

COMPASIÓN POR UNO MISMO: LOS FUNDAMENTOS

El mejor lugar para encontrar una mano amiga
es en el extremo de tu propio brazo.
PROVERBIO SUECO

En las próximas semanas vas a aprender a ejercitar la compasión y a actuar desde el sistema calmante. Esto te dará la fuerza y el coraje que necesitas para seguir adelante cuando te enfrentes al dolor o el sufrimiento, ya sean propios o ajenos, no suprimiéndolos o ahogándote en ellos, sino afrontándolos de forma constructiva, con compasión. La autocompasión es la base de la compasión. Esta semana aprenderás por qué el "¡Mírame!" (en otras palabras, la autoestima) no es una forma de compasión por uno mismo, y utilizarás herramientas para mejorar tu autocompasión, pasando de la autoestima a la autocompasión.

CALENTAMIENTO

¿Alguna vez has visto a un entrenador militar con barriga cervecera y un cigarro colgando de los labios? Es absurdo. Lo mismo se aplica a la compasión: no tener compasión por uno mismo significa no tener compasión por los demás. Si te tratas a ti mismo con compasión, también te resultará más fácil tratar a los demás con compasión, y del mismo modo, es más probable que los demás te traten con compasión. Porque un buen ejemplo suele seguirse.

La autocompasión también es importante para tu desarrollo. Si no la tienes, te resultará difícil generar la motivación interior necesaria para salir adelante en la vida. Un directivo que se preocupa por sus empleados se interesa por su felicidad. ¿Y a quién diriges tú? Exactamente, a ti mismo. Sin autocompasión, es posible que no aceptes esa responsabilidad, porque no te preocupas lo suficiente por ti.

Es importante recordar que la autocompasión no es una herramienta para convertirse en un ser humano "mejor" (más delgado, más inteligente, más rico). Es una herramienta para aceptarse incondicionalmente. Reconsidera la diferencia entre sentir compasión y sentir lástima por ti mismo. Esta última significa "yo sufro", lo que te permite sumergirte en un papel de víctima; la autocompasión significa "nosotros sufrimos".

Toma papel y pluma y piensa en un momento en el que un buen amigo tuvo dificultades, estuvo estresado, fracasó o no se sintió capaz de afrontar un reto. ¿Cómo respondiste? Escribe las palabras que usaste y las que te vienen a la mente sobre él y esa situación ahora. Piensa ahora en una situación en la que hayas tenido dificultades, estés estresado, hayas fracasado o sientas que no puedes afrontar un reto. ¿Qué palabras te vienen a la mente? Escríbelas. ¿De qué te has dado cuenta? ¿Las palabras que utilizas para ti y para la otra persona son las mismas? Si no es así, piensa por qué hay una diferencia.

ABDOMINAL MENTAL

FALTA DE COMPASIÓN POR UNO MISMO

Parece que, en la práctica, la gente se muestra poco compasiva hacia sí misma.[1] Sin embargo, hay muchas razones para tratarse a uno mismo con compasión: uno no eligió nacer ni unos genes óptimos, unos padres adecuados o un país próspero. Abrirse camino en la vida no es fácil, en un mundo en el que luchas con todo tipo de cosas que no son lo que tú habrías elegido. ¿Por qué no te recompensas con un poco de autocompasión?

Ten cuidado con lo que te dices a ti mismo,
porque alguien te está escuchando.
ANÓNIMO

PERTENECER

Tenemos que retroceder en el tiempo para encontrar la respuesta a esta pregunta, es decir, volver a los viejos tiempos. Una de las principales necesidades vitales del hombre primitivo era la pertenencia. La exclusión era una sentencia de muerte: sin pertenecer a un grupo, no había comida, seguridad o descendencia. Aunque hoy en día nos hemos vuelto mucho más independientes de los demás, el deseo de pertenencia sigue siendo igual de fuerte. Cada sistema de regulación de las emociones (el antiguo sistema de amenaza, seguido del sistema de impulso y, por último, el sistema calmante) ofrece su propio método de pertenencia. El sistema calmante lo consigue conectando con otros miembros del grupo. Utiliza la compasión, incluida la autocompasión, para lograrlo; tienes una actitud de aceptación hacia ti mismo. Por desgracia, este nuevo sistema suele salir perdiendo frente a sus dos hermanos mayores.

Tu sistema de amenaza y tu sistema de impulso en efecto no utilizan la compasión (por uno mismo) como método de "pertenencia".

EL CRÍTICO INTERNO Y LA COMPETENCIA

Nuestro antiguo sistema de amenaza se centra principalmente en prevenir la exclusión del grupo evitando la retroalimentación de los demás, adaptándose a un grupo con un *ethos* basado en la vergüenza, señalando con un dedo acusador la situación o mediante la crítica interna. En resumen, tu crítico interno descalifica la imagen que tienes de ti mismo. Puedes imaginar que estás a salvo si no sobresales. Tu sistema motor utiliza la competencia como método de "pertenencia"; la educación, la empresa, toda la sociedad hace lo mismo. Si eres más fuerte/más guapo/más inteligente serás el primero en la fila a la hora de comer o quizá recibas una ración extra; serás popular o incluso "indispensable" para el grupo, etcétera. Te comparas con los demás y buscas más autoestima; así intentas mejorar la imagen que tienes de ti mismo.

CANCELAR EL DESEQUILIBRIO

Tu sistema de regulación de las emociones puede estar desequilibrado de dos formas diferentes. Si tu sistema de amenaza está hiperactivo, tu crítica interior será demasiado fuerte y tu autoestima muy baja. Si tu sistema de impulso está hiperactivo, ocultará una autocrítica excesiva porque su búsqueda de autoestima es lo más importante. Este sistema motor da mucha energía, pero después de varios años, meses o incluso semanas, dependiendo de lo mucho que deba trabajar, emitirá un gran mensaje de ERROR. El sistema está sobrecargado y agotado; ya no puede engañarse a sí mismo ni seguir manteniendo las apariencias. Entonces entra en acción el sistema de amenazas. Suena la alarma: "¡Lo he arruinado! Todo es culpa mía. No tengo remedio".

Sin embargo, no es tu culpa que tu cerebro esté programado para (evitar) el peligro. Sólo tú puedes equilibrar los tres sistemas. Pero se necesita compasión para que el sistema calmante pase a primer plano. La semana que viene aprenderás a controlar el sistema de amenaza, pero esta semana hablaremos del sistema de impulso. Verás cómo la autoestima se te puede ir de las manos y aprenderás cómo la autocompasión te ayuda a evitarlo.

CONCÉNTRATE EN LA AUTOESTIMA

El sistema de impulso provoca que te compares constantemente con los demás. Si quieres pertenecer, necesitas saber en qué posición te encuentras con respecto a tus colegas, tu familia y tus vecinos. Quizá tenga sentido que las personas con baja autoestima sean pasivas, no tengan éxito y se sientan solas con más frecuencia. Y sus opuestos, las personas con alta autoestima, suelen ser activas y alegres y tienen más éxito, con más amigos. Es una imagen bastante precisa.

Pero una falacia común es que la autoestima es, por tanto, un prerrequisito para el éxito. Al contrario, es una consecuencia: el éxito hace que te sientas bien y te aprecies. Se han publicado más de 15 mil artículos sobre la autoestima que demuestran que una alta autoestima no conduce a un mejor rendimiento en el trabajo, a una mejor capacidad de gestión, a una mejor capacidad de comunicación o a un estilo de vida más saludable, ni tampoco a una mayor felicidad o a un mejor control de los impulsos, como dejar de beber.[2]

A pesar de todo esto, seguimos creyendo en la autoestima como la panacea. En la sociedad occidental, mejorar nuestra autoestima se ha convertido casi en una obsesión, desde los programas televisivos de cambio de imagen (del patito feo al cisne), la publicidad de "ser maravilloso", los libros de autoayuda, los programas de liderazgo empresarial y el ansia desesperada por tener amigos en Facebook.

DESVENTAJAS

Por desgracia, este enfoque en la autoestima hace más daño que bien. En primer lugar, es totalmente agotador intentar crear una imagen de uno mismo basada en la autoestima. Es como si estuvieras atrapado en un interminable concurso de talentos intentando demostrar al jurado lo bueno y fantástico que eres, con tu crítico interior, perteneciente al sistema de amenazas, observándote tras bambalinas. Sólo cuando otra persona te da una valoración positiva te hace sentirte feliz contigo mismo, mientras que una valoración negativa te hace sentir que no vales nada.

Otra desventaja es que no tienes en cuenta los talentos y éxitos de los demás, por temor a que tu propia imagen positiva resienta la comparación. Sólo aprecias las cosas que son importantes para ti y que puedes hacer bien, ignorando los logros de los demás. A un políglota no le importan las mejores técnicas de dibujo y un violinista no le da importancia a un buen control de la pelota. Te interesa hacer que los demás se sientan menos para que tú puedas ascender en la jerarquía: "¡Ese idiota sin sentido del humor ha recibido un ascenso!".

El enfoque en la autoestima también fomenta el comportamiento escapista. Ya no puedes soportar las publicaciones con la etiqueta #happylife y #always-successful, así que borras tu Instagram. Como escapista, evitas a las personas que te hacen sentir incómodo debido a su éxito. Evitas encontrarte con ellos, tanto digitalmente como cara a cara. El escapismo es la receta perfecta para la soledad y el resentimiento. Además, falla en su objetivo: siempre habrá alguien a quien estimes mejor que a ti mismo.

Otra desventaja del enfoque en la autoestima es que crea un sentido de unión limitado y defectuoso. Los seres humanos tenemos un instinto de manada (en menos de un cuarto de segundo has decidido si alguien es o no miembro de "tu grupo")[3] y este instinto hace que la autoestima de un individuo dependa de su "pertenencia". Si Argentina marca más goles que Inglaterra, su éxito también pertenece a cada aficionado argentino. Aunque esto suena positivo, el inconveniente es que los miembros del grupo no se sienten conectados con el 99% del resto de la sociedad. Además, es muy probable que surja un sentimiento de superioridad, un fenómeno abierto a la explotación por parte de dictadores y líderes de sectas.

El ansia obsesiva de autoestima también nos lleva a sobrevalorarnos. En general, la gente se cree más guapa, más inteligente, más sensible y simplemente mejor que el promedio. Por ejemplo, el 90% de los automovilistas piensan que manejan mejor que los demás.[4] La mayoría de las personas piensan que están por encima del promedio en cuanto a su capacidad de reflexión y comprensión acerca de sí mismas. Pero lo más lógico es que no todos estamos por encima del promedio. Sin duda, ahora mismo estás pensando (sí, tú) que eres mejor que el promedio en alguna cosa. ¿Estoy en lo cierto? (admítelo). Dicho esto, una forma modesta de sobrevaloración de ti mismo (por ejemplo, ser más tolerante) puede ser útil. Sin cegarte a tus defectos, la autoestima puede darte un poco más de confianza. Sin embargo, todo se va al traste cuando la sobrevaloración se convierte en algo estructural, por así decirlo, cuando se adquiere una piel tan gruesa como la de un elefante. Si se aplica un filtro tan riguroso a la realidad, se pasarán por alto los defectos y no se corregirán los errores cometidos, porque se negará haberlos cometido.

Por último, he aquí la mayor desventaja: la autoestima es tan inestable y transitoria como un castillo de naipes. Por supuesto, deberías disfrutar de tu éxito, estar orgulloso de tus logros, alegrarte por ser popular. Sin embargo, vas por mal camino si sólo puedes sentirte a gusto si tienes éxito. Si tu autoestima depende enteramente de tu rendimiento laboral, de tu coche nuevo y de tu gran casa, entonces la más leve crítica de un amigo o un inesperado descenso en el trabajo (te ha superado un competidor, por ejemplo), pueden ser suficientes para hacerte sentir mal.

Un golpe aún mayor puede desequilibrarte por completo. Piensa en el célebre ciclista o jugador de hockey que cae en una profunda depresión después de que su carrera deportiva ha terminado;

su autoestima estaba determinada totalmente por la camiseta del equipo o por la medalla de oro.

DE LA AUTOESTIMA A LA COMPASIÓN POR UNO MISMO

Mientras que la autoestima gira en torno a tu carrera y a tus miles de amigos de Facebook, la autocompasión se centra únicamente en el hecho de que existes. ¿No es maravilloso y sencillo? La autocompasión se niega a condenarte por tu cuerpo delgado o tu timidez crónica, sino que insiste en que aceptes estas cosas o incluso te rías de ellas. La compasión te permite admitir que tu trabajo como vendedor no te conviene, en lugar de entrar en crisis. La compasión te ayuda a aceptar tus puntos fuertes, tu rendimiento promedio y tus puntos débiles sin que sientas la necesidad de retocarlos. Te das cuenta profundamente de que no te pasa nada y de que puedes estar en paz contigo mismo, sin necesidad de cumplir ciertas condiciones.

Mark Leary, profesor de psicología de la Universidad de Duke, investigó el impacto de la autoestima frente a la autocompasión.[5] Se les pidió a los sujetos que hicieran un cortometraje en el que se presentaran a sí mismos. A continuación, el grupo se dividió al azar en dos: una mitad recibió una calificación positiva por su video, mientras que la otra mitad recibió una calificación neutral. ¿Cuál fue el resultado? Los sujetos que practicaron la autocompasión se mostraron relativamente indiferentes al escuchar los comentarios y pudieron valorarlos mejor, ya fueran positivos o neutros. Por el contrario, los sujetos con un nivel de autoestima notablemente alto se molestaron por la valoración neutra o consideraron al evaluador incompetente. Leary demostró que, mientras que la autoestima puede impedir que las personas vean sus cualidades no tan buenas, la autocompasión crea una mente abierta y de aceptación.

REVELACIÓN

VENTAJAS DE LA AUTOCOMPASIÓN

Antes de darte dos herramientas para mejorar la autocompasión, primero expondré las ventajas de la compasión. Las investigaciones demuestran que ésta te ayuda a rendir más. Mientras que la autoestima te paraliza y tarde o temprano se consume, la compasión por ti mismo tiene un efecto motivador. Te atreves a cometer errores y tienes la suficiente resiliencia para rectificarlos.[6] Tras recibir una crítica negativa, te calmas en lugar de empeorar las cosas castigándote con el reproche.

Lo que es oxígeno para nuestros pulmones,
es bondad para nuestro cerebro.
DANIEL SIEGEL

Otra ventaja de la autocompasión es que ahorra energía. Te sientes menos tentado a cubrirte con maquillaje o ser la cosa más moderna del planeta. La energía que antes invertías en mejorar tu imagen ahora puede emplearse en cosas que realmente te importan.

Por último, la autocompasión por ti mismo te brinda una sensación de conexión, no con ese grupo de élite de estudiantes con altas calificaciones, jugadores de bridge de alto nivel o surfistas avanzados, sino con todo el mundo. Al fin y al cabo, la mayoría de la gente está en el promedio; todo el mundo rinde por encima de la media en algunas áreas y menos en otras, pero por lo demás todos somos muy parecidos. El lema "Soy el promedio" no es un llamado a la búsqueda de la mediocridad, sino a una cultura en la que todos hagan lo mejor para sí mismos y para los demás, sin adornos ni fachadas.

> Escribe cinco aptitudes o habilidades en las que te consideras mejor que los demás, cinco en las que tendrías una puntuación media y cinco en las que crees (o se ha demostrado) que estás por debajo de la media. En resumen, ¿cuáles son tus puntos fuertes, tus puntos débiles y tus puntos regulares? ¿Puedes estar en paz con todos los aspectos de tu personalidad, incluidos los "no tan buenos"? ¿Estás preparado para reconocer que serás común en muchos aspectos? La autocompasión supone un encuentro honesto y amable contigo; se trata de no tener miedo a mirarse en el espejo.

ABDOMINAL MENTAL

HERRAMIENTAS PARA LA AUTOCOMPASIÓN

Más adelante te daré varios ejercicios para ayudarte a reforzar el poder de la autocompasión. La imaginación y el tacto desempeñarán un papel fundamental. Sin embargo, antes de que empieces a practicarlos, hay que saber por qué son herramientas tan eficaces para la compasión por uno mismo.

> Piensa en un rasgo que te avergüence o te moleste. Haz una pausa y luego piensa en un lugar o actividad agradable, en un amigo o en un ser querido. ¿Cuál es el efecto en tu estado de ánimo y en tu cuerpo? ¿Notaste la diferencia en cómo te sentías antes y después de la pausa?

ABDOMINAL MENTAL

Tu imaginación es poderosa. Puede excitarte, conmoverte, hacerte temblar, hacerte babear. Piensa en el sexo, en una buena conversación, en ese guiso picante que has cocinado o en el comentario vergonzoso que hiciste recientemente, y una o varias de las respuestas (físicas) anteriores se producirán. Cuantos más sentidos utilices al imaginar estas cosas, más potente será tu imagen. Por ejemplo, visualizar los pechos o las nalgas de tu pareja será placentero, por supuesto, pero añade a esto su olor, su voz y el tacto de su piel y de inmediato tu fantasía será mucho más fuerte, vívida y tangible en tu cuerpo.

> **REVELACIÓN**
>
> La imaginación ayuda a controlar los impulsos,[7] pero también tiene un efecto anestésico. En Estados Unidos, la terapia de la imaginación se incluye en los tratamientos de más de 3,000 hospitales.[8] Animar a los pacientes a "viajar" a lugares agradables les hace sentir menos ansiedad y dolor y, por lo tanto, reduce el uso de analgésicos.[9]

IMAGINACIÓN PARA CALMARSE A UNO MISMO

Por desgracia, tu imaginación está programada para reconocer el peligro: prefieres confundir una rama con una serpiente y no al revés. Aunque no nos encontremos con muchas serpientes en nuestra vida diaria, somos campeones en detectar el peligro. Antes de que te des cuenta, has pasado media noche preocupado por una presentación o por la reunión con tus futuros suegros.

> **REVELACIÓN**
>
> Un estudio de la Universidad de Florencia descubrió que 44% de los hombres a los que se les administró un fármaco para el crecimiento del cabello y se les informó que la impotencia podría ser un posible efecto secundario, acabaron experimentando exactamente eso. Entre los hombres que no fueron informados del efecto secundario (pero que tomaron el mismo fármaco), sólo 15% desarrolló problemas de impotencia.[10]

Tal vez tampoco utilices suficientemente el lado positivo de la imaginación que te reconforta y calma.

O quizás el ejercicio de imaginación haya provocado una resistencia en ti y te haya parecido infantil, tonto o barato. Si ése es el caso, ten en cuenta que, aunque todo lo que imaginas es sólo un producto de tu mente, los efectos son reales. Además, estás usando tu imaginación a lo largo de todo el día: estás pensando en la discusión que has tenido con tu pareja esta mañana, en cómo responderá tu madre a la fiesta sorpresa que le has preparado o en cómo debes apresurarte para tomar el metro.

La imaginación también puede volverte "más inteligente". En un experimento controlado, se les pidió a un grupo de sujetos que pensara en profesores universitarios durante cinco minutos, mientras que al otro se le pidió que pensara en hinchas de futbol. Después, los participantes recibieron preguntas difíciles, tipo Maratón. Ya habrás adivinado el resultado: los que se imaginaron a los profesores respondieron más preguntas de forma correcta que quienes imaginaron a los hinchas.[11] Así que, si vas a jugar Maratón, no pienses en hinchas del futbol, sino en Stephen Hawking.

TACTO

Antes de que los humanos aprendiéramos a hablar, el tacto era la mejor forma de comunicarnos. Los juegos y las caricias nos ayudaban a descubrir con quién podíamos trabajar y en quién no podíamos confiar. Aún hoy el tacto desempeña un papel importante en la comunicación: el apretón de manos, la palmadita en el hombro, el brazo alrededor del cuello. El tacto es un conector social entre amigos, parejas, padres e hijos.

A principios del siglo xx, el protocolo de los orfanatos (europeos) consistía en que las personas que ahí laboraban tocaran a los niños lo menos posible. La tasa de mortalidad en los orfanatos (debida en parte a las pésimas condiciones, como la falta de alimentos nutritivos y de ejercicio físico) alcanzaba un escandaloso promedio de 75 por ciento.

En cambio, un orfanato con visión de futuro tenía ideas diferentes sobre el cuidado de los niños, y a los empleados se les animaba a abrazarlos, tranquilizarlos a la hora de dormir y darles un abrazo si se caían. No es casualidad que la tasa de mortalidad en este orfanato fuera mucho más baja.[12, 13]

Nuestra necesidad de contacto es igual de importante cuando somos adultos, como demuestra un estudio centrado en el contacto en los equipos de baloncesto de la NBA. En resumen, los equipos cuyos miembros se daban una palmada o un abrazo amistoso de vez en cuando tenían más éxito que los equipos con un espíritu menos "generoso".[14] El efecto de la mejora del rendimiento debido al contacto se extiende a cualquier tipo de organización o equipo.[15]

TACTO PARA TRANQUILIZARTE

El tacto es indispensable y ofrece apoyo. Ya sea un apretón amistoso, un choque de manos, un abrazo o una leve caricia, el tacto es la forma más eficaz de reconfortar a alguien.[16] El tacto estimula el sistema de relajación[17] y activa y desarrolla la compasión por uno mismo. Aquí, la adición de "yo" es deliberada. Porque si no hay nadie más cerca para darte un abrazo, puedes hacerlo tú mismo.

Si estás tenso o te sientes abrumado por la autocrítica, intenta tocarte el corazón con cariño o darte un abrazo. Si al principio te resulta un poco extraño, incluso vergonzoso, enciende tu imaginación. Imagina que no estás tocando tu propio brazo, sino el de un hermano o un amigo cercano.

Intenta tranquilizarte por medio del tacto: por ejemplo, colocando una mano en el corazón o en el estómago, acariciando la mejilla, apretando ligeramente el brazo, frotando el estómago o el pecho, o tomando tu otra mano. Cada uno tenemos nuestras propias preferencias; sólo debes averiguar lo que mejor te resulta a ti.

ABDOMINAL MENTAL

Tocarte puede ser algo nuevo para ti. Y quizá te resulte vergonzoso o extraño. No pasa nada, pero cuando empieces a practicarlo, verás que tu piel no juzga. Tu piel responderá como si tu madre te hubiera acariciado la mejilla, como cuando eras un niño. Las investigaciones demuestran que el tacto con la intención adecuada ayuda a que baje la presión arterial y se liberen sustancias químicas beneficiosas (entre ellas la hormona oxitocina, que desencadena la empatía y la compasión). En definitiva, te sentirás más tranquilo. Asegúrate de impregnar el contacto con amabilidad y calidez, como si estuvieras abrazando a un buen amigo que tiene el corazón roto, o a un niño pequeño que ha perdido su muñeco de peluche.[18]

ASUNTO DE INTIMIDAD

Tycho, un ambicioso empresario, asistió a la formación en compasión. Al principio, se mostraba reticente: "Soy un tipo con los pies en la tierra, no soporto todo este rollo del tacto". Pero, a pesar de todo, asistió a las sesiones de formación porque sabía que algo debía cambiar. Aunque tuvo éxito, Tycho nunca estuvo satisfecho consigo mismo. Su sistema de impulso jugaba continuamente con él; creía que su rendimiento tenía que estar al 200% para sentirse satisfecho consigo mismo. Durante el entrenamiento, aprendió el efecto de la autocomprensión. Sin embargo, seguía siendo escéptico: "Tengo mejores cosas que hacer que acariciarme". Al final se convenció de probarlo, ya que no le haría daño. Al principio, Tycho no experimentó ningún efecto positivo, pero con la práctica constante, empezó a sentir los beneficios. Seis meses después del entrenamiento, sigue asombrado por el poder de algo tan sencillo. Gracias a estos momentos de contemplación interior, ha dejado de lado su convicción de que "debo trabajar aún más, mi rendimiento debe ser perfecto". En general, siente más gratitud por lo que la vida le da. Y ahora le resulta fácil darse un toque de calma; el entrenamiento intensivo lo ha convertido en algo natural.

ENTRENAMIENTO

Cuando emprendas el entrenamiento de la compasión, ten en cuenta que debes hacerlo desde el sistema calmante. Esto es importante. Si te das cuenta de que utilizas expresiones como "Tengo que practicar. No puedo saltármelo, es obligatorio", sabrás que el sistema de amenaza está en funcionamiento. Comúnmente estas expresiones se mezclan con la preocupación, el miedo, la duda o la ira. Reconocerás el sistema de impulso (que utiliza la competencia como herramienta de pertenencia) cuando notes que quieres una recompensa y una buena sensación, y que utilizas términos como "querer", "desear" y "anhelar". Este enfoque en el placer es un obstáculo si quieres tratar con compasión algo desagradable. El entrenamiento de la compasión empieza por reconocer la existencia del dolor y las dificultades.

Practica la compasión desde el sistema calmante. Tendrás que utilizar frases como "Me concedo compasión", "No hay nada que deba conseguir o de lo que deba escapar", "Permíteme tratarme con compasión" y "Me deseo felicidad", o cualquier otra que te funcione. Sé consciente de las posibles resistencias (como la irritación, las dudas, las críticas a ti mismo o a los ejercicios, la tendencia a renunciar) y no las juzgues. Acepta la resistencia y utilízala como material de práctica para la compasión. Paradójicamente, la aceptación brinda más alivio y emociones agradables. Una vez más, elige el nivel de entrenamiento que te convenga en este momento. Da a los ejercicios una oportunidad justa. Intenta no verlos como deberes, sino como sugerencias para obtener más de la vida.

ıⵏ LIGERO

En esta primera semana de la parte 2 sobre el poder de la compasión, elige cada día uno de los cuatro ejercicios siguientes. Altérnalos.

EJERCICIO 1: RESPIRACIÓN CALMANTE

Este ejercicio se basa en el ejercicio de la parte 1, en el que aprendiste a registrar tu respiración sin querer influir en ella. De este modo, podrás controlar de forma consciente tu respiración, sin llegar a la hiperventilación. ¿Cómo? Exhalando un poco más que inhalando. Cuando inhalas, tu ritmo cardiaco aumenta y cuando exhalas, tu ritmo cardiaco disminuye. Por lo tanto, si quieres relajarte, alarga la exhalación unos segundos en comparación con la inhalación. No estamos sugiriendo que "exhales" tus sentimientos para deshacerte de ellos.

¿Recuerdas el DANCE? La respiración ayuda a aceptar tus pensamientos y sentimientos (DAN) y te ayuda a calmarte (C).

 CONSEJO DEL ENTRENADOR

Ten cuidado de no sentir que te falta el aire o que te estresas más. Si lo haces, quizá te estés esforzando demasiado. En definitiva, no veas este ejercicio como una competencia para ver cuánto tiempo puedes exhalar.

EJERCICIO 2: PAUSA PARA LA COMPASIÓN POR UNO MISMO

Kristin Neff, científica de la compasión, ha desarrollado la pausa de autocompasión, que es un poderoso ejercicio para practicar siempre que estés pasando por un mal momento. El ejercicio se basa en los tres pasos de la compasión: atención abierta, humanidad compartida y el deseo y el compromiso de aliviar ese sufrimiento.

Trata de imaginar vívidamente cuándo experimentaste un momento difícil o un problema en tu vida: debe ser adecuado para practicar con él. Intenta conectar con el malestar de tu cuerpo. Si no sientes nada, elige un problema más grave. Piensa o incluso susurra:

"Esto duele". Entonces continúa: "Todo el mundo lucha". Éste es un aspecto de la humanidad compartida. Las variantes podrían ser: "Todos estamos en el mismo barco", "El sufrimiento forma parte de la vida" o "No soy el único". Ahora tranquilízate con una caricia, quizá colocando una mano en el corazón o en el estómago. Concluye deseándote a ti mismo algo que te apoye: "Permíteme ser amable conmigo".* Éste es un aspecto del deseo y el compromiso de aliviar el sufrimiento. Algunas variaciones incluyen: "Permíteme aceptarme", "Merezco ser fuerte", "Permíteme perdonarme" o "Mi deseo es ser amable conmigo". Las palabras que te emocionan son las más eficaces. La frase "Permíteme aceptarme" puede gustarle a una persona, mientras que a otra puede sonarle como un sermón. También está bien decir: "Estaré bien". Antes del ejercicio, escribe "tus" palabras; eso hará que salgan más rápido durante la pausa de compasión y de forma más natural.

EJERCICIO 3: EL PODER DE LA IMAGINACIÓN

Elige un momento para utilizar conscientemente tu imaginación y así reforzar tu sensación de seguridad y tranquilidad. Interrumpe tu actividad. A continuación, practica varias inhalaciones y exhalaciones más profundas y adopta una postura relajada, ya sea sentado o de pie. A continuación, dedica un par de minutos a pensar en un lugar o una persona que te dé apoyo, sea cual sea. Puede ser un lugar bello (una playa, un bosque, una casa de vacaciones, incluso una ciudad ajetreada) o puede ser una persona compasiva (un buen amigo, tu padre, un entrenador o un modelo inspirador como tu profesor favorito), siempre que te sientas seguro y apoyado. Tu imaginación es infinita; tú mismo controlas la imagen en tu cabeza. Así

---

* Si estás más acostumbrado a tratarte a ti mismo con crueldad que con compasión, intenta pensar en lo que te diría un ser querido, un amigo íntimo o alguna otra persona amable de tu vida.

que, si te gusta la idea de leer un cómic de Tintín con los pies en la Fontana di Trevi, vete a Roma, en tu cabeza. No hay reglas. Utiliza los sentidos que te funcionen en ese momento (el olor a pan fresco, el sonido de las olas rompiendo, etcétera).

💪 CONSEJO DEL ENTRENADOR

¿Te preocupa no tener suficiente imaginación para este ejercicio? Entonces empieza con algo tan sencillo como pensar en un plátano. Trata de imaginar el olor dulce, la textura blanda, el color amarillo y marrón de la cáscara. No es tan difícil, ¿verdad? Experimenta en diferentes momentos: cuando te sientas bien, mal o neutral. Cuanto más hagas el ejercicio, más fácil te resultará invocar en automático estas situaciones imaginarias.

EJERCICIO 4: EL PODER DEL TACTO

Experimenta con el tacto. Puedes hacerlo en situaciones desagradables (después de esa molesta llamada telefónica con un cliente), pero también en momentos neutros, por ejemplo, mientras preparas la cena. Recuerda la intención que hay detrás de esto: te lo permites. No lo hagas desde el sistema de impulso ("quiero sentirme bien") ni desde el sistema de amenaza ("quiero librarme de esta horrible sensación"), sino desde el sistema calmante. Es como tocar a un niño para reconfortarlo cuando está enfermo: eso no curará la gripe, pero lo calmará.

Comprueba qué tipos de contacto te funcionan. Quizá no te sientas cómodo abrazándote a ti mismo o acariciándote la mejilla delante de un compañero o en la fila de la caja (es muy comprensible), así que busca un espacio tranquilo y privado o intenta hacerlo en secreto para que nadie se dé cuenta. Por ejemplo, tocando una mano con la otra. Incluso puedes practicar el ejercicio en tu mente, utilizando el poder de tu imaginación.

EJERCICIO 5: BARRAS DE ENERGÍA PARA TU SISTEMA CALMANTE

Además de los cuatro ejercicios anteriores, también puedes nutrir tu sistema calmante utilizando refuerzos externos:

- Música. ¿Qué tipo de música te reconforta o apoya? No tiene por qué ser una poderosa pieza de música clásica o una balada cursi. Si una simple melodía de Justin Bieber te conmueve y te reconforta, ¡está bien! Escúchala, cántala e incluso báilala.
- Olor o sabor. La hierba recién cortada, las hojas de eucalipto, las agujas de pino, la tarta de manzana de tu abuela o incluso el olor a tierra de un establo: los olores tienen un poder especial para despertar nuestra imaginación y nuestros recuerdos y llegan directo al corazón. Si no puedes pensar en un olor concreto, imagínate uno.
- Objetos. Una fotografía, un muñeco de peluche, una cita inspiradora, un llavero: utiliza cualquier cosa que te dé una sensación de paz y calidez. El simple hecho de mirar algo así puede ayudarte a ejercitar tu autocompasión.

¿Tu estado de ánimo es optimista o estás teniendo un día especialmente malo? Como sea, tómate un momento cada día para activar tu sistema de relajación. También puedes probar combinaciones de ejercicios. Por ejemplo, empieza con un ejercicio de respiración, luego escucha una canción reconfortante y concluye llevándote la mano al corazón. No importa qué ejercicios elijas ni en qué orden los hagas. Aunque sólo dediques un minuto al día, es un triunfo para tu bienestar. Continúa practicando esto durante toda la semana.

EJERCICIO 6: ABRAZA TU YO PROMEDIO

Esta semana presta atención a los momentos en los que intentas mejorar tu imagen. Esto puede ir desde usar un filtro extra para una *selfie* publicada en Instagram, exagerar tu salario o tu rendimiento deportivo, hasta sobredimensionar lo buenas que fueron esas vacaciones de baja calidad en Mallorca. No te juzgues por eso. Intenta, en cambio, abrazar tu aburrido ser promedio y aceptar quién eres en todas tus facetas. Puedes hacerlo mediante la pausa de compasión por ti mismo.

ılı MEDIO

EXTENSIÓN DEL ENTRENAMIENTO LIGERO Esta semana utiliza la siguiente pista de audio para un entrenamiento diario adicional:

🎧 *Pista de audio 7. Calmar la imaginación*

✖ ¡Cuidado!

Puede ser que viajar a ese lugar donde te sientes seguro sea una forma de protegerte del peligro presente. Esta motivación proviene del sistema de amenazas: el lugar seguro es una especie de búnker que te da refugio. Desde luego, ésa no es la intención de este ejercicio. Al imaginar un escondite, estás reforzando el sistema de amenaza, no el sistema calmante. Intenta detectar cuándo estás entrando a estos escondites de la imaginación. Si te sorprendes a ti mismo haciéndolo, trata de imaginar un lugar cómodo distinto, un refugio donde puedas ser tú mismo, pero sin escapar de un peligro potencial.

💪 CONSEJO DEL ENTRENADOR

Como en esta parte del libro nos centramos en la compasión por uno mismo, nos acercamos al sufrimiento. Entonces el riesgo es que te centres en la miseria durante todo el día. Ésa no es la intención de estos ejercicios. La idea no es que cultives deliberadamente el sufrimiento, sino que tan sólo registres cuando surja una dificultad.

Ahora que tu músculo de la atención es más fuerte, también puedes centrar tu atención en las cosas que te dan alegría. Para que tu enfoque de las dificultades sea resiliente, es importante que sigas siendo activamente consciente de todos los momentos agradables de tu vida. Así que, ¿por qué no tomarte el tiempo para realizar algunas actividades divertidas en las próximas semanas (¡y también después!): un paseo relajante, escuchar tu música favorita, recordar tus logros importantes (sí, puedes disfrutar del éxito siempre que tu autoestima no dependa de ello) o una noche de fiesta con un buen amigo?

ıll INTENSO

EXTENSIÓN DEL ENTRENAMIENTO LIGERO + MEDIO Entrena tu compasión más intensamente llevando un diario de tus experiencias. ¿Qué te ha ayudado, qué has entendido y qué obstáculos has encontrado? ¿Qué ejercicios te resultaron difíciles y cuáles fueron gratificantes? Escribe de forma lúdica y con autocompasión. No intentes escribir una obra literaria; nadie más que tú la leerá. Si quieres, tira tu escrito a la basura inmediatamente después de terminarlo.

🎧 *Puedes descargar las pistas de audio en 12weekmindworkout.com/ spanish*

ENFRIAMIENTO

¿Cómo te fue en esta primera semana de la segunda parte? El objetivo de los ejercicios era fortalecer tu sistema calmante, y quizá ya hayas notado que esto funciona: te mantienes tranquilo en situaciones de estrés o actúas de forma menos impulsiva. También es posible que aún no hayas notado gran diferencia, o que incluso te sientas irritado o incómodo. Esto es muy normal: tus sistemas de impulso y amenaza (en los que nos centraremos la semana que viene) quizás están protestando contra el fortalecimiento del sistema calmante.

Pregúntate si has logrado algo de lo siguiente en la semana 5:

- ¿Eres consciente del peligro de la comparación social y de los momentos en que caes en ella?
- ¿Aplicas la pausa de compasión por ti mismo en los momentos difíciles?
- ¿Activas tu sistema calmante por medio del tacto, la respiración o la imaginación?

SEMANA

06

DOMA A TU CRÍTICO INTERNO

La vida es muy dura. ¿Cómo evitar ser amables?
JACK KORNFIELD

Las críticas de tu jefe, tus padres o tu pareja pasan factura. Sin embargo, el mayor crítico eres tú mismo. La crítica interior (el sistema de amenaza) —como la autoestima (el sistema de impulso)— es un obstáculo en el camino hacia un mayor poder de compasión. Pero puedes entrenarte para superar esos obstáculos. Ésta es la semana 6, y a lo largo de esta semana leerás cómo surge ese crítico interior y aprenderás a darle una respuesta amable a esa voz tan estricta: activando tu sistema calmante mediante tu elección de las palabras que usas y de tu voz, pasando de la autocrítica a la compasión por ti mismo.

CALENTAMIENTO

Matt tiene casi cuatro años y es hora de que sus padres elijan un colegio para él. Sus padres asisten a la jornada de puertas abiertas de la Escuela de las Cuatro Estrellas, donde la política es llevar a su hijo a niveles sorprendentes. En su discurso de bienvenida, la directora habla de "el valor del trabajo duro", de los "más altos logros" y de los "niños prodigio". Esta escuela afirma que no acepta la debilidad, cree en el castigo y la recompensa, "¡y esta última sólo es para un rendimiento excepcional!". Los padres de Matt se sorprenden y abandonan la Escuela de las Cuatro Estrellas para visitar The Duffer, la escuela situada en la acera de enfrente. Allí, la directora les muestra todas las aulas y les habla con entusiasmo de su filosofía, utilizando términos como "juego", "pedir ayuda", "trabajar juntos" y "desarrollo". Hace hincapié en que se anima a los niños a cometer errores, porque es la mejor manera de aprender. Satisfechos y sorprendidos, los padres de Matt vuelven a casa. En su mente ya han elegido a The Duffer.

¿Qué colegio elegirías para Matt? Parece una pregunta retórica, pero no lo es. Piensa en el tipo de escuela que diriges en tu cabeza, y tal vez descubrirás que es tan estricta como la Escuela de las Cuatro Estrellas. La gente tiende a ser bastante dura consigo misma. Incluso quienes parecen tenerlo todo resuelto (de forma inconsciente) se menosprecian a sí mismos. Los estudios demuestran que 80% de las personas son más indulgentes con los demás que consigo mismas.

Si un buen amigo te dijera cosas como "eres un fracaso", "nunca conseguirás un trabajo" o "¡tu cara es horrible!", ¿por cuánto tiempo seguirías siendo su amigo?

Mientras realizas una actividad cotidiana, como cocinar, hacer deporte u ordenar la casa, detecta cuántos pensamientos de autocrítica tienes, desde los menores ("Ay, qué estúpido") hasta los mayores ("Soy un completo fracaso"). Si puedes, utiliza un temporizador para ver cuántos pensamientos de este tipo tienes en 15 minutos. No te obsesiones con el contenido de los juicios, obsérvalos sin juzgarlos y sigue contando. ¿Cuántas veces te menosprecias, te condenas o te criticas? ¿Crees que este número es mucho o poco? ¿Te asombra el número?

ABDOMINAL MENTAL

La voz demasiado crítica suele hacer efecto en un instante y es aún más peligrosa porque impide que te des cuenta de lo que está pasando. En realidad, la voz está parloteando mucho más de lo que crees.

PERTENECER POR MEDIO DE LA AUTOCRÍTICA

En la semana 5 expliqué que tu crítico interior hiperactivo opera bajo la tutela del sistema de amenazas y surge del deseo de pertenencia. Cuando nos sentimos amenazados por la exclusión, podemos recurrir a la autocrítica extrema o a la crítica de los demás (el equivalente psicológico de una lucha física), aislarnos (huida) o concentrarnos en nuestro sufrimiento (inmovilización).

> **REVELACIÓN**
>
> Una adolescente se dice a sí misma: "Estás muy gorda, debes adelgazar", con la esperanza de que si lo hace será incluida en el grupo popular. Utiliza la autocrítica como método (contraproducente) para pertenecer y evitar la exclusión. Su autocrítica es una respuesta de lucha, huida e inmovilización, no está centrada en amenazas externas como un tranvía que se acerca peligrosamente, sino en ella misma. Así, se considera "gorda" (lucha), se aísla para comer en secreto (huida) y se centra obsesivamente en su propio cuerpo (inmovilización).

Un sistema de amenaza hiperactivo puede deberse a un sistema agotado (por esforzarte demasiado en obtener la autoestima) o a que el sistema de amenaza ha estado trabajando duro desde el principio. En este caso es muy posible que exista una voz crítica interiorizada del pasado. A veces, esa voz interior se parece a tu abuelo estricto, a tu exigente profesor de piano o a tu madre crítica. Esto es justo lo que le ocurrió a Jacob, un hombre que ahora tiene 30 años. Su padre siempre ha sido muy crítico con su inteligencia, a la que considera inferior al promedio. Jacob ha interiorizado los comentarios de su padre: "No tienes cerebro para eso". En consecuencia, el padre de Jacob siempre está en el fondo (aunque no esté presente físicamente) como un crítico interior. Las palabras "Eres un estúpido" son como un invitado no deseado que llama a la puerta principal o se cuela por la puerta trasera, sin avisar, en cualquier momento.

Por mucho que Jacob (o tú) quieran ponerse tapones en los oídos u odiar la voz crítica interior, ésta no desaparecerá. Lidiar con tu crítico interior a través de tu crítico interior tiene un efecto de bola de nieve: la voz sólo se hará más fuerte. Tu reto es comprender que el crítico interior realmente intenta ayudarte, aunque con torpeza. Es como una madre sobreprotectora y miedosa que en realidad preferiría que su hijo llevara guantes, rodilleras y casco todo el tiempo, mientras grita: "¡Ten cuidado!". La crítica tiene buenas intenciones, pero es mejor ignorarla de forma amable.

NECESIDAD DE ESTABILIDAD

La necesidad de seguridad y estabilidad también puede reforzar la voz crítica, o al menos mantenerla parloteando. Jeffrey trabaja como ayudante de cocina, pero nunca ha podido ascender en la escala social. Tiene una baja autoestima. En secreto, sueña con una carrera de abogado, pero prefiere ser pisoteado por su jefe y sus colegas que arriesgarse a alcanzar sus sueños y sufrir una caída. Al menos su trabajo en la cocina es predecible y sabe qué esperar, aunque sea malo, ya que eso se ajusta a la imagen que tiene de sí mismo.

> Según un estudio de la Universidad de Texas, las personas deprimidas parecen preferir parejas y amigos que las tratan mal. Durante la investigación también prefirieron la interacción con los investigadores (intencionalmente) negativos, quienes les dieron una valoración más positiva que a los investigadores intencionadamente positivos.[1]
>
> REVELACIÓN

Jeffrey cumple inconscientemente la teoría de la autoverificación:[2] no importa si su imagen de sí mismo es la de un héroe o la de un fracasado, prefiere que se confirme una y otra vez en lugar de desafiarla. En consecuencia, Jeffrey busca comportamientos en sí mismo y en los demás que apoyen la imagen que tiene de sí mismo. Tal vez pienses que la autoverificación negativa sólo se aplica a personas como Jeffrey (el chico tímido de tu clase nocturna que temblaba ante la simple mirada del profesor), pero en realidad se aplica a todos nosotros, en mayor o menor medida.

¿CÓMO FUNCIONA LA AUTOCRÍTICA?

Hay dos puntos de vista en la autocrítica: el crítico y el criticado. Desde el punto de vista del crítico, tú tienes el control del yo que estás criticando. Estás molesto con tus propios fallos y te das una paliza psicológica: "Soy un imbécil". El hecho de que te des cuenta de que eres un idiota/un tonto/un miedoso puede darte una sensación temporal de bienestar, elevarte el ánimo: "No soy tan malo, después de todo". Al hacer esto, te distancias de tus debilidades en lugar de abordarlas o reconciliarte con ellas. Y entonces regresas más tiempo al papel de criticado, lo que sólo aumenta tu sensación de inutilidad.

La mejor descripción está tomada de un libro de Timothy Gallwey, *The Inner Games of Tennis*, publicado por primera vez en 1974. Todas las personas llevan dentro un "hablador" y un "hacedor". Los problemas surgen cuando el que habla no dirige al que hace, sino que lo reprende y lo acosa. Puedes convertir al hacedor en un rebelde petulante o en un niño nervioso.

DESMOTIVACIÓN

Imagina que tu crítico interior se desvanece en el aire. Ya no te avergüenzas, ya no te regañas, ya no estás molesto contigo mismo. ¿Qué sientes? Lo más probable es que no sientas alivio, sino miedo. Y un temor común es que ya no seas capaz de actuar sin una voz crítica.

ABDOMINAL MENTAL

En la sociedad occidental está muy arraigada la creencia de que no podemos avanzar ni realizar nuestros sueños sin una fuerte voz autocrítica. Sin embargo, es todo lo contrario: innumerables estudios demuestran que el látigo de la autocrítica (al igual que la recompensa que nos promete la autoestima) es, de hecho, perjudicial para nuestro rendimiento.[3]

La autocrítica nos desmotiva, y cuando es excesiva debilita nuestra confianza en nuestros propios talentos y la creencia de que podemos hacer algo (*autoeficacia*),[4] ambos requisitos previos para el logro.[5] Se ha demostrado científicamente que las personas autocríticas están menos motivadas y se rinden con rapidez en caso de que se presenten contratiempos.[6] Las frases como: "Otra vez no hice deporte/sólo he jugado media hora, ¡no tengo remedio!", son una especie de droga masoquista. Te dan una desmotivación adictiva y provocan que dejes de hacer deporte durante el resto del mes. O bien, intentas adelantarte al castigo y preparas el terreno para el fracaso. Ésta es la solución de la manipulación hacia ti mismo: te consideras más estúpido, más flojo o más débil de lo que eres. "Sin duda reprobé ese examen; empecé a estudiar apenas hace dos días". Al no intentar todo lo posible o posponer el trabajo, culpas de tu fracaso a la falta de esfuerzo o a las limitaciones de tiempo, en lugar de responsabilizar a la ineptitud personal.

ENDURECIMIENTO

El principal motivador de tu crítico interior es el miedo. Por un lado, temes no alcanzar los objetivos de tu vida y, por lo tanto, no valer nada; por otro lado, temes ser egoísta y vanidoso, lo que haría que dejaras de gustarles a los demás. No alcanzas tus sueños. Sin embargo, lo que de verdad no te gusta es la autocrítica excesiva que hay en ti, porque suele ser dura y crítica también con los demás. La gente tiende a evitar a un crítico, y esto te vuelve vulnerable a la soledad que intentabas evitar. Posteriormente, esta soledad se convierte en un fuerte incentivo para una mayor autocrítica.[7] Si este círculo vicioso continúa por mucho tiempo y se arraiga, provoca la depresión.

ABDOMINAL MENTAL

Hoy practica la recepción de comentarios positivos, la compasión y la atención, o recuerda alguna ocasión en la que hayas recibido esos comentarios. ¿Cuáles fueron tus sentimientos? ¿Cuáles fueron tus emociones (vergüenza, orgullo, alegría)? ¿Cómo respondiste al cumplido? ¿Te resultó difícil recibir comentarios? Si es así, ¿por qué? Si te resulta difícil aceptar cumplidos como "Buen trabajo" o "Bien hecho", tal vez sea porque no coinciden con tu imagen (negativa) de ti mismo.

No me malinterpretes: no me opongo a la sana autorreflexión y a la corrección cuando evalúas tu propio papel en una discusión o en un proyecto de colaboración fallido. En estos casos es necesario hacerlo y se aprende de ello, siempre y cuando provenga del sistema tranquilizador.

DE LA AUTOCRÍTICA A LA AUTOCOMPASIÓN

La autocrítica hace que te preguntes si eres lo suficientemente bueno; la autocompasión hace que te preguntes qué es bueno para ti y cómo obtener lo mejor de ello. Esto lo señaló por primera vez la científica de la pasión Kristin Neff. En la investigación que llevó a cabo empleó a estudiantes fracasados y así subrayó su tesis: el sujeto que se acercó a sí mismo con compasión, vio su propio fracaso como una oportunidad para crecer. Entre los estudiantes autocríticos, los exámenes que reprobaron minaron su autoestima y fueron menos optimistas sobre su futuro.[8]

En contraste con la autocrítica, la compasión por uno mismo tiene un efecto positivo sobre la autoeficacia y la motivación intrínseca. La autocompasión te hace sentir más tranquilo, seguro y feliz, incluso en circunstancias estresantes. Esta actitud provoca que sea más fácil avanzar. Tus acciones se basan en la voluntad de crecer, no en un comportamiento de evasión o en el miedo a dañar tu imagen. Te atreves a ser vulnerable y tu miedo a meter la pata incluso puede ser liberador. Y si te caes, aceptas la caída y te levantas de nuevo con valor y resiliencia. El siguiente ejemplo contrasta dos estudiantes, uno de ellos es compasivo y el otro es autocrítico. Ambos tienden a procrastinar. El primero consigue seguir adelante gracias a la compasión por sí mismo.

Cuadro 6.1 Autocompasión frente a crítica interior: un estudiante experimenta un comportamiento de procrastinación

CORREGIRTE DESDE LA COMPASIÓN	CRITICARTE DESDE LA CRÍTICA INTERIOR
Enfoque en el crecimiento y la mejora: "¿Cómo puedo asegurarme de abrir ese libro?".	Enfoque en los errores y el castigo: "Ésta es una de mis peores características".
Enfoque en el futuro (¿cuáles son las posibilidades?): "¿Qué conseguiré si abro mi libro?".	Centrarse en el pasado (¿qué salió mal?): "¿Cuál fue la razón por la que empecé tan tarde?".

CORREGIRTE DESDE LA COMPASIÓN	CRITICARTE DESDE LA CRÍTICA INTERIOR
Su trato es amable, de apoyo y alentador.	Su forma de actuar es estricta, impaciente y despectiva.
Se basa en lo que ha ido bien ("El vaso está medio lleno").	*Se enfoca en lo que está mal ("El vaso está medio vacío").*
Se enfoca en las cualidades: "Por fortuna, soy un lector muy veloz".	Se centra en las debilidades: "Me distraigo fácilmente".
Se centra en la esperanza y el éxito: "Si trabajo, seguramente lo lograré".	Se basa en el riesgo de fracaso: "No voy a lograrlo".
Si todo sale mal (examen reprobado)...	*Si todo sale mal (examen reprobado)...*
Considera su propia contribución al fracaso: "Estoy seguro de que podría haber aprobado, pero empecé demasiado tarde".	Siente vergüenza y teme el rechazo: "Me da mucha vergüenza; mis compañeros deben pensar que soy estúpido".
Siente arrepentimiento y le preocupan las consecuencias para los demás y para sí mismo: "Ya me cansé de ser así, debo tranquilizar a mis padres. La próxima vez empezaré a estudiar antes".	Se derrumba y se preocupa por las consecuencias para sí mismo: "Mis padres se pondrán furiosos. Estoy seguro de que la próxima vez volverá a ocurrir".
Metáfora: profesor amable y paciente que ayuda y apoya a un niño con sus dificultades de aprendizaje.	*Metáfora: profesor crítico e impaciente que castiga a un niño por sus dificultades de aprendizaje.*

Fuente: Versión modificada de un modelo de autocompasión desarrollado por Frits Koster y Erik van den Brink, *Mindfulness-based compassionate living*, Routledge, 2015.

¿Con qué aspectos personales eres crítico? Piensa en algo fundamentalmente modificable, por ejemplo, no tu altura o tu complexión, sino tu peso, una adicción o un rasgo como el mal humor o la mala organización. Conecta con los sentimientos dolorosos asociados utilizando el método DANCE. Contacta con tu voz compasiva utilizando las técnicas que vimos en la semana 5. ¿Cómo te animaría un amigo comprensivo? ¿Diría que tus críticas te ayudan o te desaniman? ¿Sugeriría otras soluciones? Deja que te influyan las palabras que están en consonancia con tu deseo de ser feliz y son sanas. Si tu crítico interior intenta gritarte, simplemente obsérvalo y vuelve a tu voz compasiva.

ABDOMINAL MENTAL

TU YO COMPASIVO

"Sé fiel a ti mismo" ha sido durante mucho tiempo un consejo popular dado por un padre a un hijo o por un psicólogo a su paciente. Pero ¿qué es el "tú mismo"?

La forma de hablar con un empleado tal vez es diferente de la manera de hablar con un cliente. En el trabajo puedes ser tímido, mientras que entre amigos te gusta bailar sobre la mesa. Tienes diferentes personalidades que cambian en distintas situaciones, encuentros y etapas de la vida. E incluso en la misma situación pueden surgir diferentes personalidades: piensa en la alternancia entre el yo tímido y el seductor que aparece cuando coqueteas.

Hablando con propiedad, un hombre tiene tantos yo sociales como individuos le reconocen y llevan una imagen de él en su propia mente.
WILLIAM JAMES

ABDOMINAL MENTAL

Observa la habitación en la que estás sentado. Primero, asume el papel de un bombero: ¿en qué te fijas? A continuación, ponte en el de un niño: ¿en qué cosas te fijas? Y ahora, adopta tu propia perspectiva. ¿Desde qué papel observas? ¿Como padre, como mujer, como cliente? ¿Como persona ofendida, como empresaria de éxito, como ser humano competitivo? Según el papel que adoptes, interpretas y seleccionas los hechos de forma diferente. El bombero que hay en ti quizá ve las cosas de forma muy distinta (posibles vías de escape, extintores y mantas ignífugas) que el niño (escondites adecuados y materiales para hacer una tienda de campaña).

También es posible que te sientas inclinado a aferrarte a un solo yo o a una sola imagen de ti mismo (como lo hacía Jeffrey, el ayudante de cocina); la imagen de ti mismo es tu salvavidas. Pero ésta no te llevará a ninguna parte. Quizás alguna vez sea una buena idea aferrarse a él si te estás ahogando, pero no es prudente seguir haciéndolo si ello significa perder la oportunidad de subirte a un barco que pasa. Liberarte del salvavidas comienza con la atención abierta: registras que lo estás haciendo. A continuación, intentas dejar de lado los pensamientos poco útiles como "soy lento/pesimista/controlador" y te concentras en los pensamientos alentadores que te ayudarán. Además de enseñarte a soltar los pensamientos inútiles, el entrenamiento en compasión te enseña a conectar con uno de tus muchos yo: el yo que es compasivo.

Toma una hoja de papel y divídela en cuartos. Rotula cada cuarto de la siguiente manera: "Pensamientos", "Emociones", "Sensaciones físicas" y "Comportamiento". Deja espacio para añadir tus propias palabras. Espera un momento y deja que surja un patrón de respiración calmado. A continuación, piensa en una discusión que hayas tenido con un ser querido. Imagina la situación de forma vívida. A continuación, concéntrate en tu yo enojado. Si es necesario, ajusta tu postura y tus expresiones faciales. A continuación, escribe, sin soltar la imagen, lo que piensa tu yo enojado y qué pensamientos y emociones surgen. Fíjate en si aparece algún recuerdo y cuál es. Por ejemplo, la discusión en la escuela primaria que "siempre llevas contigo" (los recuerdos impulsan el presente). Anota también lo que sientes físicamente. A continuación, imagina que tu ira aumenta: ¿qué sientes? El yo enojado ha tomado el control de tu comportamiento y no tienes en cuenta las consecuencias. ¿Qué pasaría ahora? Escríbelo en "Comportamiento". Vuelve a concentrarte en un patrón de respiración calmado y deja que tu yo enojado abandone el escenario. No olvides darle las gracias o incluso un pequeño aplauso. Repite el ejercicio con tu yo temeroso y tu yo triste.[9]

ABDOMINAL MENTAL

Te darás cuenta de que tus diferentes versiones no piensan, sienten o responden de la misma manera, y que surgen diferentes tipos de comportamiento: tu yo enojado quiere luchar, tu yo triste se retrae y tu yo ansioso se preocupa. Todos responden al piloto automático, quizá generando un conflicto entre sí. Intentan controlarse mutuamente pero, por lo regular, uno de ellos es el dominante. Entonces, ¿cómo contrarrestar este yo ansioso, triste o enojado? Dale espacio a tu yo compasivo.

ABDOMINAL MENTAL

Tómate un tiempo para recordar el argumento de la abdominal anterior. A continuación, trata de convocar a tu yo compasivo. Recuérdate tu propia sabiduría, calidez, calma, valentía y tu deseo de ser útil, tanto para los demás como para ti mismo. Escribe lo que sientes en tu cuerpo. ¿Cuáles son tus pensamientos compasivos? No pienses demasiado; sólo observa lo que te viene a la mente. ¿Qué sientes cuando imaginas que tu compasión se intensifica? ¿Cómo te gustaría responder? Lo nuevo de esta abdominal mental es que la sabiduría imaginada proviene de tu ser compasivo. No estás practicando a través de la representación de un amigo compasivo o de un lugar agradable, sino que tú mismo encarnas la compasión en tu mente.

Tus versiones ansiosa, enojada y triste están centradas en sí mismas. Tu yo compasivo es amable y empático, como el sabio hermano mayor que ayuda a los menores a resolver sus discusiones, no sólo calmando los ánimos crispados, sino también adoptando un enfoque constructivo. Y lo más importante: tu yo compasivo no empieza a pelearse con los demás, sino que los mira desde la distancia e intenta comprenderlos. Se hace preguntas como: "¿Qué motiva al yo ansioso/enojado/triste?". En la sección de entrenamiento de esta semana, utilizarás una técnica para iniciar una conversación con tus otros yo desde tu yo compasivo, por medio de la herramienta de esta semana: palabras elegidas con cuidado.

EL PODER DE LAS PALABRAS

En la película *La llegada,* un lingüista intenta desentrañar el lenguaje de los extraterrestres. En su intento, sale a relucir la hipótesis de Sapir-Whorf:[10] la idea de que cada lengua tiene su propia visión del mundo y que, por lo tanto, el lenguaje tiene otras funciones además de la simple transmisión de información. También se puede aplicar esta hipótesis de forma global. Por ejemplo, los occidentales experimentamos el tiempo de forma horizontal, mientras que los chinos, que leen de forma vertical, ven el tiempo como un movimiento ascendente. Del mismo modo, el idioma ruso tiene más palabras para el color azul que el inglés. Las investigaciones demuestran que los rusos distinguen mejor y más rápido los tonos de este color que los angloparlantes.[11]

El poder de las palabras también se aplica a nivel micro. ¿Alguna vez has recibido una crítica dura? ¿O has sido maltratado verbalmente sin motivo alguno? Aunque haya sucedido hace años, todavía puedes sentir algo de la conmoción, la ira o el dolor cuando recuerdas ese momento.

Las palabras son poderosas, y hieren y lastiman más que cualquier bofetada en la cara.

MAYOR COMPASIÓN EN TU ELECCIÓN DEL LENGUAJE

Por muy perjudicial que sea el lenguaje, también es curativo, tanto para los demás como para uno mismo. El uso que haces de las palabras dice mucho de cómo te tratas a ti mismo y también influye en tus propios sentimientos; te conviertes en las palabras que utilizas. Por lo tanto, si quieres fomentar la compasión, vale la pena que uses palabras que auspicien la compasión, tanto en tus pensamientos como en tu discurso.

Una herramienta útil es observar cómo ciertas palabras tienden a agruparse en torno a los tres sistemas de regulación de las emociones que discutimos en la semana 1. Así te darás cuenta de cuándo has activado el sistema de impulso o amenaza a nivel inconsciente, y te ayudará a cambiar al sistema calmante: de *debo* a *puedo*, de evadir a cuidar, de luchar por algo a dar. Los siguientes verbos revelan qué sistema de regulación de las emociones está en juego:

◂┨━┠▸ Debo, tengo que, debería, servir, exigir, evadir, parar, amenazar: *sistema de amenazas.*

◂┨━┠▸ Querer, lograr, esperar, apuntar, anhelar, realizar, consumir: *sistema de impulso.*

◂┨━┠▸ Reconocer, conceder, dar, ofrecer, descansar, cuidar, ayudar, aceptar, permitir: *sistema calmante.*

ABDOMINAL MENTAL

Hoy presta mucha atención a los verbos que utilizas. ¿Te has dado cuenta de que el lenguaje del sistema de amenaza o de impulso está en primer plano? Si es así, sustitúyelo y utiliza palabras del sistema calmante. Concéntrate en la intención y el significado que hay detrás de tus palabras/pensamientos y ajústalos en consecuencia. No pienses: "Tengo que llamar a mi abuela", sino: "Llamaré a mi abuela en breve", o incluso: "Mi abuela se alegrará si la llamo".

IMPRIME MÁS COMPASIÓN EN TU TONO DE VOZ

C'est le ton qui fait la musique: tu tono de voz y el volumen que utilizas también determinan el efecto de tus palabras. "Ven para acá" puede sonar amenazante, seductor o sólo neutro, dependiendo del volumen y el tono en que lo digas. Te darás más cuenta de esto en tus comunicaciones con los demás, pero también se aplica a tu diálogo interno. Así que considera el impacto poderoso del tono de tu diálogo interno en tu propio estado de ánimo.

Produce un sonido "ahhh" mientras aprietas las mandíbulas y tensas los músculos faciales. Ahora haz un sonido de "ahhh" mientras sueltas los músculos faciales, como si dieras un suspiro de alivio después de un largo día de trabajo. El tono emocional que pertenece a tu yo compasivo es el del segundo ahhh. Percibe el tono de tu monólogo interior hoy. Observa sin juzgar si suena duro, frío y estricto, o neutro. A continuación, experimenta con la adopción de un tono más cálido, amable y comprensivo hacia ti mismo.

ABDOMINAL MENTAL

FORMULACIÓN DE PREGUNTAS

Las preguntas permanecen en tu mente, mientras que las respuestas se evaporan. Por eso, las preguntas suelen influir en el subconsciente mucho más que las respuestas. Esto, a su vez, impulsa tu comportamiento. Una forma de crear compasión es hacer preguntas compasivas. Cuanto más hagas este tipo de preguntas, mayor será el impacto.

Algunas preguntas son tan buenas que sería una pena estropearlas dando una respuesta.

HARRY MULISCH

Las preguntas compasivas que puedes hacerte son:

- ¿Qué necesito ahora?
- ¿Qué me aportará la bondad?
- ¿Cómo sería si aceptara plenamente mi dolor?
- ¿Qué pasaría si fuera lo bastante bueno sin tener que esforzarme de más?
- ¿Y si ya tengo lo que creo que necesito?
- ¿Cómo sería aceptarme a mí mismo?
- ¿Cómo sería no sentir que debo entenderlo todo?

REVELACIÓN

MEDITAR CON LAS PALABRAS

El lenguaje también es una poderosa herramienta de meditación. El entrenamiento de la intención o de la bondad amorosa es un formato adecuado en este caso, que implica la repetición de deseos para uno mismo o para otra persona. Los deseos estándar son: "Que sea feliz", "Que esté sano", "Que me libere del dolor y el sufrimiento", "Que acepte la vida y a mí mismo tal y como soy", pero también puedes utilizar tus propias palabras, siempre que generen compasión. Algunos ejemplos podrían ser: "Mi deseo es tener confianza", "Me concedo aceptación", etcétera.

ABDOMINAL MENTAL

> Prueba una meditación de bondad. Durante un minuto, fíjate en tu respiración y luego, durante varios minutos, repite una frase que hayas elegido. Por ejemplo: "Que sea feliz" o "Deseo tener suficiente fuerza". O elige una sola palabra como *confianza* o *salud*. Evita utilizar un lenguaje desconocido o formal; elige un mensaje y unas palabras que te convengan en este momento.

El ejercicio parece sencillo, pero las apariencias engañan. ¿Tal vez te resulte difícil desearte algo positivo a ti mismo? ¿O sentir algo? Si es así, empieza por centrar tu meditación en un ser querido. Puede ser más fácil decir o pensar frases de bondad cuando van dirigidas a un ser querido, porque naturalmente le deseas lo mejor. A continuación, céntrate en ti mismo (y, finalmente, en las personas no tan cercanas a ti; lo veremos en las semanas 7 y 8).

✖ ¡Cuidado!

El entrenamiento de la intención no es una técnica para librarse del dolor o sólo para sentirse bien; su objetivo es fortalecer tus intenciones benévolas hacia ti mismo (y hacia los demás). Como vimos en la parte 1, la resistencia, la represión o la evasión causan aún más sufrimiento. Es importante que dejes de lado tus expectativas durante este tipo de ejercicios.

No confundas estas meditaciones sobre la bondad con las afirmaciones positivas que te das a ti mismo cuando acudes a una cita, a una entrevista de trabajo o a una velada para conocer a tus suegros, y te dices a ti mismo "soy el mejor/más bueno/más inteligente" con la esperanza de sentirte así y que otra persona crea que lo eres.

Las afirmaciones positivas sólo funcionan si te sientes bien contigo mismo. Si te sientes inseguro y te repites una y otra vez "estoy seguro de mí mismo", puede resultar contraproducente. En el fondo, sabes muy bien que no te sientes así, y la discrepancia te hace sentir aún más incómodo y, por lo tanto, menos seguro de ti mismo. Así que las afirmaciones "positivas" pueden causar más daño que alivio.[12] Una posible variante de compasión sería: "Que me acepte tal y como soy, aunque ahora no sea mi mejor versión". En resumen, desea algo sin exigir un resultado.

Según un estudio realizado en la Facultad de Medicina de la Universidad de Duke, en Durham, Carolina del Norte, el entrenamiento de la intención también ayuda cuando sufres dolor físico. Un grupo de pacientes con graves problemas de espalda se sometió a un tratamiento basado en el entrenamiento de la intención. En comparación con el grupo de control, el nivel de dolor de estos pacientes era significativamente menor después de ocho semanas. Además, estos sujetos se vieron menos afectados por emociones frustrantes como la ira y el miedo.[13]

A veces surgen sentimientos de duda durante las sesiones de entrenamiento de la intención: te parece que las palabras no tienen sentido, o te sientes irritado o inquieto. No juzgues esos sentimientos y toma nota de ellos, pero sigue adelante.

Un estudiante zen le pregunta a su maestro:

—¿Por qué su poema nos pide que pongamos palabras de amor en nuestros corazones, y no dentro de nuestros corazones?

El maestro responde:

—Tal y como estamos ahora, nuestros corazones están cerrados y simplemente no podemos poner palabras de amor dentro de ellos. Por eso las ponemos en nuestros corazones, hasta que llegue el día en que éstos se abran y las palabras caigan dentro de ellos.

PALABRAS ESCRITAS

La escritura apela a diferentes partes del cerebro en comparación con el habla y la reflexión interna. Por esta razón, he incorporado muchos ejercicios de escritura en las abdominales mentales y el entrenamiento. Un estudio realizado en la Universidad de Missouri descubrió que después de tres días consecutivos de sólo 20 minutos de escritura sobre un tema emocional, el estado de ánimo de un individuo mejoraba notablemente y se seguía notando después de tres meses. En cambio, el grupo de control que escribió sobre cosas triviales no notó ninguna diferencia. Además, los "emo-escritores" también obtuvieron mejores resultados en las mediciones clínicas, como la disminución de la presión arterial.[14] Incluso en un experimento de seguimiento que incluía sólo dos días de sesiones de escritura de dos minutos, seguían teniendo un impacto después de seis semanas.

El estudio fue apodado "El milagro de los dos minutos".[15] Otros estudios han confirmado que escribir sobre los sentimientos, los puntos fuertes, las debilidades y las dificultades tiene un efecto positivo. ¿Estás discutiendo con tu madre? Empieza a escribir. ¿Te sientes inseguro con tu cuerpo? Escribe esas inseguridades. ¿No sabes lo que quieres lograr en tu trabajo, en tu vida amorosa o en la vida misma? Toma una pluma.

ENTRENAMIENTO

Si has experimentado poca compasión durante bastante tiempo, o si te faltó calidez y ternura en tu juventud, el entrenamiento en compasión tiene el potencial de desencadenar resistencia. El científico de la compasión Christopher Germer llama a esto "corriente de retorno", un término tomado del departamento de bomberos. Significa que si se abre de repente la puerta de una habitación en una casa en llamas, entrará una enorme ráfaga de oxígeno y la habitación arderá en cuestión de segundos. Quizás el comportamiento inconstante de un cuidador o un profesor del pasado (amable en un momento, antipático al siguiente) te haga desconfiar de la compasión. El sistema de amenazas hace sonar la alerta cuando la compasión se manifiesta, como un perro maltratado reacciona agresivamente cuando te acercas a él con amabilidad. Otra posible razón de la resistencia es que al fin estás permitiendo que entre el dolor.

Si la resistencia que sientes es demasiado fuerte, tal vez quieras dejar de entrenar la compasión. Sin embargo, recuerda que esta resistencia es positiva porque crea movimiento. Al igual que los dolores de crecimiento, es molesta, pero un día terminará y es un signo de desarrollo. La atención abierta es la mejor medicina para la resistencia y la duda. Observa tus pensamientos y emociones con amabilidad. Si la resistencia es demasiado fuerte, concentra tu atención en algún aspecto neutral o placentero, o distráete comiendo algo agradable, dando un pequeño paseo, visitando un museo o leyendo un buen libro. Vuelve al entrenamiento más tarde.

▮▯▯ LIGERO

Esta semana empezarás a utilizar nuevos ejercicios para aumentar tu compasión, pero también harás ejercicios que ya conoces. Sigue tu propio ritmo y elige los ejercicios que más te convengan.

EJERCICIO 1: RESPIRACIÓN CALMANTE

Practica el respiro de la semana 5, una o varias veces al día.

EJERCICIO 2: SÉ TESTIGO DE TU YO COMPASIVO

Anota los momentos en los que das o recibes compasión.

EJERCICIO 3: INTERCEPTA A TU CRÍTICO

Observa las ocasiones en que te criticas a ti mismo. Recuérdate que tu crítico interior está intentando ayudarte (aunque sea con torpeza) y no luches contra él.

Utiliza DANCE para conectar con tus emociones dolorosas e intenta evocar una voz compasiva.

EJERCICIO 4: HERRAMIENTAS DEL LENGUAJE

Experimenta activamente con las siguientes herramientas:

- En lugar de utilizar el lenguaje de los sistemas de impulso y amenaza, sustituye las palabras por aquellas del sistema calmante.
- Practica el entrenamiento de la intención: "Permíteme..." o "Deseo para mí..." (ver semana 5).
- Ten a la mano un cuaderno para cuando surjan emociones fuertes: ¿te sientes alegre o molesto, celoso o conmovido? Escribe para conectar y comprender la emoción, aunque sólo sea durante dos minutos.
- Ponte delante del espejo e imagina que invocas tu compasión. No olvides tu lenguaje corporal; intenta sonreír suavemente. Dirígete a tu imagen en el espejo con pensamientos de apoyo (en voz alta, en un susurro o internamente). Si no te gusta el ejercicio del espejo, sáltatelo.

🦴 CONSEJO DEL ENTRENADOR

Presta mucha atención a los ejercicios que te funcionan. Una persona visualizará y le gustará utilizar su imaginación durante el entrenamiento de la compasión; otra persona se emociona más con el tacto, y otra encuentra más eficaz el entrenamiento de la escritura o la intención. También te darás cuenta de que las habilidades se apoyan mutuamente: si el poder de tu imaginación parece más débil por cualquier motivo, intenta añadir palabras o tacto para aumentar su impacto. Pasar de una habilidad a otra te ayudará a mantener la vitalidad de tu compasión.

ıll MEDIO

EXTENSIÓN DEL ENTRENAMIENTO LIGERO Si quieres hacer más entrenamiento esta semana, hay varias opciones.

EJERCICIO 1: ENTRENAMIENTO DE LA INTENCIÓN BONDADOSA

Cada día realiza la siguiente sesión de entrenamiento de intención, centrándote en un ser querido y en ti mismo.

🎧 *Pista de audio 8. Entrenamiento de intenciones para un ser querido y para ti mismo.*[*]

EJERCICIO 2: UNA CARTA COMPASIVA

Escribe dos cartas compasivas para ti mismo esta semana. Conecta con tu yo compasivo. Utiliza una o varias de las cuatro herramientas del entrenamiento ligero o de los ejercicios de la semana 5 (tocar,

---

[*] Las pistas de audio 8, 9 y 10 están basadas en la letra de Frits Koster y Erik van den Brink.

imaginar un lugar inspirador o un amigo compasivo/una persona inspiradora). A continuación, piensa en una situación difícil, algo de lo que te culpes y que quieras cambiar. A continuación, puedes elegir entre dos opciones:

- Imagínate a ti mismo como un amigo sabio y amable, alguien que te apoya y anima de forma incondicional. Escribe una carta de ánimo para ti mismo desde su perspectiva.
- Escribe una carta desde tu parte sabia, valiente, cálida y amable a la parte de ti que la está pasando mal. El "tú" de la carta es tu yo sufriente y el "yo" que escribe la carta brinda la perspectiva de tu yo compasivo.

No intentes ganar el Premio Nobel de Literatura; escribe de forma lúdica y abierta. No necesitas escribir demasiado, pero intenta que sea más de media página, ya que menos es muy poco para llegar al meollo del asunto. ¿Sientes resistencia mientras escribes? Indícalo en tu carta. Si la resistencia es demasiado fuerte, tómate un descanso y vuelve a intentarlo más tarde.

Una vez que hayas terminado, lee la carta con atención. ¿Está llena de compasión? Fíjate en cómo has utilizado las palabras y el tono. ¿La carta es cálida o fría? ¿Hay autorreproches o señalamientos sutiles entre líneas? Al releer tus cartas, empezarás a reconocer tu voz autocrítica.

Revisa la carta sustituyendo las palabras autocríticas por otras de apoyo. También puedes practicar tu tono leyendo la carta en voz alta. Observa los tonos antipáticos o estrictos sin juzgarlos y sigue practicando con un tono más comprensivo.

ⅰⅼ INTENSO

EXTENSIÓN DEL ENTRENAMIENTO LIGERO + MEDIO Si quieres entrenar intensamente esta semana, escribe cuatro cartas de compasión para ti mismo.

🎧 *Puedes descargar las pistas de audio en 12weekmindworkout.com/spanish*

ENFRIAMIENTO

¿Has notado que el poder de tu compasión aumenta? ¿O todavía te falta aptitud para ello? Ésta ha sido una semana completa en la que has aprendido muchas formas nuevas de fortalecer tu compasión. Tal vez por eso, de vez en cuando te perdiste y no pudiste encontrar la compasión de inmediato. No te preocupes. No intentes recordar y aplicar todo a la vez. Necesitas tiempo y práctica para fortalecer la compasión. Las palabras, el entrenamiento de la intención y el entrenamiento de la compasión cobran sentido a través de la repetición. Sólo entonces entenderás la compasión y la experimentarás. Recuerda que no tienes que hacer todo esto por tu cuenta. Encuentra el apoyo y la orientación de otras personas, quizás un entrenador o un amigo, un psicólogo o un entrenador de compasión.

Pregúntate si has logrado algo de lo siguiente en la semana 6:

- ¿Te das cuenta de tu crítico interior con compasión?
- ¿Has averiguado qué estrategia del sistema de amenazas utilizas? ¿Puedes motivarte y corregirte desde la autocompasión, en lugar de desde la autocrítica?
- ¿Activas la autocompasión a través del lenguaje?

SEMANA

07

COMPASIÓN PARA TENER RELACIONES SANAS

En las últimas dos semanas has empezado a practicar la autocompasión para entrenar tu poder de compasión. Esta semana ampliarás la compasión por ti mismo pero la dirigirás hacia los demás, no sólo hacia tus seres queridos, sino también hacia las personas con las que tienes relaciones neutras, variables o francamente difíciles. Considerarás el dolor inevitable que traen las relaciones y cómo puedes lidiar efectivamente con él... con compasión. El hilo conductor: la compasión consolida las relaciones sanas.

CALENTAMIENTO

Al parecer, un rabino ortodoxo perdió a su hija menor y le escribió una carta a Albert Einstein. Además de su propio dolor, se sintió angustiado por el dolor de su hija mayor, devastada por la muerte de su hermana. Intentó ayudarla y apoyarla todo lo que pudo, pero la niña parecía inconsolable. Devastado por este doble golpe, le preguntó a Einstein qué hacer. La respuesta del científico fue fascinante. Le pidió al padre que considerara el lugar que ocupa el ser humano en el mundo, en lo que entendemos como nuestro "universo", y que ampliara nuestro sentido de la conexión y la compasión más allá de nuestros semejantes inmediatos. Explicó que tendemos a experimentar las emociones (nuestro sentido del yo, nuestros pensamientos y sentimientos) desde una prisión de ilusión que nos lleva a creer que las pocas personas cercanas a nosotros son las de mayor valor. Einstein sugirió que abrazar a todas las personas y a todos los seres vivos era un objetivo que podría liberarnos de esa pena y proporcionarnos una base para la seguridad interior.

¿Te conmueve esta explicación? ¿Quizás asentiste con la cabeza al asimilar su significado? Esto no implica que puedas poner en práctica de inmediato esta conexión compartida. Es probable que te parezca algo abstracto. En las próximas dos semanas, tu objetivo es concretar esta abstracción y hacer realidad el "círculo ampliado de compasión" de Einstein.

LAS RELACIONES: ESENCIALES PARA LA VIDA

"El infierno son los otros." Esta aterradora cita está tomada de uno de los mayores pensadores del siglo xx: Jean-Paul Sartre. Aunque tus ideas pueden tener más matices, es posible que hayas experimentado algo de lo que quiere decir Sartre: "Mi estúpida madre y sus eternas críticas"; "No entiendo cómo mi amigo pudo olvidarse de mi cumpleaños"; "Las interminables quejas de mi colega me vuelven loco".

Para evitar este tipo de sentimientos hacia los demás, puedes elegir vivir como un ermitaño. Habría todo tipo de problemas prácticos, como cortarte el pelo o someterte a una endodoncia, pero al menos habrás eliminado esas relaciones íntimas que causan tantos problemas. La cuestión es que, en lugar de sufrir el "dolor de las relaciones", experimentarás lo contrario: el dolor de la soledad.

Por desgracia, muchas personas se sienten solas (involuntariamente). Según la Campaña para Acabar con la Soledad del Reino Unido, 5% de los adultos (mayores de 16 años) de Inglaterra afirma sentirse solo "frecuentemente/siempre"; 45% se siente solo ocasionalmente.[1] A su vez, la soledad provoca todo tipo de problemas mentales y físicos e incluso puede provocar una muerte prematura.[2] Al igual que el oxígeno para el cerebro, la conexión humana es esencial para el desarrollo. De esto podemos concluir que el dolor de la soledad es mucho mayor que el dolor provocado por las relaciones. No hay cielo sin infierno; no hay placer sin dolor. El reto de las relaciones es permanecer cerca de uno mismo y, al mismo tiempo, abrirse a los demás. El neuropsicólogo y entrenador de meditación Rick Hanson lo expresa así: cómo crear una base segura del "yo" dentro de uno mismo para ser más capaz de explorar el "nosotros" en el mundo.

CONECTAR CON LOS DEMÁS

Un conmovedor video emitido por primera vez en la televisión danesa[3] muestra cómo sentirte conectado con todo el mundo. En la película, grupos de personas de diversos orígenes, profesiones y subculturas (como trabajadores de limpieza, agricultores, musulmanes, aficionados al futbol y personas con tatuajes) se reúnen en una gran sala.

A cada grupo se le asigna un cuadrado específico; un cuadrado se deja vacío. Entonces el productor de la película da una orden: "Si eres el payaso de tu grupo, ve al cuadro vacío". En cada grupo, alguien da un paso al frente, vacilante y con risitas. La composición de este nuevo grupo (los payasos de la escuela) resulta ser bastante diversa. Se mezclan musulmanes, hombres de negocios, personas con tatuajes, etcétera. Las siguientes preguntas tienen resultados similares: "¿A quién le gusta bailar?", "¿Quién es padrastro o madrastra?" y "¿Quién era acosado en la escuela?" Ésta es una maravillosa ilustración de cómo todos tenemos algo en común con los demás. Y quizás aún más con quienes no compartimos nada.

Si quieres seguir siendo "yo" en medio del "nosotros", tienes que experimentar el "nosotros", la conexión con los demás. Siempre tendrás algo en común con otra persona, por pequeño que sea (un dedo del pie en forma de martillo) o grande (abandono en la infancia).

Incluso el hecho de ser asignado al azar al mismo grupo de estudio (A o B) refuerza los sentimientos de conexión.[4] Comúnmente tendemos a subrayar las diferencias y a agruparnos con quienes son clara y superficialmente como nosotros: rubios, nacidos en la década de 1980, amantes de la comida orgánica, jugadores de futbol, londinenses, gourmets, etcétera. Pero basta con ser humano para sentir una conexión. La compasión ampliada (ver la semana 8) provoca que te sientas conectado con una lombriz de tierra.

EL EFECTO COLATERAL

La alegría de otra persona es contagiosa, al igual que su malhumor. Esto es un hecho interesante; debería hacernos sentir seriamente responsables del estado de ánimo de los demás. La forma en que miramos a alguien por la calle puede tener un gran efecto en cadena. Si le dedicas a alguien una sonrisa agradable, esta persona se mostrará simpática con la cajera agobiada del súper, quien a su vez vuelve a casa de mejor humor con su pareja, que es policía y sale de buen ánimo para empezar su turno de noche. Esa noche, el policía detiene a un conductor que va ligeramente por encima del límite de velocidad (tú), pero como está de buen humor, te deja libre sin multarte. Para haberse originado en una simple sonrisa, este resultado no es nada malo.

Aunque no obtengas ningún resultado positivo directo, el ejemplo deja claro lo infinitamente contagiosos que son tu actitud y comportamiento. Es una recompensa en sí misma. Sin embargo, conectar con los demás no siempre es fácil. Antes de empezar a practicar la compasión hacia los demás, hablemos primero de los dos tipos diferentes de dolor que se sienten en las relaciones: el dolor que surge al sentirse conectado (la sensación de ser "nosotros", el dolor empático) y el dolor que surge porque no te sientes conectado (aislamiento involuntario, falta de la sensación comunitaria de "nosotros").

EL DOLOR DE LA CONEXIÓN

En la pantalla, James Bond le da un puñetazo en la cara a un villano; en la calle, un niño pequeño se cae de la bicicleta; un amigo bosteza durante una cena: ninguno de ellos te dejará indiferente. ¿A qué se debe esto? Nuestras neuronas espejo nos permiten aprender de las experiencias de los demás ("no debería tocar ese calentador que está hirviendo") y cuidar de ellos. Puedes sentir lo que otra persona necesita, ya sea una bandita adhesiva, algo de beber o un abrazo. Es la forma de identificarse con los pensamientos (empatía cognitiva) y las emociones (empatía emocional) de otra persona. Sin embargo, como he mencionado antes, la empatía no es lo mismo que la compasión. La compasión se centra en el dolor y el deseo de aliviarlo; la empatía se centra en cualquier tipo de emoción o estado de ánimo pero conlleva necesariamente el deseo de aliviar el sufrimiento. Piensa en un verdugo empático, o en el reportero que cuestiona de forma diferente al hípster y a un ejecutivo.

La diferencia entre empatía y compasión es visible en el cerebro. Matthieu Ricard, biólogo molecular y practicante de meditación intensiva (apodado "el hombre más feliz del mundo"), realizó una resonancia magnética funcional de su propio cerebro mientras incitaba su propia empatía al pensar en un documental desgarrador sobre huérfanos abandonados. La resonancia mostró que las partes activas de su cerebro eran como las de una persona promedio que imaginaba la situación de los demás con empatía, y describió su estado de ánimo como desagradable y emocionalmente agotador. Después, cuando accedió a su compasión, que implicaba pensamientos similares, pero acompañados de un profundo deseo de aliviar el dolor, se iluminaron diferentes partes de su cerebro. Esta vez, describió sus sentimientos como cálidos y agradables.[5]

Más de 30 estudios han confirmado que la empatía repetitiva con el dolor ajeno nos agota emocionalmente.[6] Esto suele afectar a las personas estereotipadas como afectuosas (como las madres que se preocupan demasiado o los cuidadores profesionales): todos los días se enfrentan al dolor y al sufrimiento y, al final, ya no lo soportan. Si sientes el dolor de los demás sin escuchar compasivamente tus propias necesidades, te agotarás y acabarás cerrándote a los demás. Piensa en el médico de familia que parece frío y distante porque ya no es capaz de abrirse al sufrimiento de los demás. La buena noticia es que es posible armarte contra la fatiga empática a través de la compasión por ti mismo: al apoyarte a ti mismo y al deseo de aliviar tu propio sufrimiento (y el de los demás) creas un amortiguador. Esto evitará el agotamiento y creará un espacio en el que estarás preparado para los demás.[7]

> Imagina una relación difícil (con un colega, un miembro de la familia, un amigo) en la que sueles asumir un papel de cuidador. Utiliza la técnica DANCE para conectar con las emociones desagradables que surjan. Al inhalar, deséate compasión en relación con tu malestar, y al exhalar muestra compasión por la otra persona (sólo si sientes que puedes hacerlo).

ABDOMINAL MENTAL

COMPASIÓN + EMPATÍA = AMOR

Paradójicamente, estar abierto al dolor de los demás, tanto de los amigos y seres queridos como de los desconocidos, aporta más salud y felicidad a tu vida. La sensación de estar viviendo las mismas experiencias y, por lo tanto, ver más similitudes entre ustedes te da una mayor sensación de conexión. Durante el día, te ayudará a experimentar más interacciones que te refrescan y te estimulan, en vez de experiencias que te irritan y te agotan. La mayor sensación de conexión aumenta la facilidad con la que evocas la compasión: nace el círculo virtuoso.

DOLOR POR FALTA DE CONEXIONES

En YouTube se muestra un experimento del psicólogo del desarrollo Edward Tronick[8] en el que examina el vínculo entre madre e hijo. Tras varios minutos de jugar alegremente con su bebé, se le indica a la madre que deje de responder al niño. Como es de esperar, el bebé intenta obtener alguna respuesta de la madre riendo o haciendo ruidos con la boca. Cuando esto no funciona, el niño pasa a otra táctica: llora y grita sin control. En vano. La madre permanece neutral (como se le ha indicado) e imperturbable. Como resultado, el bebé se vuelve pasivo, mira al frente y se torna apático y retraído.[9]

Si los padres (a diferencia de las madres del experimento) ignoran estructuralmente a sus hijos (negligencia emocional), los niños experimentarán el apego como algo inseguro y llevarán esto consigo en su camino hacia la edad adulta.

Estarán muy rezagados a la hora de establecer relaciones sanas,[10] y esto se manifiesta en todo tipo de comportamientos destructivos, desde la adicción a las drogas hasta el ansia de amor y reconocimiento: la sensación de que no están completos si no les prestan atención. De forma alternativa, también se expresa en evitar las relaciones, intentando por todos los medios no ser escuchados y sentirse "seguros".

Por fortuna, el entrenamiento ayuda a revertir los trastornos de apego inseguro. Ya lo habrás adivinado: volvemos a hablar de la palabra con "c". Practicar la compasión construye una base segura para las relaciones sanas. Las investigaciones han demostrado que el mero hecho de leer y escuchar palabras relacionadas con la intimidad, como *amor* y *amistad*, fomenta un sentimiento de apego seguro.[11]

Escribe palabras asociadas a la conexión y la intimidad, como *amor, amistad, calor, mimos, contacto...* lo que se te ocurra.

ABDOMINAL MENTAL

Aunque no te afecte un apego inseguro, quizás a veces estás involucrado en una relación que carece de un fuerte sentido de conexión o donde ha desaparecido por completo. Casi siempre conduce a una sensación de decepción y frustración debido a las expectativas no cumplidas. No te sientes visto ni escuchado por tu pareja, no te sientes respetado, te sientes alejado de los demás, sus expectativas te oprimen, etcétera. Y entonces llega el dedo acusador: "¡Es tu culpa que me sienta tan inútil!", o la autocrítica: "¡Soy tan tonto que he permitido que me hagan esto!".

¿Sabías que las personas difíciles de tu vida son tus mejores maestros? Las personas difíciles no nos molestarían tanto si no dijeran algo sobre nuestras propias necesidades, fortalezas y debilidades. A ti, que eres proactivo, te irrita ese colega que no da el ancho. ¿Qué puedes aprender de él? Suéltalo, y esa persona te dirá algo sobre tu propia capacidad de gestión. O bien, piensa en alguien que te molesta porque es demasiado tímido e inseguro. Quizá sea porque tú eres demasiado osado e intenso. De esta persona puedes aprender a permanecer en un segundo plano con más frecuencia.

REVELACIÓN

La buena noticia es que incluso las relaciones difíciles te ofrecen la oportunidad de descubrir tus necesidades más profundas. De este modo, puedes sustituir la culpa de los demás por la autogestión y la atención a las necesidades de los demás. Esto significa que debes librar una amable batalla con dos emociones que prevalecen en las malas relaciones: la vergüenza (asociada a la autocrítica) y la ira (asociada a criticar a los demás).

EMOCIONES EN LAS RELACIONES

La vergüenza y la ira (resentimiento) son las emociones que más nos obstaculizan cuando intentamos vivir con compasión. De nuevo, esto no significa que no debas sentir estas emociones, o que sea preferible que las reprimas o las evades. Sin embargo, si te dejas atrapar por estas emociones, existe un riesgo importante de que actúen en tu contra. A continuación, analizamos cómo abordar la vergüenza y la ira de forma constructiva, para que te ayuden mientras aprendes a ejercer la compasión.

VERGÜENZA

Alguna vez has gritado a pleno pulmón en una reunión muy aburrida: "¡Estoy harto!". Quizá no. La vergüenza hace que te comportes con consideración; te mantiene alineado con el comportamiento del grupo y, por lo tanto, aumenta tus posibilidades de supervivencia. Pero la vergüenza también es la emoción favorita de tu crítico interior, así que no siempre la necesitas y puede ser disfuncional; por ejemplo, si te avergüenzas de no haber terminado la educación secundaria, de tener que cubrir tu trasero con ropa holgada o de ser infeliz, a pesar de tu riqueza y éxito. En esos casos, la vergüenza te dará una fuerte sensación de "no pertenencia". Si ese crítico interior llega al extremo, tu impulso de protegerte irá a toda marcha y estarás menos inclinado a hacer conexiones que tengan el potencial de vulnerarte. La sensación de no ser lo bastante bueno es un hueco que ni tu pareja ni tus amigos podrán llenar. Se interpone en el camino de cualquier conexión real con los demás porque sólo te preocupas por ti mismo.

Un acontecimiento negativo importante, como perder el trabajo, puede provocar que te sumerjas en una espiral negativa de vergüenza. Si el sentimiento de vergüenza se vuelve demasiado fuerte, se convierte en la convicción de que eres una persona mala o inferior. Te condenas a ti mismo, lo que hace que te sientas aún más avergonzado, y así sucesivamente.

CULPA

Hay una diferencia significativa entre sentir vergüenza y sentir la emoción potencialmente útil de la culpa. La vergüenza se centra en el "ser", mientras que la culpa se centra en el "hacer". Junto con la culpa viene el remordimiento, que te conmina a enmendar un comportamiento; la vergüenza te hace pensar que has hecho algo malo, pero te deja una sensación de parálisis y confusión. No necesitas empatía ni compasión cuando tienes un sentimiento de vergüenza, pero sí cuando sientes culpa.[12] Esta última te hace tomar medidas (positivas), ya que encuentras formas de hacerlo mejor la próxima vez. Por otro lado, no debes permitirte estar demasiado absorto en tus sentimientos de culpa, ya que te abrumarán por completo.

Imagina que tienes una aventura. Tu sentimiento de culpa le dirá a tu pareja: "Lo siento: me duele haberte hecho daño. ¿Qué puedo hacer para aliviar tu sufrimiento?". La vergüenza te dice: "Es terrible, soy una persona horrible" y/o "¿Qué pensará la gente de mí?". La vergüenza también es más agresiva: le dirá a tu pareja, por ejemplo: "Te engañé porque tu libido es muy baja".

DETECTAR LA VERGÜENZA

No siempre es fácil reconocer la vergüenza. Ésta provoca que te rechaces a ti mismo y que, literalmente, evites mirar en tu interior, acabando así con cualquier posibilidad de reflexión acerca de ti mismo.

Comúnmente nos escondemos de nuestra vergüenza y la enmascaramos con otras emociones más tolerables, como la ira o los celos. Un poco de análisis te ayudará a detectar la vergüenza. El elemento físico de la vergüenza se expresa, por ejemplo, en una sensación de vacío, un nudo en el estómago, tensión muscular, presión en el pecho, subida de la sangre a la cabeza, sensación de rubor y las mejillas rojas y calientes. El aspecto mental de la vergüenza se reconoce por los pensamientos negativos: "No se puede confiar en mí, no soy bueno, no merezco ser amado". O quizá sea por las variantes de criticar a los demás: "Él no es bueno, ella no es de fiar, tú no tienes remedio". La vergüenza excesiva provoca una sensación de aislamiento. Esto es muy sorprendente porque la vergüenza nos afecta a todos, y todo el mundo reconocerá las creencias básicas negativas asociadas a ella. La vergüenza debería ser un conector porque todos estamos en el mismo barco de la vergüenza.

ABDOMINAL MENTAL

Intenta imaginar lo más vívidamente posible un momento en el que hayas sentido una vergüenza superficial y fugaz: la ocasión en que no reconociste a tu vecino, que tropezaste en la calle donde todo el mundo podía verte o que fuiste incapaz de hilvanar una simple frase al pedir comida en un elegante restaurante francés. Cuando imagines la situación, recuerda incluir tanto los aspectos físicos como mentales de tu vergüenza y el bochorno y, a continuación, toma nota de las creencias básicas negativas que reconoces respecto a ese sentimiento de vergüenza. Aborda estas creencias centrales y tu vergüenza con compasión. Para ello, utiliza la técnica DANCE y aplica las técnicas de compasión en tu último paso para calmarte. Las técnicas que utilices pueden incluir la pausa de compasión por ti mismo, el poder del tacto u otros ejercicios de las semanas 5 y 6 que te funcionen bien.

Las técnicas de compasión te reconfortarán y calmarán, para que te relaciones con tu creciente sensación de vergüenza sin juzgarla. No debes rechazar el dolor asociado porque así es como la emoción acabará perdiendo poder. El deseo de apartar la vergüenza y ocultarla desaparecerá. Tanto si has fallado un penalti decisivo, confundiste a una mujer con su madre, o si te sientes avergonzado por tu número de parejas sexuales, intenta practicar el registro de la vergüenza en tu vida diaria tanto como sea posible. Es la oportunidad perfecta para practicar la compasión.

"Lo siento", "perdóname", "lo lamento": frases que muchos de nosotros pronunciamos con profusión. El sentimiento de vergüenza es casi insoportable. Un empresario chino vio su mina de oro en esta ignorancia: fundó una empresa de excusas. La gente le paga a él y a su empresa para que pidan perdón en su nombre y le hagan llegar regalos o flores a los demás. Quienes lo hacen creen que el precio es razonable: evitar disculparse en persona.

REVELACIÓN

IRA RESENTIDA

La activista pakistaní Malala Yousafzai es famosa por su justa ira, su indignación y su espíritu de lucha. De joven expresó por primera vez su ira en idioma urdu en un blog de la BBC sobre la exclusión de las niñas de la educación y otros ámbitos de la vida en su región de Pakistán, política impuesta por los talibanes que habían tomado el control de la zona. En parte gracias a este blog y al brutal atentado contra su vida al año siguiente, la prohibición de las escuelas y las desigualdades educativas más amplias recibieron la atención mundial. El 12 de julio de 2013 (cumpleaños de Yousafzai) las Naciones Unidas instituyeron el Día de Malala para llamar la atención sobre los 32 millones de niñas y 29 millones de niños de todo el mundo que no tienen acceso a la educación primaria.

La ira de Malala fue una fuerza útil, y tu ira también puede tener un papel positivo en tu vida diaria. La ira proviene del sistema de amenazas. Te alerta y centra tu cerebro en la protección y la seguridad.

Sin embargo, no significa que debas limitarte a seguir el camino que te marca tu ira. Si sientes que tu ira aumenta, da un paso atrás para permitirte comprender tus necesidades y sentimientos más profundos, antes de que la ira ciega se apodere de ti. La ira no constructiva obstaculiza el desarrollo de tu poder de compasión.

La ira es como agarrar un carbón caliente para lanzárselo rápido a otra persona (aunque seas tú quien se queme). Sin embargo, al igual que muchas emociones difíciles, la ira puede permanecer contigo. Cuanto más sientas la ira, más fácil será que se apodere de ti. La ira puede convertirse en su propia naturaleza, al igual que la amargura y el resentimiento se adhieren a Scrooge en *Cuento de Navidad*. La ira prolongada amarga se convertirá en parte de ti incluso cuando no la necesites. La ciencia demuestra que la ira prolongada no sólo es muy desagradable, sino también extremadamente insana.

REVELACIÓN

La ira afecta al corazón, donde se almacena. En un estudio, se realizó un seguimiento de 785 adultos seleccionados, hombres y mujeres, durante diez años. Los sujetos masculinos que expresaban su ira de forma constructiva (en otras palabras, que utilizaban su emoción para cambiar algo a mejor) tenían menos probabilidades de desarrollar una insuficiencia cardiaca. En las mujeres no había diferencia, pero tanto las mujeres como los hombres eran mucho más propensos a desarrollar una enfermedad cardiaca si expresaban su ira en forma de culpa y autojustificación.[13]

IRA RESENTIDA Y EMOCIONES SUAVES

La ira resentida es como una armadura de acero que oculta sentimientos más suaves, como la tristeza y el miedo. Las emociones suaves fluyen: no son estáticas; surgen y desaparecen y cambian con rapidez. Las emociones fuertes, como la ira, el resentimiento y el agravio, echan raíces, y así se fortalecen. La coraza de la ira crea una ilusión de control. Te crees invencible y te proteges de la culpa de los demás (¡o de ti mismo!).

En realidad, la ira te vuelve trágicamente más vulnerable: te hieren con facilidad y tienes menos control sobre los objetivos de tu vida y te sientes solo con mayor frecuencia (piensa en el círculo de la soledad del que hablamos en la semana 6). Enojarse es una salida fácil; es mucho menos desafiante que atreverse a expresar emociones suaves como la tristeza y el miedo. Al expresar emociones suaves, bajas la guardia. Las emociones suaves te ayudan a sacar a la luz tus necesidades insatisfechas. Existen tres clases de necesidades de este tipo y están vinculadas a los sistemas de regulación de las emociones:

- La necesidad de seguridad (querer sentirse seguro): el sistema de amenaza.
- La necesidad de reconocimiento (querer ser reconocido y escuchado): el sistema de impulso.
- La necesidad de conexión (querer sentirse amado): el sistema calmante.

En resumen (y éste es el tema de millones de canciones, novelas, películas y poemas), la necesidad de ser amado suele esconderse detrás de la ira. Si permites que esas necesidades se conozcan, existe la posibilidad de que alguien las satisfaga, aunque también pueden ser ignoradas o rechazadas. Mostrar tu lado más blando puede ser doloroso.

CINCO PASOS PARA LIDIAR CON LA IRA

¿Cómo identificar la verdadera necesidad que se esconde detrás de tu ira? Lo primero es hacer una pausa de inmediato cuando sientas que la ira aumenta (esto es comparable con el cuarto de segundo mágico que vimos en la semana 4). Quizá te resulte más fácil hacer esto con personas que no son tan cercanas a ti: es más fácil lidiar con la queja de un cliente que con un comentario mordaz de tu pareja. Una vez que hayas hecho la pausa, sigue los cinco pasos siguientes:

1. Experimenta y reconoce tus sentimientos fuertes (ira, inflexibilidad, retraimiento, castigo).
2. Utiliza la pausa de autocompasión para calmarte y evitar que sigas tu impulso (gritar, terminar una llamada, hacer un comentario hiriente).
3. Examina los sentimientos suaves que hay detrás de tu ira (tristeza, decepción, miedo, preocupación).
4. Nombra tus necesidades insatisfechas (seguridad, reconocimiento, desarrollo, amor).
5. Aclara tu necesidad a los demás y/o aborda la necesidad por ti mismo (luego satisface la necesidad mediante uno de los ejercicios de autocompasión de las semanas 5 y 6).

ABDOMINAL MENTAL

Piensa en una discusión del pasado. ¿Sigues sintiendo rabia? ¿Cuáles eran o son las necesidades insatisfechas que se esconden tras el enojo? ¿Estás preparado para hacer algo constructivo con esas necesidades insatisfechas? Sigue los pasos anteriores. ¿Cómo fue el reconocimiento de la ira? ¿Te diste cuenta de los sentimientos suaves y de las necesidades insatisfechas subyacentes? ¿Qué ejercicios de autocompasión utilizaste? ¿Lograste sentir compasión por ti mismo y por los demás?

Veamos un caso práctico. El principal conflicto entre Gaby y su marido, Chris, es que él no hace ningún arreglo en la casa, aunque sigue prometiendo que lo hará. Sin embargo, la verdadera necesidad de Gaby no es tener una casa pintada y decorada. Su deseo más profundo es que su marido se fije en ella, que Chris la escuche y la quiera. El hecho de que él no se preocupe por la pintura descascarada de los marcos de las ventanas, Gaby lo interpreta como una confirmación de que ella no le importa mucho. Chris, por su parte, se siente rechazado y no reconocido como el hombre que es: es como si tomar la brocha para pintar fuera la única forma de "merecer" el amor de Gaby. Chris y Gaby son como dos islas sin puente entre ellas. Ambos anhelan el amor del otro, pero en todos esos años de ira y resentimiento acumulados no han prestado mucha atención a sus necesidades. Sus discusiones son una cadena de reproches y defensas interminables centrados en una bomba de tiempo concreta: la casa.

Al igual que un masaje no resuelve a largo plazo los nudos de la espalda cuando la causa subyacente es el estrés, las expectativas y las necesidades más profundas permanecerán ocultas si no se va más allá de abordar y "resolver" una situación o conflicto concretos. Tanto Gaby como Chris se aferran a la superficie de su conflicto, donde se sienten más seguros.

En lugar de pedir un abrazo, Gaby dice con reproche: "Nunca eres amable conmigo". Así mantiene el control. Un rechazo anticipado parece doler menos y comúnmente se prefiere a una muestra de vulnerabilidad, mientras que esa vulnerabilidad es justo el punto óptimo donde nos sentimos conectados. Si Gaby mostrara sus emociones suaves a Chris, aumentaría las posibilidades de que él la abrazara con cariño (y de que él también se atreviera a expresar sus verdaderas necesidades). Y si ella no declara sus necesidades, o si él no las satisface, todavía puede satisfacer su propia necesidad diciéndose a sí misma: "Te veo, te reconozco".

En medio de la dificultad yace la oportunidad.
ALBERT EINSTEIN

Estos cinco pasos se aplican a cualquier emoción difícil (fuerte). La autocompasión te dará lo que esperabas recibir de los demás. Te vuelve menos dependiente del reconocimiento y el amor de los demás. Así podrás tener relaciones sanas sin poner condiciones, como hacer un cumplido sólo si quieres caer bien. Hacerte menos dependiente del reconocimiento de los demás mantiene tu "yo" entre el "nosotros"; y sólo entonces dejarás de ser pasivo o agresivo, y te volverás asertivo.

✖ *¡Cuidado!*

Es importante saber que hay una diferencia entre hombres y mujeres (comúnmente adquirida) con respecto a la ira. Mientras que los niños aprenden que "los hombres no lloran" y se espera que expresen su ira, la expectativa estereotipada de las niñas es que sean "dulces y obedientes". Además, muchas niñas aprenden a salirse con la suya llorando; o a una mujer peleonera la llamarán "perra". Cada vez que sienten ira, las niñas aprenden a cambiar en automático a otra emoción suave que se tolera y es eficaz, como el miedo o la tristeza. Es importante que cualquier persona (sin importar su sexo) que no haya aprendido a conectar con su ira, experimente plenamente la ira sin ningún sentimiento de culpa.

COMPASIÓN CON LOS DEMÁS

La tribu babemba de Sudáfrica tiene su propia forma de juzgar a los criminales. El delincuente es obligado a permanecer desnudo en el centro de la aldea. Todos los habitantes de la aldea se colocan alrededor del criminal en un círculo, y uno por uno los individuos le hablan al delincuente, no sobre su mala conducta sino sobre sus buenas acciones y cualidades. Este pueblo africano cree que todo el mundo nace bueno y se dispone a perseguir sólo la felicidad y el amor, cometiendo errores por el camino en su búsqueda. La ceremonia dura varios días y termina con una gran fiesta en la que el criminal es acogido de nuevo en el grupo. Se ha producido un renacimiento.

La cultura occidental es bastante opuesta a la cultura de la tribu africana: si alguien ha hecho algo malo, si no nos gusta alguien, lo excluimos. Sin embargo, imaginemos lo diferentes que serían las cosas si tuviéramos sentimientos cálidos hacia todas las personas. ¿Qué pasaría si ampliamos nuestro círculo de compasión desde nuestros seres queridos hasta las personas por quienes nuestros sentimientos son neutros (el administrador al otro lado de la línea telefónica, el hombre que está junto a ti en la fila del autobús) e incluso las personas que te despiertan sentimientos de enojo, irritación u otro tipo de emociones negativas? Si lo logras, no sólo beneficias a los que entran en contacto contigo (porque tu comportamiento es más amable) sino también a ti. Ser compasivo con el malhumorado, la chica arrogante, la cajera tímida o la persona que se mete en la fila puede hacerte sentir bien y conectarte. Y eso es estupendo, porque no siempre tienes a tu alrededor a las personas que quieres, así que es conveniente ampliar tu círculo de conexión.

Por supuesto, esto no significa que debas abrazar siempre a las personas difíciles o irritantes, o que nunca debas hacer frente a comportamientos molestos o antisociales. Sin embargo, al mostrar tu compasión de forma más amplia, es menos probable que seas presa de tus propios juicios y experimentarás menos estrés y malestar, por lo que explicarás con más claridad y respeto lo que te molesta o, si es necesario, mantendrás una sana distancia.

EXPANDIR EL CÍRCULO DE LA COMPASIÓN

Aquí tienes cuatro técnicas de compasión que te ayudarán a ampliar tu círculo de conexión y compasión. Las utilizarás para practicar durante el entrenamiento de esta semana.

Técnica 1: igual que yo

Estás dando un paseo por el bosque y te encuentras con un perro. El perro ladra ferozmente y te enseña los dientes. Piensas que es un animal horrible. Pero entonces te das cuenta de que el animal está aprisionado en una trampa. Tu actitud hacia el perro cambia de inmediato de: "Es un monstruo, debo alejarme" a: "Pobrecito, ¿cómo puedo ayudarle?". Nuestro comportamiento está relacionado con decenas de miles de factores: no sólo los genes, el entorno y la educación, sino también sucesos cotidianos como el dolor de cabeza, el estómago vacío, una llamada telefónica desagradable... No entendemos realmente a una persona hasta que conocemos su origen. Es entonces cuando te das cuenta de que es igual que tú y sólo quiere ser feliz y evitar el sufrimiento. Todo el mundo comete sus propios errores, sin querer, en su búsqueda de la felicidad. Siempre hay una razón para las malas elecciones o comportamientos, y aunque esto no siempre excusa un comportamiento sí ofrece una explicación.

Darse cuenta de que alguien como tú busca la felicidad (aunque su búsqueda sea muy diferente a la tuya) brinda otro panorama. Al igual que el pueblo africano, debes condenar sólo el comportamiento y mostrar compasión por la persona que ha cometido el delito.

Intenta recordar que los transeúntes son como tú. Una frase sencilla para repetir a lo largo del día es: "Él es como yo, él...", completando la frase según corresponda ("camina", "busca", "quiere", "siente", etcétera).

ABDOMINAL MENTAL

Técnica 2: intenciones amables extensivas

En la semana 6 presentamos el entrenamiento de intenciones: palabras positivas para ti y para tus seres queridos. Esta semana ampliamos este entrenamiento a otras personas, por las que tienes sentimientos neutros (a las que ves en términos del rol que juegan, y no de su plena humanidad: el profesor que no te cae bien o el novio de tu hermana con el que no te relacionas) o alguien que realmente no te agrada en lo absoluto o que crees que demuestra un comportamiento molesto (desde tu entrenador autoritario, una actriz megalómana, hasta el empleado de la oficina de correos).

Tener buenas intenciones hacia esas personas no significa que justificas su comportamiento, sino que te das cuenta de que los seres humanos no somos perfectos. También, si la otra persona es (in)feliz, hay más posibilidades de que tú también lo seas (recuerda, tu comportamiento y actitud ante la vida son contagiosos).

Es posible que tengas dificultades en esta área del entrenamiento de la intención, porque las personas neutrales pueden ser intrínsecamente aburridas (simplemente no las conoces), lo que provoca que tu atención se desvíe, o porque las personas difíciles en tu vida te generan sentimientos de molestia, miedo, tristeza o incluso odio. No te preocupes, todo forma parte del entrenamiento. Reconoce los sentimientos, ponles nombre y acércate a ellos con compasión; al fin y al cabo eres tú quien sufre en ese momento. Así que al entrenar tus intenciones también estás entrenando la autocompasión.

Técnica 3: el poder de la compasión activa

La compasión activa también se conoce como *tonglen* (que en tibetano significa "dar y recibir").[14] En esta técnica, visualizas tu propio sufrimiento o el de los demás y lo absorbes al inhalar, y al exhalar te deseas a ti mismo o a los demás amor, felicidad y bienestar. La gracia consiste en aceptar lo indeseable con una actitud de aceptación, y en la exhalación practicar la generosidad en relación con todas las cosas que preferirías guardar para ti.

La compasión activa trabaja para desactivar comportamientos automáticos, como apartar lo desagradable y aferrarse a lo agradable, y crear nuevos comportamientos automáticos que te harán más feliz y resistente. Compara el sufrimiento voluntario que experimentas al inhalar con la vacunación: la inyección duele, incluso te hará sentir un poco mal, pero el objetivo es evitar el sufrimiento futuro. Es irrelevante si esta técnica ayuda al otro en este momento, o si la energía positiva le llega. Ése no es nuestro objetivo. La cuestión es que tú te sentirás más fuerte en medio del dolor y el sufrimiento, y estarás más abierto a la alegría.

Técnica 4: la técnica abarcadora: el perdón

En 1993, el adolescente estadunidense Oshea Israel mató a tiros a su compañero Laramiun Byrd en una fiesta. Durante los años posteriores, la madre de Laramiun, Mary Johnson, se llenó de intenso odio hacia Oshea. Como el odio le arruinó la vida, tuvo la intención de perdonarlo. Finalmente, después de 12 años, tuvo el valor de visitar a Oshea en la cárcel. Fue un encuentro emotivo. Oshea se mostró arrepentido, y Mary Johnson lo perdonó en el acto. Los dos se abrazaron en una expresión de profunda tristeza. Más tarde, Mary describió que su odio se había desvanecido de repente. Después de su encuentro, se mantuvo en contacto con Oshea y entablaron una amistad tan fuerte que Oshea se fue a vivir al lado de Mary después de su liberación; ahora ella lo trata como un hijo adoptivo.

Éste es un ejemplo extremo y casi parece una fábula moderna o una película de terror: ¿por qué querrías perdonar al asesino de tu hijo? Incluso cuando las ofensas o comportamientos son mucho menos graves (robar, mentir, tener una relación extramatrimonial), la gente se pregunta qué sentido tiene el perdón. Hay numerosos estudios que demuestran que las personas que perdonan están menos enojadas, deprimidas, hostiles, ansiosas o neuróticas. Experimentan un mayor bienestar, felicidad y salud y son más compasivas.[15] También parece que los hombres tienden a aferrarse al resentimiento y venganza por más tiempo.[16] Lectores masculinos: ¡esto significa que ustedes deben practicar más el entrenamiento!

Perdonar es la mejor forma de interés propio.
DESMOND TUTU

Con frecuencia se usan las siguientes tres razones o excusas para evitar perdonar a alguien (o a uno mismo). La objeción a cada razón aparece en cursiva:

1. El otro no merece ser perdonado: tu odio es parte de su castigo. Odiar es como gritar al viento: no le llega al otro, *sólo vuelve ronca tu voz.*
2. Si perdono a alguien, significa que apruebo su comportamiento. *En esto radica un gran malentendido del perdón, porque se perdona a la persona, no a su comportamiento.*

3. Si perdono a otra persona, significa que nos hemos reconcilia-
do y que le he permitido entrar en mi vida. *Si crees que el contacto continuo con otra persona no es deseable, perdonar y mantener
la distancia son compatibles. Mantén la distancia sin guardar resentimiento y con buena voluntad hacia la otra persona.*

Nelson Mandela sigue siendo un modelo del poder del perdón.
Practicó el concepto humanista africano de Ubuntu: "Yo soy porque
nosotros somos". Mandela creía que nuestra existencia se debe a la
interconexión. Después de casi 30 años de prisión, eligió el perdón
en lugar de la venganza, dando los primeros pasos en el camino del
apartheid hacia una sociedad solidaria.

Si te sientes abrumado por el extraordinario sentido del perdón
de Nelson Mandela (¿cómo estar a su altura?), úsalo como una fuente de inspiración para perdonar al conductor que te cerró el paso o
al colaborador que te ha decepcionado en un trabajo. Si queremos
prosperar como sociedad, el perdón debe formar parte de nuestras
instituciones y leyes. Pero empieza por ti mismo, en tu mundo real.

ABDOMINAL MENTAL

Lee el periódico (o tu tableta) y escanea los titulares que te hacen
enojar. Conecta con tu ira. Comprueba si hay otras emociones
subyacentes, por ejemplo, el temor a que el mundo se acabe,
o la tristeza por todo el sufrimiento que hay en el mundo. A
continuación, conecta con tu yo compasivo y con el deseo de aliviar
el dolor, y actúa. ¿Cómo se siente?

PERDONARTE A TI MISMO

Después de un comentario sarcástico o de una acción tonta, es posible que quieras esconderte detrás de una excusa como: "Lo siento, pero no era yo" o "No sé qué me pasó", lo que significa que no te

estás permitiendo perdonarte. Estás negando a tu yo, que tenía sus propias razones para hablar o actuar de esa manera. Y cuanto más tiempo niegues a tu yo culpable, más fuerte gritará para que le prestes atención. La negación es una forma de resistencia y provoca que tu yo culpable crezca, en lugar de desaparecer. La autocompasión te ayuda a perdonarte y a aceptarte por completo.

PERDONAR A OTROS

La compasión por ti mismo es el primer paso para perdonar a los demás. Así, sueltas la ira que ya no te sirve. A continuación, utiliza las técnicas anteriores para ponerte en el lugar de la otra persona: "como yo", ver cosas buenas en los demás (qué puedo aprender) y desearle lo mejor a los demás (entrenamiento de la intención). ¿Cómo sabes que has perdonado a alguien? Perdonar a alguien sin emoción suele ser una estrategia de represión. ¿Todavía te sientes como si estuvieras aferrado a los sentimientos de venganza y odio, o las emociones suaves del sistema calmante (como la calma, la calidez, la tristeza, la decepción, la satisfacción) están ganando poco a poco la partida? El perdón no se puede forzar, tómate tu tiempo.

Perdonar significa renunciar a toda esperanza
de un pasado mejor.
VARIOS

Todas las técnicas de autocompasión y por los demás confluyen en el perdón. Conecta con tu ira, el dolor subyacente y las necesidades insatisfechas para perdonar a los demás o a ti mismo. Así comienza el proceso de liberar el resentimiento o la ira a la cual ya no deseas servir. El perdón no sólo es bueno para tu propio bienestar (como se ha demostrado científicamente), sino que también te obliga a pensar en términos de "nosotros". Si no te identificas con la perspectiva de la otra persona, es imposible desechar la frialdad que sientes hacia el "perpetrador" al que debes perdonar. Comúnmente, su comportamiento perjudicial es causado por la ignorancia y la inconsciencia. Sólo si comprendes y empatizas con esta situación, el perdón tiene una oportunidad.

ENTRENAMIENTO

Esta semana, el dolor en las relaciones es el protagonista. Como en las semanas anteriores, practica un entrenamiento ligero siempre que se produzcan situaciones apropiadas durante el día. Sin importar cómo lo practiques, hace falta valor para sortear el automatismo de evitar el dolor. "No tengo ganas", suele significar: "Ay, no, eso da miedo". No te rindas, pero aférrate a la idea de que, en la parte 3 del libro, que se centra en la felicidad, trabajarás para que tus relaciones prosperen. Recuerda los clichés: "Si no hay dolor, no hay ganancia", "Después de la tormenta viene la calma" y "No se logra el éxito sin sudor y lágrimas", etcétera. ¡Son clichés por una razón!

▮▯▯ LIGERO

Esta semana elige uno o dos de los cinco ejercicios siguientes. Selecciona los que más te llamen la atención, los que se adapten a ti (o a tu situación).

EJERCICIO 1: DE LA EMPATÍA A LA COMPASIÓN

Durante el día, toma nota de las situaciones en las que te centras empáticamente en el dolor de alguien. A continuación, haz un cambio consciente para ofrecer compasión. Primero reconoce compasivamente el dolor que experimentas tú mismo al ver el dolor de la otra persona; luego centra tu compasión en ella. Utiliza las técnicas que aprendiste en las semanas 5 y 6 y en la última abdominal mental, y practica extender la compasión hacia las personas difíciles.

EJERCICIO 2: DETECTAR LA VERGÜENZA

Durante el día, busca sentimientos de vergüenza o piensa en un momento vergonzoso de tu pasado. A continuación, concéntrate en su experiencia física y registra tu principio central negativo ("No tengo

esperanza", "Me falta tener tacto", "Seguro piensa que soy muy estúpido", o algo parecido). A continuación, aborda de forma compasiva
el dolor que surge, activando el sistema calmante. Recuerda que la
vergüenza es una emoción universal que nos une a todos.

EJERCICIO 3: DETECTAR LA IRA

Durante el día, fíjate en los momentos en los que sientes ira. Es posible que también recuerdes una situación de tu pasado. Concéntrate en el dolor con compasión y practica los cinco pasos que aparecen
en este capítulo para lidiar con la ira.

EJERCICIO 4: ABRIRTE A PERSONAS NEUTRALES Y DIFÍCILES

Sé consciente de no distanciarte de los demás ni condenarlos. Toma
la decisión consciente de ver a la persona en su totalidad. ¿Qué le
hace ser una persona maravillosa? ¿Qué aprecias en ella? ¿Qué recuerdos cálidos tienes de ella? ¿Qué respetas de esa persona? A continuación, intenta ampliar el círculo de la compasión utilizando las
técnicas del calentamiento:

- ¿Qué puedes aprender de ella?
- La técnica "Él es como yo porque...".
- La técnica de las intenciones amables.

EJERCICIO 5: AUTOCOMPASIÓN ACTIVA

Utiliza la compasión activa ante el sufrimiento de otra persona: si
ves a un indigente durmiendo en una banca, un amigo angustiado
te habla de su padre enfermo, un colega te cuenta sobre su divor-
cio..., inhala el dolor y envíale energía positiva al exhalar. Utiliza tu
imaginación (sensorial): inhala el dolor frío y exhala la tranquilidad cálida. O si tu sensación de dolor es cálida, inspira el dolor cálido y expulsa la tranquilidad fría. Inhala aire contaminado y exhala
aire puro. No importa la metáfora que elijas, mientras te sirva. Así

permites y aceptas la entrada de lo indeseable y compartes lo valioso con los demás.

ıl MEDIO

EXTENSIÓN DEL ENTRENAMIENTO LIGERO ¿Esta semana te gustaría hacer algún ejercicio adicional para perfeccionar tu poder de compasión? Si es así, practica cada día el entrenamiento de intenciones para una persona neutral y una persona difícil. Comienza este entrenamiento de intención sólo si lo has procesado por completo para un ser querido y para ti mismo. Si no ha funcionado todavía, sigue trabajando en el entrenamiento de intenciones de las semanas 5 y 6.

🎧 *Pista de audio 9. Entrenamiento de intención para una persona neutral y una persona difícil*

ıl INTENSO

EXTENSIÓN DEL ENTRENAMIENTO LIGERO + MEDIO Si quieres hacer un entrenamiento intensivo para un ser querido y para ti mismo sigue con el entrenamiento de intención para una persona neutral y una persona difícil cada día.

🎧 *Pista de audio 8. Entrenamiento de intención para un ser querido y para ti mismo*

🎧 *Pista de audio 9. Entrenamiento de intención para una persona neutral y una persona difícil*

🎧 *Puedes descargar las pistas de audio en 12weekmindworkout.com/ spanish*

ENFRIAMIENTO

¿Cómo te va? Tal vez estés bien encaminado en tu entrenamiento de compasión: comprendes mejor a los demás, eres más valiente a la hora de mostrar tu vulnerabilidad y parece que tus seres queridos son más receptivos a tus necesidades. Quizás hayas experimentado el alivio de dejar de lado la ira inútil y que hayas visto cómo una actitud alegre puede ser contagiosa. Pero tal vez también notaste lo difícil y frustrante que puede ser el entrenamiento de la compasión. Como sucede con cualquier formación (por ejemplo, un curso de arte o de tenis), la tercera lección (o semana) suele ser el mayor obstáculo. El entusiasmo inicial por algo nuevo se ha apagado un poco, incluyendo tu tolerancia, por si aún no te has dado cuenta. Estás molesto con tu desorden en el lienzo de la pintura o impaciente porque aún no logras un saque de la forma correcta. En el entrenamiento de la compasión, te irrita que por el momento "sólo" puedes manejar la autocompasión y por lo tanto piensas que eres egoísta. En otras palabras, eres "conscientemente incompetente".

Es posible que vuelvas accidentalmente a presentar antiguos comportamientos "inapropiados": has notado tu tendencia a juzgar o condenar a los demás, o bien distanciarte. Es posible que, por mucho que lo intentes, sigas aferrándote a algún resentimiento, miedo o amargura. Si estos pensamientos y sentimientos siguen presentes, date cuenta de que han aparecido porque estás trabajando en tu propia vulnerabilidad. Tus mecanismos de protección intentan ayudarte a sobrevivir, aunque sea con torpeza, gritando: "¡Quédate con lo de siempre! El cambio aterra".

¿Recuerdas la "corriente de retorno"? Si no te has concedido a ti mismo suficiente compasión durante toda tu vida, la compasión puede resultar bastante desagradable al principio: tu sistema de amenazas se pone en marcha debido a este repentino y desconocido gesto de calidez. Además, el entrenamiento de la compasión te abre al dolor que antes habías ocultado.

En definitiva, es posible que quieras abandonar el entrenamiento de la compasión. Si es así, recuerda que todas estas formas de resistencia (la frustración, la ira, la inclinación a renunciar) forman parte del proceso. Hay movimiento y es desagradable, como los músculos adoloridos después de la clase de tenis, pero el dolor no durará. Además, es un signo de sanación y fortalecimiento. Dale la bienvenida a tus signos de resistencia y obsérvalos sin juzgarlos. Y, sobre todo, sigue practicando.

Pregúntate si has logrado algo de lo siguiente en la semana 7:

- ¿Eres consciente si respondes con empatía al dolor cuando te relacionas con los demás?
- ¿Puedes responder con compasión? ¿Eres capaz de tratar tu vergüenza con compasión?
- ¿Puedes descubrir las necesidades insatisfechas que se esconden detrás de las emociones difíciles (ira) y de reconocer que tal vez ahora puedes satisfacerlas tú mismo?
- ¿Has ampliado tu círculo de simpatía a personas neutrales y difíciles, a través del entrenamiento de intenciones amables "él es como yo porque...", con compasión y perdón activos?

Ten compasión por todas las personas que conozcas, aunque no lo quieran. Lo que parece mala educación, mal humor o cinismo es siempre un signo de cosas que no han sido escuchadas ni vistas. No se sabe qué guerras se libran ahí, donde el espíritu se une a la carne.
MILLER WILLIAMS

SEMANA

08

COMUNICACIÓN
COMPASIVA

Si crees que eres demasiado pequeño para marcar la diferencia, no has pasado una noche con un mosquito.

ANÓNIMO

Esta última semana de la formación en compasión consiste en transmitir y consolidar. La semana pasada vimos cómo el modo en que te presentas, te comportas y te relacionas con los demás tiene un impacto directo e indirecto en quienes te rodean. Tu sonrisa de esta mañana podría tener un impacto de una semana, un mes o incluso un año. Tu enfoque compasivo podría ser asumido por tus vecinos, familiares, colegas e incluso personas más allá de tu propio círculo. Por lo tanto, una de tus principales herramientas es la forma en que te comunicas.

CALENTAMIENTO

Un joven camina por la playa. Mientras avanza hacia el mar, se sorprende al ver cientos, quizá miles, de estrellas de mar arrastradas por la corriente. Las criaturas están muriendo lentamente bajo el sol abrasador. El joven recoge una. Echa un vistazo a la criatura y la devuelve al mar. Recoge una segunda estrella y la devuelve al agua. Un anciano se detiene y observa la escena con asombro. Se acerca al joven y le pregunta:

—¿Qué estás haciendo?

El joven responde:

—Cuando veo una estrella de mar viva, la devuelvo al mar.

El anciano pregunta:

—¿Qué te pasa? ¿Por qué demonios haces eso? Hay miles de ellas.

El joven sigue buscando y encuentra otra estrella de mar viva. Dice:

—Quizás a todas las demás estrellas de mar les da igual, pero para ésta sí hace la diferencia —el joven estira el brazo y lanza la criatura marina lo más lejos posible.

La compasión es una herramienta poderosa. No sólo tiene la capacidad de cambiar tu vida, sino también la vida de los demás. La compasión comienza con el individuo, pero llega mucho más lejos. El siguiente paso debe ser la acción. Porque sólo pensar en la compasión es como hacer deporte sólo en tu mente: no mejora tu forma física.

Hasta que conviertes tu intención compasiva en acción, ésta se integra en tus actividades diarias. ¿Y cuál es tu actividad principal, la herramienta que despliegas cada día, sin importar cómo? Es la comunicación.

COMUNICACIÓN COMPASIVA

En las semanas anteriores ya hemos analizado el poder del lenguaje y la comunicación, incluyendo la comunicación con atención; el uso del cuarto de segundo mágico para evitar hacer un juicio demasiado apresurado; PENSAR; la escucha generativa; el poder del lenguaje y la voz, y el uso de palabras como *permitir*, *conceder* y *ayudar* en lugar de *exigir*, *deber* y *esperar*. Esta semana vas a dar el siguiente paso en la comunicación compasiva, la cual pretende aliviar el dolor en las relaciones. La comunicación tiene dos caras: el envío y la recepción de mensajes. ¿Cuáles son las trampas en la comunicación y cómo evitarlas con compasión?

DIRIGIRTE COMPASIVAMENTE

Es maravilloso hablar con los demás, pero el chisme también puede destruir: a veces tu comunicación puede hacer daño a los demás. Comúnmente, esto sucede de forma involuntaria (una elección torpe de las palabras) y a veces de forma maliciosa, como decirle un comentario sarcástico a tu pareja, contar un chisme jugoso o decirle un comentario envidioso a un amigo. La plática, que casi siempre es una charla inofensiva, puede convertirse en habladuría (transmitir asuntos ajenos de forma indiscriminada), sobre todo cuando debemos transmitir noticias malas o difíciles.

MENTIR Y DISIMULAR

No nos gusta ser portadores de malas noticias. Con frecuencia utilizamos una de estas dos técnicas: decimos una mentira piadosa o pasamos por alto lo que decimos.

REVELACIÓN

En promedio mentimos de una a tres veces al día,[1] y los hombres lo hacen con más frecuencia que las mujeres. Decimos: "Ese vestido te sienta muy bien", mientras pensamos: "¡Es horrible!", "¡Mi examen ha ido muy bien, mamá!" (pero te fue mal). O a tu pareja: "De ninguna manera tendría una aventura", cuando estás a punto de enviarle un mensaje sexy a tu amante.

Si optamos por transmitir el mensaje desagradable, a menudo lo disimulamos, como lo haría un directivo con el empleado que no obtuvo el ascenso: "Estoy seguro de que eres el siguiente en la lista", le dice, aunque sabe que las posibilidades son mínimas. Ciertamente, mentir y pasar por alto algo no es la forma correcta de dar malas noticias o hacer comentarios negativos. Son soluciones a corto plazo. O la verdad sale a la luz de otra manera, o tendrás que decir la verdad más adelante. Además, mentir es desagradable.

Quizá sea fácil tergiversar las palabras, pero el cuerpo revela el verdadero mensaje de todos modos (miras hacia otro lado, te sonrojas, tamborileas con los dedos). La comunicación es en gran medida no verbal, y abarca la expresión facial, la voz y la postura corporal. Si tu lenguaje corporal no es coherente con tus palabras, tú y la otra persona sentirán que algo no está bien: sin poder precisarlo, percibirán que algo no concuerda. ¿Y qué hay de ti? Te sientes culpable y con un nudo en el estómago; te condenas por haber dicho una mentira.

EL TRUCO DE SHIRAZ

Si quieres dejar de chismear, mentir, hablar mal de los demás o pasar por alto la verdad, prueba el siguiente truco desarrollado por la formadora en comunicación Shiraz Khan. Imagina que tus conversaciones se graban con una cámara para mostrarlas en una fiesta con todos tus seres queridos y personas a las que respetas, desde tu profesor de guardería favorito hasta Gandhi, desde tu madre hasta Elon Musk. Al imaginar a un público al que aprecias y que te juzgará por tus defectos, te resultará más fácil comunicarte de la forma más honesta, objetiva y justa posible. Es menos probable que seas despectivo y más probable que seas amable y veraz.

Piensa en situaciones en las que tiendes a mentir con frecuencia, a olvidarte temporalmente de tu integridad o a pasarte de la raya. Y luego imagina que la conversación se graba con cámaras ocultas para mostrársela a personas importantes para ti. ¿Cuáles son tus sentimientos? ¿Qué hay en tu mente? ¿Vergüenza, confusión, dolor? Si esta situación se repite, piensa en el truco de Shiraz.

HABLAR COMPASIVAMENTE

Acabas de pensar en las situaciones en las que habitualmente hablas mal de los demás o mientes. Ahora quieres cambiar tu enfoque. ¿Cómo lograrlo (además de aplicar el truco de Shiraz)? ¿Cómo vas a decir la verdad de forma amable?

Lo has adivinado... hablando con compasión. Es la forma de transmitir un mensaje, no de soltarlo. Hablar con compasión significa decir la verdad (en este caso, tu verdad) y hacerlo de forma inofensiva y constructiva, aunque el mensaje no sea agradable. Imagina que tienes una empresa y debes despedir a algunos empleados. Si lo haces de forma compasiva, actúas desde el sistema calmante. Eres consciente del dolor que pueden sentir tus empleados al ser despedidos, incluido tu propio dolor. Tu atención se centra en cómo satisfacer sus necesidades y en cómo apoyarlos en este doloroso momento.

LA FÓRMULA DE ROSENBERG

Como ya has leído en la semana 6, un mismo mensaje puede transmitirse de muchas maneras, dependiendo de las palabras que elijas y de tu tono de voz. Entonces, ¿cómo asegurarte de que un mensaje difícil se entienda de la forma prevista? El psicólogo estadunidense

Marshall Rosenberg, creador del proceso conocido como Comunicación no violenta, postuló que una respuesta adecuada a esta situación se articula mediante la siguiente fórmula.

"Cuando ocurre X, siento Y porque necesito Z."

Por poner un ejemplo, cuando ocurre algo (X) que yo percibo objetivamente, respondo con emociones como la ira, la ansiedad o el miedo al rechazo (Y), porque tengo una necesidad más profunda que motiva esa respuesta emocional (Z). Por ejemplo, que me critiquen menos o que me valoren más.

Esta capacidad de explicar tu reacción provocará un comportamiento menos defensivo en los demás, facilitará que los otros sean receptivos a tus deseos y, al mismo tiempo, te darás a ti mismo una idea más clara de lo que quieres lograr.

Te daré un ejemplo concreto. Jim gozaba de un buen estatus social, era bastante extrovertido y era muy bueno en su trabajo. Su jefa, Linda, lo elogiaba todo el tiempo. Eso era maravilloso, pero hacía más difícil que Jim le dijera la verdad: ya no disfrutaba de su trabajo y quería renunciar. Cuando reunió el valor para decírselo, ella se distanció de él. Tanto sus expresiones faciales como su comportamiento expresaban el enojo que sentía.

De inmediato Jim se sintió inclinado a mitigar la situación y pensó: "Tal vez podría trabajar medio tiempo, no es *tan* malo". Pero se recordó a sí mismo que el alivio a corto plazo (una conversación agradable) tendría poco impacto en contraste con el efecto óptimo del alivio a largo plazo (disfrutar de un nuevo trabajo). Así que se mantuvo firme.

La fórmula de Rosenberg le resultó muy útil: "Cuando te dije hace un momento que quería dejar este trabajo, vi que te distanciaste de mí dándome la espalda. No estoy acostumbrado a la forma brusca en que me hablaste (X). Me ha hecho sentir inseguro y me ha provocado un sentimiento de culpa (Y), porque realmente quiero que me apoyes en mi decisión (Z)".

Al principio, Linda se sintió desconcertada por sus observaciones y sentimientos, pero apreció su mensaje honesto y autónomo. Le explicó que estaba decepcionada porque había sido un buen empleado. Pero también le dijo que le deseaba lo mejor. Al final, Linda y Jim se separaron en buenos términos, y Jim empezó a recibir formación como mediador. Ahora ayuda a otras personas a mantener conversaciones difíciles.

LENGUAJE CORPORAL

Si necesitas tener una conversación difícil, como Jim, deja que hablen tus sentimientos y tus necesidades subyacentes. Permite que tu cuerpo te ayude. Así, si quieres decir algo con compasión, no cruces los brazos sino mantén una postura abierta. Relaja los músculos faciales. Y, si quieres ser más asertivo, echa los hombros suavemente hacia atrás. Así, tu mente seguirá a tu cuerpo.[2]

ABDOMINAL MENTAL

¿Qué hace que un mensaje sea difícil de transmitir para ti? ¿Cuál es el miedo que te impide dar el mensaje? Y si lo hicieras, ¿en qué te beneficiaría? Sé amable y no te obligues a dar el paso de inmediato, sino permítete sentirte motivado por tu intención compasiva.

RITMO

Además del método de entrega del mensaje, el momento en que lo hagas también es esencial. El primer día después de la incapacidad por maternidad, tal vez no sea prudente plantarte ante tu jefe para pedir un aumento de sueldo. El momento adecuado es un proceso intuitivo, pero a veces el miedo causa estragos y eliges por impulso el momento equivocado, como cuando les dices a tus padres en el funeral de tu abuela que quieres dejar los estudios, porque ya no aguantas más. Aquí es cuando entra en juego la atención (el entrenamiento). Te ayuda a prestar menos atención a estos impulsos y a escuchar primero tu propia sabiduría.

En conclusión: las cosas más difíciles de decir suelen ser las más valiosas. Y esto no sólo se aplica a los mensajes desagradables o difíciles, los mensajes positivos también te vuelven vulnerable, por lo que se necesita valor para transmitirlos. Una frase tan sencilla como "te quiero", comúnmente sólo se dice en el lecho de muerte. O peor aún: sólo se dice en un funeral.

RECIBIR COMPASIVAMENTE

La formación en materia de comunicación suele abordar las normas de retroalimentación. Es curioso que sólo se centran en cómo dar retroalimentación y no en cómo recibirla. Esto es tan inútil como si un entrenador de tenis sólo te enseñe a sacar, pero no a recibir la pelota. No sólo es complicado transmitir mensajes difíciles, sino que recibirlos también es un reto. Las dos cosas son esenciales si dos o más personas quieren interactuar de forma constructiva.

LIDIAR CON LA RETROALIMENTACIÓN

Si tu pareja te dice que te exaltas con facilidad, es difícil no responder protestando: "¡Yo no grito!". En la parte 1 aprendiste a registrar tus pensamientos y sentimientos con atención abierta y a no seguir tu primer impulso de inmediato. El entrenamiento en compasión te ayuda a calmarte cuando sientes dolor y te hace receptivo al sufrimiento de los demás. Te das cuenta de que tu compañero se muerde las uñas por tu comportamiento (negligente), y haces todo lo posible por aliviar la situación, sin importar si crees que sus críticas están justificadas. Sólo cuando tus ojos estén fijos en el jugador de tenis que está sirviendo podrás devolver ese saque tan letal. Sólo si estás preparado para recibir críticas negativas podrás determinar su valor y cómo afrontarlas. Practicando la compasión, desarrollarás la fuerza suficiente para afrontar el dolor y el malestar. Sólo cuando admitas que eres imperfecto estarás abierto a la retroalimentación, a la mejora y al desarrollo, en lugar de limitarte a proteger la imagen que tienes de ti mismo.

ABDOMINAL MENTAL

Piensa en la ocasión más reciente en la que hayas recibido un mensaje difícil. ¿Cuál fue tu primer impulso? ¿Le dijiste de inmediato a la otra persona que se fuera? Si es así, ¿qué sintió? ¿Cuál fue el impacto en su relación? ¿O estabas preparado para recibir realmente la respuesta? ¿Cómo te sentiste? ¿Cuál fue el impacto de eso en tu relación?

La próxima vez que recibas un comentario (no sólo relacionado con el trabajo, sino también en situaciones más personales, al estilo: "Me pareció que fuiste grosero/indulgente/antisocial"), formúlate preguntas como: "¿Cómo te diste cuenta de mi comportamiento?", "¿Cómo te afectó?" y "¿Podrías sugerirme una mejor manera de responder?". Si notas que surgen sentimientos y pensamientos dolorosos, trátalos con compasión (por ejemplo, usando la pausa de autocompasión). También concéntrate en tus sensaciones físicas. Mientras tanto, sé receptivo al mensaje de la otra persona, incluso si lo transmite con cierta torpeza. Es una lástima que el mensaje se pierda por la forma en que se dice, porque no estás preparado para aceptar la retroalimentación o porque piensas: "¿Quién se cree que es? ¿Cómo se atreve?".

ABDOMINAL MENTAL

> Busca en tu agenda cuándo podrías esperar una crítica formal (por ejemplo, la entrevista para una evaluación, o la opinión sobre un proyecto o una presentación). ¿Qué tipo de preguntas profundas podrías plantear para analizar la crítica?

En conclusión, tal vez aceptar los comentarios te provoque menos temor si tú eres el jefe. Por supuesto, siempre puedes decidir aceptar la crítica con un agradecimiento y, después de considerarla con detenimiento, dejarla de lado.

EVITA LA RUTA DEL CONSEJO

Puede ser estupendo deleitarse con la miseria de los demás. Al menos, cuando ésta no nos involucra directamente (en un chisme, en una película o en un artículo de periódico) y estamos cómodamente estirados en el sofá comiendo palomitas. Pero, por lo general, si se trata de un contacto real e inmediato, preferimos evitar el dolor ajeno. Tal vez lo reconozcas: ante la miseria de otras personas, eres propenso a cambiar de tema o incluso a evitar hablar con ellas. Serías capaz de esconderte detrás de un coche cuando tu vecino con una enfermedad terminal va caminando por la calle.

Otro estilo de mecanismo muy conocido para rechazar ese dolor empático es la "ruta del consejo". Si tiendes a dar consejos para apoyar activamente a los demás, por supuesto que es muy útil, pero ten en cuenta que, por lo regular, tiene su origen en el deseo de minimizar tus propios sentimientos de malestar. Hace falta valor y resistencia para escuchar con compasión el dolor de alguien sin tomar la salida fácil de inmediato: "Bueno, si yo fuera tú...".

El psicólogo estadunidense Carl Rogers describió la evolución de su enfoque de los pacientes a lo largo de los años: antes se preguntaba cómo tratarlos y curarlos, y después reflexionaba sobre cómo establecer una relación con ellos que les ayudara a crecer a nivel personal.

La gente realmente quiere ser comprendida. A veces basta con estar presente escuchando en silencio, sin ofrecer "consejos útiles". Si eres capaz de tolerar compasivamente el dolor y el malestar, tendrás una mayor capacidad de escucha. Hará que la otra persona se sienta escuchada y reconocida. Y el resultado es que esa persona se dará su propio consejo. Por lo general, ya tiene la respuesta y sólo necesita ser escuchada y experimentada por un oído atento.

LOS CUATRO COMPAÑEROS DE VIDA

Además de la compasión, hay otras tres fuerzas igual de importantes: la amabilidad, la alegría comprensiva y la equidad. Estos cuatro "compañeros de vida" se equilibran entre sí. Puedes utilizar la compasión, la amabilidad, la ecuanimidad y la alegría comprensiva decidiendo lo que se necesita para cada situación y cada persona. Cada "clima" requiere un enfoque diferente: la compasión cuando hay temperaturas bajo cero y tormentas, la alegría comprensiva cuando hace sol, la bondad cuando hay algunas nubes y la ecuanimidad durante el cambio de estaciones.

Tabla 8.1. Los cuatro compañeros de vida

COMPAÑERO	CARACTERÍSTICA	CAUSA DIRECTA	EFECTO BENÉFICO EN EL CASO DE...	TRAMPA
Amistad (nubes ligeras y un sol débil)	El deseo y la voluntad de promover el bienestar	La conciencia del bien y el deseo de ser feliz	Odio, aversión	Sentimentalismo y apego

COMPAÑERO	CARACTERÍSTICA	CAUSA DIRECTA	EFECTO BENÉFICO EN EL CASO DE...	TRAMPA
Compasión (cuando hay tormenta)	El deseo y la voluntad de aliviar el sufrimiento	La sensación de sufrimiento y dolor	Crueldad, regocijo	Piedad, implicación excesiva, mal humor
Alegría comprensiva (cuando brilla el sol)	Alegría por el éxito y la felicidad	La sensación de prosperidad	Celos, envidia	Pretensión, afectación o euforia excesiva
La ecuanimidad (durante un cambio en el clima)	Aportar equilibrio interior	La sensación de desequilibrio	Implicación excesiva, orgullo o inferencia, preferencia o aversión excesiva, fanatismo	Indiferencia

Fuente: "De vier levensvrienden" [Cuatro amigos de toda la vida], en Frits Koster y Erik van den Brink, *Compassie in je leven* [Compasión en tu vida] (Boom, 2019).

Cada situación requiere una fuerza diferente. Si no aplicas la correcta o no la cambias a tiempo, puedes caer en una de las trampas de la cuarta columna. La trampa asociada con la amabilidad es centrarse demasiado en las cosas agradables de la vida. Por ejemplo, a tu pareja, que no tiene nada de qué preocuparse pero quiere quejarse, le dices: "Anímate, después de todo tienes una casa maravillosa/ingresos muy buenos/tu madre goza de buena salud", y así sucesivamente, y al hacerlo no le dejas espacio para experimentar las nubes de su vida, por muy ligeras que te parezcan.

La trampa asociada a la compasión es enfocarte en los sentimientos de lástima y melancolía, lo que te hace perder de vista la verdadera compasión. Entonces es el momento de cambiar a otro compañero de vida, por ejemplo la ecuanimidad ("Es lo que hay") y permitirse recargar energías.

La trampa de la alegría comprensiva es involucrarse demasiado en la felicidad de los demás. Esto sucede, por ejemplo, con la obsesiva "madre porrista" que planea toda su vida en torno a su hijo, un talentoso jugador de futbol, animándolo en todo momento. También en este caso, una transición a la ecuanimidad podría ser sabia, permitiéndole darse cuenta de que todo es transitorio y su influencia es limitada. Esto es exactamente lo que hacen los padres amorosos cuando un hijo deja el nido. Saben que su hijo cometerá errores dolorosos, pero es responsable de sus propias decisiones. Sin embargo, si llevan esto demasiado lejos, su ecuanimidad se convierte en indiferencia. Entonces puede ser el momento de cambiar de compañero de vida, y la elección correcta depende del "pronóstico del clima": la situación particular de su hijo.

ABDOMINAL MENTAL

Éste es un ejercicio de ecuanimidad. Piensa en un ser querido, alguien a quien desde hace tiempo quieres ayudarle a cambiar por su propio bien, pero sin éxito. Conecta con sus emociones y su posible dolor. A continuación, repite para ti las siguientes frases: "Todo el mundo crea su propia historia de vida. Yo no soy la causa del sufrimiento. Puedo ayudar, pero no puedo tomar decisiones por él. Espero que él y yo mantengamos un equilibrio a través de los altibajos de la vida". Si hay otras palabras que te funcionen mejor, utilízalas, siempre y cuando aporten calma y aceptación ante las vicisitudes de la vida.

Hay otra forma de pedir ayuda a los cuatro compañeros de vida. Los procesos internos destructivos en los que la amabilidad, la compasión, la alegría comprensiva y la ecuanimidad ayudan se enumeran en la columna tres de la tabla. ¿Te molesta realmente? Entonces céntrate en lo que aprecias en él: sé amable y deséale lo mejor. Si te descubres regodeándote en el fracaso empresarial de tu exitoso cuñado, date cuenta de que está sufriendo y deséale alivio: éste es el efecto saludable de la compasión. El tercer compañero, la alegría comprensiva, puede aplicarse cuando te sientes celoso por el nuevo amor de un amigo. Alégrate por ellos y comparte su éxito y felicidad. Por último, si estás triste porque tus vacaciones están a punto de terminar, deséate ecuanimidad.

SOCIEDAD COMPASIVA

Volvamos al meollo de la cuestión, nuestro deseo de vivir una vida compasiva, el tema de esta segunda parte. Como ya he dicho, mostrar compasión por los demás no significa tenerla sólo por aquellos a quienes quieres. También se aplica a tus vecinos, a tus colegas, al jardinero, al empleado del call center, al policía, a las personas que no te caen bien y, finalmente, a las personas que no conoces o que nunca conocerás. Se aplica "incluso" a la naturaleza y a los animales, desde un elefante hasta una hormiga.

El defensor del clima y actor Leonardo DiCaprio está de acuerdo con esto. En su documental sobre el cambio climático *Before the Flood*, utiliza el cuadro *El jardín de las delicias*, del neerlandés Hieronymus Bosch (un tríptico que representa el Paraíso, los Siete Pecados Capitales y el Infierno con un detalle fantástico) como metáfora de la forma en que los seres humanos se han relacionado, se relacionan y se relacionarán con su entorno. La humanidad ha entrado en la segunda etapa, los Siete Pecados Capitales, y si no detenemos nuestras tendencias destructivas, nuestra adicción a la autocomplacencia y el materialismo, DiCaprio (y la ciencia) dice que vamos en camino hacia la tercera etapa, el Infierno.

COMETER UN ERROR

La escasez de recursos (que no conocemos en la sociedad occidental desde hace siglos) nos ha programado para ser recolectores. Esta mentalidad de "tener, tener y tener" está en nuestra sangre, forma parte de nuestro mecanismo de supervivencia. La tecnología es la amenaza que facilita nuestra tendencia a acumular.

Por ejemplo, la industria de la moda rápida produce 1,500 millones de prendas al año, muchas de las cuales se tiran la temporada siguiente, porque por supuesto ya pasaron de moda. Los adultos y su ropa son como los niños con sus juguetes. Cada día tiramos más de lo que pensamos: por cada bote de basura que llenamos cada semana, podríamos llenar otros 70 con todos los recursos necesarios para producir estos artículos.[3]

La codicia humana tiene consecuencias desastrosas. En primer lugar, hay una brecha cada vez mayor entre ricos y pobres: 1% de la población mundial posee más que el resto de la población mundial junta, y esta división, debido a toda nuestra codicia, está cada vez más sesgada.[4] Mil quinientos millones de personas viven en la pobreza extrema;[5] cada día 1,000 millones de personas no tienen lo suficiente para comer.[6] Y no debemos olvidar el impacto indirecto en la salud y la educación (o la falta de ella).

Pero la madre naturaleza también sufre: 90% de las principales especies de peces se han extinguido, y a finales del siglo XXI, un tercio de todos los mamíferos y anfibios estarán en peligro de extinción.[7] Los seres humanos hemos talado más de la mitad de todos los bosques, y la predicción es que dentro de 30 años, si seguimos igual, sólo conoceremos la selva tropical por fotos e historias.[8]

Debido a nuestro consumo imprudente de combustibles fósiles

y fertilizantes, la ganadería extensiva y el consumo excesivo de carne, la Tierra se está calentando. Antes de que digas: "No puede ser tan malo", debes saber que 97% de los científicos del clima dice que la humanidad debe cambiar su estilo de vida pronto o el daño será irreversible (el 3% que lo niega suele estar respaldado por corporaciones que tienen intereses invertidos en que no sea "tan malo"). Y ni siquiera la tecnología nos salvará de semejante desastre.

¿QUÉ HACER AL RESPECTO?

¿Por qué este repentino desvarío? Sólo para ilustrar lo mal que están las cosas y, lo que es peor, que la mayoría de nosotros estamos atontados ante la realidad de la situación (es decir, sin compasión). *Sí, sí, sí, lo sé. Es terrible, pero ¿qué hacer al respecto?* Y luego van a una tienda de ropa barata a comprar un juguete de plástico para su hijo o sobrino. Quizá tú tampoco estés de humor para tanta preocupación y sentimiento de culpa, o prefieres mirar a otro lado. Pero tarde o temprano...

"¿Por qué debería preocuparme por las generaciones futuras? ¿Qué han hecho ellos por mí?", preguntaba Groucho Marx. Es un chiste, pero contiene un toque de verdad. El fenómeno del "ventajoso" es precisamente la razón por la que se ha producido la emergencia climática y medioambiental. Es como el argumento de que si cambias tu comportamiento serás sólo una gota en el océano, así que, ¿de qué sirve? Aunque seas esa gota, es la única gota de la que eres 100% responsable.

REVELACIÓN

Rosa Parks aceptó su responsabilidad. En 1955 esta activista afroamericana se negó a ceder su asiento a un hombre blanco en un autobús de Montgomery, Alabama. Su acto personal de desafío desencadenó una gran rebelión contra la segregación racial en Estados Unidos. Medio siglo después de la heroica campaña de Rosa, su país tuvo su primer presidente negro, Barack Obama. Rosa Parks demostró cómo miles de gotas pueden convertirse en una cascada refrescante, y dio el primer paso para acabar con el caldo de cultivo del racismo.

SE HA LOGRADO MUCHO

No queremos caer en la trampa evolutiva de centrarnos en la miseria: la humanidad no sólo ha sembrado la destrucción, sino que también ha logrado mucho en los últimos 500 años y en especial en las últimas cinco décadas. En 1970, 29% de la población mundial estaba desnutrida, ahora "sólo" es 11 por ciento. La pobreza se ha reducido más en los últimos 50 años que en los 500 anteriores. En los últimos 25 años el número de personas que tienen acceso a agua potable ha aumentado en 285,000 cada día, y la violencia mundial ha disminuido de forma espectacular: hace 30 años, entre 4 y 5 personas de cada 100,000 morían a causa de atrocidades bélicas, ahora sólo son 1.5.

En su libro *Progreso*, el autor y activista sueco Johan Norberg describe estas mejoras.[9] Además de su aspecto contaminante y destructivo, la tecnología también tiene un claro aspecto de progreso. Lo único que debemos hacer es asegurarnos de que la utilizamos correctamente. En la actualidad, la tecnología podría resolver toda la escasez mundial de alimentos y salvar el clima. Si todos dejáramos de comer carne hoy, todo el mundo tendría algo que comer y se ahorrarían millones de toneladas de emisiones de dióxido de carbono.[10] Si tuviéramos la voluntad de hacerlo, casi toda la energía podría generarse de forma sostenible. Hay algunas tecnologías maravillosas con la capacidad de convertir los desiertos en selvas. No se trata de si podemos hacerlo, sino de cuándo: cuándo se definirán las ganancias como el bienestar y la sostenibilidad de nuestro planeta, en lugar de definirlas como cifras en un estado de cuenta.

> El documental estadunidense *Alive Inside: A Story of Music and Memory* (2014) muestra al trabajador social Dan Cohen visitando a pacientes con alzhéimer en residencias de ancianos y tocando su música favorita de la infancia. Esto tiene resultados sorprendentes para el bienestar de los pacientes: la música les trae recuerdos preciosos y se regenera su entusiasmo por la vida. Un video en YouTube[11] sobre uno de los pacientes reanimados no sólo conmovió a millones de espectadores, sino que inspiró a muchas personas, desde el personal de enfermería hasta los familiares, a seguir el ejemplo de Cohen y devolver la alegría a la vida de los enfermos con alzhéimer.
>
> **REVELACIÓN**

UNA VIDA COMPASIVA

La codicia que se deriva de un sistema de impulso hiperactivo no es culpa tuya. Pero es tu responsabilidad asegurarte de que no te estás enganchando. Necesitarás una brújula moral. Por desgracia, "practica lo que predicas" no es una sabiduría que solemos aplicar. Muchos estudios demuestran que no hay conexión entre el razonamiento moral (hablar) y el comportamiento moral proactivo (hacer).[12] Sin embargo, se ha demostrado que el entrenamiento en compasión fomenta la acción social y el aumento del altruismo.[13]

No se trata de lo compasivo que seas, sino de asumir la responsabilidad de entrenar tu compasión. La compasión no te sucede; se requiere una elección consciente para ser amable con los demás y contigo mismo, para darte cuenta de que no hacer y no decir nada a veces es la mejor respuesta; para ayudar a las personas necesitadas, cercanas y lejanas; para mirar más allá de tu pequeña zona de confort; para ayudar a restaurar la ecología de nuestro planeta; para buscar apoyo si tú mismo tienes problemas; para abrazar la sabiduría de que no puedes salvar el mundo, pero harás lo posible, sin perder la autocompasión. Hagamos todo lo posible por ser compasivos con nuestros semejantes, con los animales y con nuestro medio ambiente, para no entrar en el infierno del Jardín de las Delicias, sino para trabajar duro y con compasión para preservar esa etapa del "Paraíso" juntos.

ENTRENAMIENTO

ııⅡ LIGERO
EJERCICIO 1: COMPAÑEROS DE VIDA

Asegúrate de hacer una pausa cada día (por ejemplo, una respiración) para determinar si quieres entrar en la situación y enfrentarte a la persona con amabilidad, ecuanimidad, compasión o alegría comprensiva.

EJERCICIO 2

Practica una conversación compasiva al menos una vez al día:

- ıⅡ–Ⅱ *Expresar.* No evites las dificultades, utiliza el método de Marshall Rosenberg: "Cuando ocurre X (algo que has visto y que describes sin juzgar) siento Y (emociones especialmente suaves) porque necesito Z (tus necesidades más profundas no satisfechas)".
- ıⅡ–Ⅱ *Recibir.* Practica la recepción de críticas desde tu sistema calmante. Experimenta escuchar compasivamente el sufrimiento de otras personas. Intenta resistir la tendencia a tomar la vía del consejo. Importante: aborda tu propio malestar con compasión durante la conversación.

ıⅡ MEDIO
EXTENSIÓN DEL ENTRENAMIENTO LIGERO
EJERCICIO 1

🎧 *Pista de audio 10. Entrenamiento de intención para todo el mundo*

EJERCICIO 2

¿Quieres un entrenamiento extra? Si es así, elige cada día una de las pistas de audio de las tres semanas anteriores. Averigua cuál se adapta mejor a tus necesidades en ese momento. También intenta practicar sin utilizar las grabaciones (si es así, programa un temporizador).

EJERCICIO 3

Esta semana, dedica media hora a una actividad de compasión. Si es posible, anótala en tu agenda. La actividad puede centrarse en ti mismo o en otra persona. Llama a un buen amigo que la esté pasando mal, busca una buena causa en internet, date un masaje, permítete pasar media hora sin hacer nada.

ıl INTENSO

EXTENSIÓN DEL ENTRENAMIENTO LIGERO + MEDIO

EJERCICIO 1: DIBUJA TU CARTEL DE COMPASIÓN

No sería buena idea coser el paracaídas mientras caes en picada. Lo mismo se aplica a la compasión: si te has quedado tirado, es difícil seguir entrenando. Si dominas las habilidades de compasión ahora (y las últimas tres semanas) estarás bien preparado si vuelves a caer en picada. Incluso entonces tal vez sea difícil recurrir a la compasión adquirida y ponerla en práctica en los momentos cruciales. Por lo tanto, elabora tu propio cartel de compasión, que incluya recordatorios que te ayuden en circunstancias difíciles. Incluye lo siguiente:

- Situaciones en las que eres más vulnerable. ¿Surgen cuando recibes comentarios de tus colegas, durante las vacaciones, o los lunes por la mañana? ¿Suceden cuando estás con amigos o cuando tienes una discusión con tu pareja? Describe las circunstancias.

- Señales que te advierten que te diriges rápidamente hacia la trampa de la amargura. Desglosa estas señales en mentales (te sientes confundido o juzgado, o has entrado en preocupación), emocionales (estás apático, irritable, ansioso), físicas (sientes que te duele la cabeza, tienes la mandíbula apretada, respiras superficialmente) y de comportamiento (estás enojado, duermes mal, te aíslas, sales más de lo habitual, vuelves a la adicción al tabaco).
- ¿Qué es útil para ti? Una persona buscará la distracción, otra tratará de acomodarse a la situación, una tercera puede preferir estar sola y una cuarta necesita compañía. ¿Qué actividades, objetos y/o ejercicios de compasión te alimentan? ¿Qué personas te apoyan en estas situaciones?
- ¿Qué es contraproducente para ti? ¿Cuáles son tus trampas típicas? Comúnmente son comportamientos que te alivian a corto plazo, pero de los que te arrepientes después (por ejemplo, recurrir a las adicciones: fumar, ir de compras, beber, sexo casual, azúcar; menospreciar a los demás; actividades que te restan energía, como navegar por internet).

Debes darte cuenta de que sacar la carta de la compasión siempre requiere un esfuerzo. Si te sientes deprimido, estresado o agotado, la reflexión sobre ti mismo quizá no sea lo primero que hagas. La atención (el entrenamiento) te ayudará a registrar cada vez más rápido las señales. Y cuanto más rápido, más fácil te resultará adaptarse a ellas utilizando tu cartel de compasión.

Puedes descargar las pistas de audio en 12weekmindworkout.com/spanish

ENFRIAMIENTO

Después de cuatro semanas de entrenamiento de la compasión, es posible que te hayas convertido en un fanático de sus efectos positivos, pero tal vez la palabra *compasión* te provoque náuseas. El entrenamiento de la autocompasión suele pasar por una serie de etapas típicas que podrían compararse con el proceso del enamoramiento.[14]

En la primera fase, uno se siente perdidamente enamorado. La compasión se siente igual, es como una revelación y la solución perfecta para todo. Notas los efectos y te sientes feliz. Pero entonces llegas a la siguiente etapa: la desilusión. Empiezas a notar que tu nuevo amor no te deja terminar las frases, que los valores de tu nuevo amor no parecen ser iguales a los tuyos o que tiene una cercanía enfermiza con su madre.

Empiezas a sentirte molesto. Éste es el momento en el que te das cuenta de que el entrenamiento en compasión no es una aspirina eterna para el dolor, sino sólo una herramienta que te ayuda a soportar mejor el dolor: "No lo puedo creer, he hecho todos esos ejercicios de compasión y todavía me siento $%^#*^$#". Empiezas a dudar de si el entrenamiento en compasión es lo más adecuado para ti. Ésta es una etapa crucial y debes persistir. Tu resistencia es una señal de que te estás cerrando, pero también es una invitación a ser receptivo a lo que sucede.

Tras la desilusión llega la tercera y última fase: el amor real y la aceptación. Aceptas el descuido de tu pareja o sus interminables llamadas de WhatsApp; te das cuenta de que la compasión no consiste en aliviar el dolor, sino en construir una relación diferente con el dolor y el sufrimiento (a veces el sufrimiento desaparece en el fondo, y esto te llevará de nuevo a la primera fase, en la que te enamoras de nuevo de este efecto). La tercera fase significa que aceptamos nuestras dificultades y, por tanto, necesitamos consuelo y apoyo.

Entonces, ¿estás en la fase de desilusión? Si es así, no hay razón para sentirse estresado. Recuerda que la práctica hace la perfección. Céntrate principalmente en la intención, no en los resultados. No se trata de dominar la compasión en unas semanas; el entrenamiento de la compasión es trabajo para toda una vida. Al igual que el ejercicio físico, tendrás que seguir practicando. El poder de tu compasión, como tu músculo de la atención, se debilitará si dejas de ejercitarlo. Al final de la cuarta semana dimos consejos para seguir entrenando. Vuelve a esos consejos porque también se aplican al entrenamiento de la compasión.

Cuando practiques la compasión, tal vez necesites apoyo. Un curso de entrenamiento en compasión de ocho semanas proporciona una base sólida para la integración de la compasión en tu vida diaria.

Pregúntate si has logrado algo de lo siguiente en la semana 8:

- ¿Hablas con compasión? ¿Ahora te resulta más fácil transmitir un mensaje difícil de forma amable y constructiva?
- ¿Escuchas compasivamente sin ofrecer de inmediato un consejo?
- Además de la compasión, ¿eres capaz de aplicar la amabilidad, ecuanimidad y alegría comprensiva?
- ¿Has adquirido una visión más amplia de la compasión? ¿Has asumido plenamente cómo, al utilizar la compasión, puedes influir no sólo en tu entorno inmediato, sino en toda la sociedad?

EN CONCLUSIÓN

Dos monjes están de viaje. Cuando llegan al río, ven a una mujer en la orilla. Parece tener miedo de la corriente y pide a los monjes que la ayuden a cruzar. El monje mayor duda. El monje más joven, sin embargo, levanta a la mujer sobre sus hombros, atraviesa el agua y la lleva a la otra orilla. La mujer le da las gracias y continúa su camino. Los monjes prosiguen su camino en silencio. El monje más joven disfruta del hermoso paisaje, pero el monje mayor se muestra reflexivo. Tras dos horas de camino, el más joven rompe el silencio y le pregunta qué le pasa. El monje mayor le dice irritado lo que le molesta:

—Hemos aprendido a no tener ningún contacto con las mujeres, ¡pero tú llevaste a la mujer sobre tus hombros!

El monje más joven responde:

—Yo sólo llevé a la mujer al otro lado del río; tú, en cambio, todavía la llevas a cuestas.

PARTE 3

HERRAMIENTAS PARA LA FELICIDAD

El objetivo último de la vida humana es,
sencillamente, la felicidad, el fin último
para realizar tu potencial.
ARISTÓTELES

Muchos buscan la felicidad en el estatus, el poder y el éxito. Otros entienden la felicidad como algo más abstracto, que no se puede añadir a una lista de tareas. ¿Qué es para ti la felicidad? En estas cuatro semanas intentarás tener una idea clara de tu respuesta. ¿Qué es lo que te hace feliz y cómo lo obtienes? Al fin y al cabo, lo único que cuenta es tu propia experiencia.

El dinero puede comprar muchas cosas, pero no todo, como una buena carcajada, una conversación agradable con un amigo o un familiar, o un encuentro conmovedor con un desconocido. En resumen, no se pueden comprar momentos de felicidad. Pero suponiendo que fuera posible, ¿cuánto pagarías por ese momento de felicidad? ¿Un dólar, diez o todo tu sueldo mensual? En promedio, la mayoría de la gente pagaría 100 dólares.[1] Puede parecer una ganga, pero a ese precio la felicidad duradera sería inasequible. Por fortuna, no tienes que asaltar tu cuenta bancaria, porque en la parte 3 desarrollarás tus habilidades para la felicidad. Una serie de técnicas tomadas de la psicología positiva te enseñarán a llevar una vida con sentido y más feliz.

Para ser feliz, primero hay que saber qué es la felicidad.
JEAN-JACQUES ROUSSEAU

¿QUÉ ES LA FELICIDAD?

En el año 2000 sabíamos muy bien por qué solemos sentirnos mal, pero no sabíamos por qué solemos sentirnos bien.[2] Para entonces existían 17 estudios sobre la depresión, los trastornos mentales y las enfermedades por cada estudio sobre la felicidad.[3] Por suerte, esto ha cambiado en los últimos años. La felicidad ya no se limita al rincón de la librería donde están los libros sobre "Mente, cuerpo y espíritu"; gracias a la creciente cantidad de investigaciones científicas, la felicidad tiene ahora mucha más sustancia, además de tiempo aire.

Los estudios demuestran que las personas felices son más sanas, más amables consigo mismas y con los demás, saben gestionar mejor los conflictos, son más resistentes a los problemas de la vida y son más creativas, exitosas y eficaces en su trabajo.[4]

REVELACIÓN

La felicidad parece afectar incluso a la duración de la vida. Los científicos investigaron la relación entre el sentimiento de felicidad y la edad de las monjas. El escenario de este estudio longitudinal (investigación durante un periodo prolongado, en este caso 60 años) era muy adecuado porque las vidas de 180 mujeres en el convento eran bastante similares. Los investigadores llegaron a un importante hallazgo: las monjas que consideraban la vida monástica como algo positivo cuando eran jóvenes (utilizaban palabras como *felicidad* o *alegría*) en promedio vivían nueve años más que las monjas "negativas", que utilizaban palabras como "*destino, servir y hacer lo mejor posible*.[5]

¿Qué significa la felicidad? Los diccionarios y Wikipedia coinciden más o menos en que es "la satisfacción con las circunstancias propias" (*Oxford English Dictionary*). Las emociones relacionadas con la felicidad son la alegría, la relajación, la satisfacción y el buen humor. Tal vez asocies la búsqueda de la felicidad con las revistas románticas o con los coaches de vida que te motivan a "seguir tu corazón". Quizás incluso te repugne la palabra *felicidad*. Pero imagina que tienes una varita mágica y que puedes desear lo que quieras, ¿qué sería? ¿Un millón de dólares? ¿La fama? ¿El amor de tu vida? ¿El éxito? ¿Por qué querrías alguna de estas cosas? Sé como un niño curioso y repite la pregunta "¿Por qué?" después de cada respuesta. Tal vez termines con las mismas respuestas: "Porque quiero ser feliz".

> Ahora escribe lo que entiendes por felicidad. ¿Qué palabras son las más adecuadas para ti? Aquí tienes algunas sugerencias de palabras que podrían gustarte más que *felicidad*: *calidad de vida, bienestar, sabiduría, energía, vitalidad, positividad, éxito, fortuna, salud, satisfacción, buen nivel de vida, prosperidad, abundancia.* Reflexiona sobre el significado de las palabras que te afectan.
>
> **REVELACIÓN**

¿SE PUEDE APRENDER A SER FELIZ?

Se puede filosofar sobre la belleza de un piano hasta la saciedad, pero toda la filosofía del mundo no hará que la música sea bella. Hay que practicar las escalas. Lo mismo se aplica a la felicidad. Es posible aumentar tus habilidades para la felicidad a través de la práctica. Quizá pienses: "Bueno, es fácil decirlo, pero ¿en realidad es posible formarse en las habilidades para la felicidad? ¿No es sólo una cuestión de mala suerte ser infeliz?".

Un estudio de Harvard demuestra que sólo el 10% de la felicidad a largo plazo se deriva de las circunstancias. Esto significa que tú eres responsable del otro 90 por ciento. Sonja Lyubomirsky, una de las científicas de la felicidad más conocidas, propuso esta proporción de 90 a 10. También descubrió que alrededor de 50% de la felicidad se determina al nacer y hasta el 40% viene determinado por el *estado mental interno*.

Incluso en las circunstancias más extremas, tu perspectiva determina tu grado de felicidad. En su libro *El hombre en busca de sentido* (publicado por primera vez en alemán en 1946), el neurólogo, psiquiatra y sobreviviente de un campo de concentración Viktor Frankl, escribió sobre las diferentes maneras en que sus compañeros de prisión se enfrentaban a circunstancias deplorables: algo que no se le puede quitar a una persona es su libertad para elegir su propio camino, para escoger su actitud en cualquier conjunto de circunstancias. Es la primera y la última de las libertades humanas.

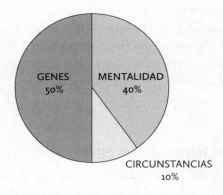

Figura 8.1
Fuente: "¿Qué determina tu felicidad?", Sonja Lyubomirsky, *The How of Happiness* (Piatkus, 2010).

El entrenamiento aumenta tu nivel básico de felicidad. Y, aunque no siempre sea fácil encontrar la felicidad y la satisfacción en uno mismo, no se puede hallar en otra parte.[6]

La felicidad es un trabajo interno"[7] o, como escribe John Milton en *El Paraíso perdido*: "La mente es su propio lugar y en sí misma puede hacer un cielo del infierno, un infierno del cielo".[8]

¿QUÉ ENTRENAMOS?

Entrenamos la mentalidad adecuada. Tal Ben-Shahar, profesor de psicología positiva en Harvard, distingue cuatro mentalidades, o arquetipos, en relación con nuestra actitud ante la vida y la búsqueda de la felicidad. Tal vez de forma inconsciente, cada uno de nosotros prefiere uno de los cuatro arquetipos de este "modelo hamburguesa".

El hedonista

El hedonista elige una grasosa hamburguesa doble con queso cheddar. Su objetivo es "sentirse bien" con el menor esfuerzo posible. A la larga, el hedonista tiende a ser más infeliz. La búsqueda del placer le deja una sensación de vacío, y las posibles consecuencias (aumento de peso, mala salud) acaban convirtiéndose en realidades.

El ratonero

El ratonero opta por el espécimen sano e insípido y consume la hamburguesa de quinoa seca sin disfrutarla. El objetivo es envejecer con buena salud. El ratonero es del tipo "Si hago esto... entonces": "Si pago mi hipoteca, seré feliz". Lo que importa es el objetivo y no el camino. El ratonero no disfruta el éxito alcanzado. No se siente feliz, sino que experimenta alivio cuando ha alcanzado un objetivo. El problema es que de inmediato necesita un nuevo objetivo para llenar su sensación de vacío.

El nihilista

El nihilista pide una hamburguesa insalubre y asquerosa, cuyo pan está lleno de grasa... El nihilista cree que ya no controla su propia felicidad y que se ha convertido en víctima de las circunstancias. La profecía personal cumplida significa que el nihilista asume que su actual estado de infelicidad continuará en el futuro.

El individuo feliz

Por fortuna, también hay hamburguesas sabrosas y más saludables: hamburguesas frescas, con muchas verduras y pan integral. El individuo feliz cree y demuestra que el placer en el ahora puede producir beneficios futuros.

No se trata de "excepto" sino de "además". Un estudiante que disfruta estudiando obtendrá fácilmente buenos resultados en los exámenes. Se mantiene centrado en su destino y también disfruta del viaje.

ABDOMINAL MENTAL

¿Qué arquetipo te domina (actualmente)?
¿Estás contento con él?
¿Qué consejo te gustaría darte a ti mismo?
Escribe tus respuestas.

Quizá pienses que una hamburguesa sana y sabrosa no es una propuesta muy realista. Hasta cierto punto tienes razón: la felicidad presente y la futura suelen entrar en conflicto, como sucede con el alcohol que provoca una desagradable cruda (el hedonista ha asomado la cabeza en la esquina). Pero en la lucha entre estos dos polos hay una sensación de felicidad que surge de nuestra propia capacidad de resiliencia (¡la base del entrenamiento de la compasión!). Las personas felices descubren que muchos momentos de felicidad en el presente y en el futuro están estrechamente relacionados.

¿CÓMO EMPEZAR?

El primer paso hacia la felicidad es saber qué significa la felicidad para ti. El segundo paso es poner explícitamente esas experiencias y actividades en el primer lugar de tu lista de tareas. Es tan sencillo como eso.

Recordarte a ti mismo que debes ser feliz te hará más feliz. Esta fue la conclusión a la que llegó una investigación realizada en siete empresas diferentes de la lista Fortune 500. A la mitad de los empleados se les recordó todas las semanas que debían poner la felicidad en el primer lugar de su lista de prioridades; al grupo de control no se le recordó. Al cabo de varios meses se comprobó que el primer grupo experimentaba más felicidad. Se sentían más satisfechos con las decisiones que tomaban, como no trabajar horas extras, pero sí ir a ver a la competencia de gimnasia de su hija, o no hacer trabajos de poca importancia, pero sí relajarse.[9]

Repite esta pregunta desde que te levantas hasta que te vas a dormir, durante todas las actividades y momentos diferentes como sea posible: "¿Qué me hace más feliz ahora mismo?". No importa si estás andando en bicicleta, hablando con tus colegas o leyendo un/ este libro. Averigua qué te aporta la actividad. ¿Cómo influye en tu experiencia actual? ¿Afecta a la situación y/o a tu postura? ¿Cambia tu estado de ánimo?

ABDOMINAL MENTAL

El gran "pero" a la hora de definir la felicidad es que la búsqueda de emociones placenteras *continuas* (hedonismo) es una receta para la infelicidad e incluso la depresión.[10] La respuesta es volver la felicidad una prioridad, sin tratar de alcanzarla obsesiva e implacablemente. El equilibrio es delicado, pero es posible. Piensa en una cita romántica: no puedes forzarla (insistir en que sea romántica será contraproducente), pero sí puedes establecer las condiciones adecuadas (Barry White, bebidas, velas).

La felicidad es querer lo que ya tienes,
combinado con un deseo relajado de crecer
y desarrollarte.

RESISTENCIA

Hablar de "felicidad" y, en particular, de su búsqueda provoca que algunas personas se sientan "emocionadas". Algunos consideran que la búsqueda de la felicidad es superficial; creen que la felicidad es una tontería o es inalcanzable. Otros piensan que la felicidad te vuelve perezoso. Este último prejuicio ha sido desmentido. El éxito no conduce a una mayor felicidad, mientras que la felicidad sí conduce a un mayor éxito. Se hace más en menos tiempo. Shawn Achor, profesor de Harvard, lo llama "la ventaja de la felicidad". Afirma que tu coeficiente intelectual predice 25% de tu éxito laboral y tus sentimientos de felicidad predicen 75 por ciento. Según Achor, un cerebro positivo y feliz es, en promedio, 31% más productivo que un cerebro negativo o incluso neutro. Además, una persona feliz tiene 37% más de éxito en las ventas. Si un médico es feliz, será 19% más rápido y preciso en su diagnóstico. En resumen, la felicidad hace que el cerebro trabaje más duro, más rápido y con más inteligencia, lo que a su vez conduce a un mayor éxito.[11]

La crítica más frecuente a la búsqueda de la felicidad consiste en que es egoísta. Vivimos en un mundo con tanta miseria, desde el hambre hasta la guerra, ¿qué derecho tenemos nosotros a centrarnos en nuestra propia felicidad? El mundo necesita que actuemos, no que nos quedemos mirándonos el ombligo. Sin embargo, las investigaciones demuestran que a las personas felices les resulta más fácil compartir, están más dispuestas a ayudar, hacen más trabajo voluntario y gastan más dinero en los demás que las personas infelices.[12] Piensa en cómo eres cuando te sientes miserable: ¿te centras en ti mismo o en los demás? ¿Cuándo eres más eficaz, creativo y enérgico: cuando te sientes deprimido y apático o cuando te sientes bien?

OBJETIVO DEL ENTRENAMIENTO

No se aprende a montar en bicicleta leyendo un libro sobre el tema. No, te subes a la bicicleta, aunque sea de forma inestable (quizá primero con rueditas de apoyo) y empiezas a pedalear. Y entonces te caes; inevitablemente y varias o muchas veces. La forma más difícil de aprender, pero también la más eficaz, es la práctica. Esta última parte de este entrenamiento es tu pasaporte para convertirte en una persona más feliz. En las partes anteriores aprendiste a soltar los patrones destructivos; pues bien, ahora vas a fortalecerlos para potenciar tu nivel básico de felicidad.

La esencia de toda forma de entrenamiento es la perseverancia, incluso cuando experimentas contratiempos. Si te hubieras rendido a la primera caída de la bicicleta, podrías seguir caminando en lugar de subirte otra vez. Así que sigue practicando tus habilidades de felicidad, en especial si sientes resistencia (quizás en forma de tristeza). Si permites que esta resistencia llegue (recuerda tu entrenamiento de compasión), crea más espacio para ser más feliz.

En la semana 9 nos entrenaremos en la activación de nuestras emociones positivas. En la semana 10 nos centraremos en las relaciones, una de las principales fuentes de felicidad. La semana 11 aborda cómo conseguir una vida equilibrada, agradable, comprometida y con sentido. La semana 12 trata de la perseverancia: ¿cómo se pueden mantener, incluso después de haber leído este libro, la atención, la compasión y, en definitiva, la felicidad?

SEMANA

09

LOS FUNDAMENTOS

La felicidad consiste más en las pequeñas
conveniencias de los placeres que suceden
cada día, que en los grandes momentos de buena
fortuna que ocurren rara vez.
BENJAMIN FRANKLIN

Los momentos de felicidad son justo eso: momentos. Por muy breves que sean, tienen un gran valor en tu búsqueda de la felicidad duradera. Tras destacar los aspectos difíciles en las cuatro semanas anteriores, a partir de ahora empezarás a entrenar tus habilidades para la felicidad. En la semana 9 nos centraremos en cómo aumentar y profundizar las emociones positivas, la gratitud y el optimismo. Aprenderás a notarlas, pero también a evocarlas y a mantenerte conectado a ellas por más tiempo.

CALENTAMIENTO

Investigadores de la Universidad de California analizaron qué sonrisas eran reales y qué sonrisas eran falsas en 140 fotografías tipo pasaporte de un anuario escolar. Es bastante fácil distinguir una sonrisa real (también llamada sonrisa de Duchenne) de una falsa. Si se ven pequeñas arrugas alrededor de los ojos, la sonrisa quizás es genuina. Es difícil, sino imposible, tensar de forma consciente los pequeños músculos de las comisuras de la boca. Treinta años después, los investigadores compararon las sonrisas falsas con las genuinas. Las personas con las sonrisas genuinas parecían ser mucho más felices que quienes aparecían forzando la sonrisa. Incluso la tasa de divorcios era mucho mayor entre quienes sonreían con falsedad.[1]

EMOCIONES POSITIVAS

Ya he mencionado que, durante los últimos 200,000 años, el miedo, la tristeza, la ira y el asco han ayudado a los humanos a sobrevivir, y para eso estamos programados. Pero ¿cuál es el beneficio de las emociones positivas, como la alegría, la inspiración y el placer? La ciencia ha luchado con esta pregunta durante años, pero ahora tenemos un consenso. Las emociones positivas nos motivan a ser (in)activos; haremos algo (emocionante) o nada en absoluto (satisfacción).[2] Barbara Fredrickson fue la primera en explorar este "descubrimiento" en su teoría de ampliar y construir.

La siguiente abdominal mental nos ayuda a entender la teoría.

ABDOMINAL MENTAL

Entra en un sitio web de noticias de tu elección y lee algunas malas
noticias sobre temas que te afectan. Asimila realmente el mensaje.
Ahora tómate unos minutos para elaborar una lista de soluciones
al problema de los embotellamientos. No hace falta que las dirijas al
Ministerio de Transportes; tus ideas pueden ser tan descabelladas
e imprácticas como quieras. A continuación, haz una pequeña pausa.
Dedica unos minutos a pensar en un momento agradable de tu vida,
algo que te haga sonreír, como el nacimiento de tu hijo, el primer
fin de semana de viaje con tu pareja o una buena conversación con
tu abuela. Disfruta la sensación que surge. Ahora echa un vistazo a
tu lista de soluciones para los embotellamientos y descubre si se te
ocurren más.

EXPANDIRSE Y CONSTRUIR

¿Surgieron nuevas ideas después de la abdominal mental? Me parece que sí. Te explicaré por qué. Las emociones negativas restringen
la atención como un lirio acuático que se cierra en la oscuridad. Es-
trechan tu mentalidad: los sistemas de impulso o amenaza están en
funcionamiento. Cuando el lirio se abre al sol, se trata de una emoción positiva: el sistema calmante crea espacio para tu atención y te
permite ampliar tu mentalidad.[3] Un hurón sólo verá las pinceladas,
el conejo verá el cuadro completo; ve los detalles y tiene una visión
panorámica.

He aquí un ejemplo del aspecto "construir": tu sobrino de ocho
años juega todos los días con sus muñecos y cada día les asigna nuevos papeles, desde héroe de acción hasta estrella de cine o padre. El
aspecto de "ampliación" de la naturaleza alegre del niño es lo que
le hace imaginar nuevos escenarios. Al mismo tiempo, el niño está
desarrollando su creatividad y sus habilidades sociales a largo plazo
(el aspecto "construir"). Sustituye "jugar alegremente con muñecos"
por "trabajar con los compañeros de forma relajada" y lo mismo se

aplica a los adultos: un buen estado de ánimo te vuelve receptivo a las nuevas ideas y te ayuda a construir recursos (aptitudes y cualidades como la sensibilidad y la perseverancia) para el futuro.

> Incluso a nivel micro hay un aspecto de construcción: las células crecen en un entorno positivo, mientras que las emociones negativas por lo general frenan el crecimiento celular.[4]

REVELACIÓN

Utiliza estos recursos cuando las cosas vayan mal. A la larga, te ayudarán a ser más flexible en situaciones difíciles. Porque cuanto más positivas sean las emociones que experimentes, más amplia será tu atención, más ideas y actividades nuevas desarrollarás, más recursos construirás, mejor será para tu salud y satisfacción. A su vez, todo ello te traerá más emociones positivas, lo que ampliará tu atención. En definitiva, "animarás" tu cerebro; ésa es la espiral de las emociones positivas.

ÍNDICE DE POSITIVIDAD

Esta semana no pretende ser un argumento en favor de la positividad. La negatividad también desempeña un papel importante. Utilicemos una analogía de la navegación: si tienes la vista fija en el horizonte, el mástil de tu barco es tu optimismo; atrapa el viento y te da energía. La quilla, por el contrario, es negativa: te mantiene en el rumbo.[5] Las emociones negativas te mantienen alerta (quizá recuerdes el ejemplo de que prefieres confundir una rama con una serpiente que viceversa) y te mantienen con los pies en el suelo. Si te enamoras de una casa, no ves sus malos cimientos ni el moho de las paredes. Un toque de negatividad te ayuda a mirar con ojos críticos tu posible nuevo hogar. Pero ¿cómo mantener la negatividad en perspectiva? Aumentando el índice de positividad.

Las emociones positivas reducen o evitan los efectos nocivos de las emociones negativas; es el llamado efecto "de enmendar".[6] Por ejemplo, el entrenamiento en emociones positivas es benéfico para las personas con dolencias depresivas.[7] No sólo es importante el número absoluto de emociones positivas que se experimentan, sino también la proporción entre las emociones positivas y las negativas: el índice de positividad. Cuanto mayor sea la proporción (más emociones positivas en comparación con las negativas), tendrás una mayor sensación de prosperidad.

FUNCIONAR O DESARROLLARSE

En promedio, las personas tienen un índice de positividad de 2:1 (dos emociones positivas frente a una negativa).[8] Esto produce un estado mental "relajado" en el que se puede funcionar con normalidad.[9] En las relaciones, se necesita un índice de positividad elevado, de 5 a 1 (cinco momentos divertidos, felices o de conexión frente a un momento negativo), para que la experiencia sea satisfactoria. En los equipos, el índice incluso llega a ser de 6 a 1.[10, 11]

RECARGARSE

¿Cómo aumentar el índice de positividad? Por un lado, mitigando el impacto de los sentimientos negativos (véase la parte 2: "El poder de la compasión") y, por otro, experimentando emociones positivas durante más tiempo. Lo importante es el tipo de emociones que necesitas ahora. Si tu cuerpo requiere proteínas es inútil que te comas una naranja. Lo mismo sucede con las emociones. La sensación de falta de unión no puede llenarse con más orgullo; la sensación de aprecio no se conecta con un anhelo de mayor entusiasmo.

Todas tus deseos o requerimientos pertenecen a una de las tres necesidades básicas: seguridad, satisfacción y conexión: ¡los tres sistemas de regulación de las emociones están de vuelta! Sólo podrás empezar a reponer fuerzas cuando sepas de qué careces.

La atención te ayuda a reconocer los sentimientos negativos. Entonces puedes decidir qué es necesario para complementarlos (véase la tabla 9.1). ¿Cómo puedes hacerlo? Actuando de forma consciente, evocándolos activamente a través de la imaginación (véase la parte 2) y/o notando cuando experimentas el sentimiento positivo necesario.

Tabla 9.1

	Necesidad básica: seguridad	Necesidad central: satisfacción	Necesidad básica: conexión
Positivo	Confianza, paz, fuerza, calma, relajación, descanso, poder, eficiencia	Adecuación, satisfacción, **gratitud**, felicidad, entusiasmo, plenitud, éxito	Unión, amor, reconocimiento, ser amado, aprecio, valor
Negativo	Inseguridad, ansiedad, enojo, parálisis, derrota, debilidad, agotamiento, impotencia	Frustración, decepción, fracaso, pena, tristeza, arrepentimiento, estrés	Dolor, rechazo, abandono, soledad, maltrato, molestia, envidia, inadaptación, celos, vergüenza, deshonra, vileza

Fuente: Rick Hanson, *Hardwiring Happiness* (Harmony, 2013).

¿Te sientes muy solo? Piensa en un momento feliz en el que te hayas sentido querido, llama por teléfono a un conocido o a un viejo amigo, y agradece los breves momentos de conexión que has sentido:

una charla sobre la primavera en la florería, el intercambio de una mirada de comprensión con un desconocido en el restaurante y el saludo de la pequeña vecina de tres años.

GRATITUD

La gratitud es una de las estrategias más efectivas y poderosas para la felicidad porque evoca una gran cantidad de emociones positivas. Robert Emmons, el conocido investigador de la gratitud, la define de la siguiente manera: "Un sentimiento de sorpresa, reconocimiento y aprecio por la vida".[12] El texto en negrita del cuadro 9.1 tiene su razón de ser. Según Sonja Lyubomirsky, profesora de felicidad (¡qué gran trabajo!), la gratitud es una metaestrategia porque promueve la felicidad de muchas maneras:

- Ayuda a apreciar realmente los momentos agradables, pero también ilumina las rutinas monótonas.
- Motiva y potencia la acción en uno mismo y en los demás.
- Da energía y estimula las emociones positivas.
- Aumenta la capacidad de afrontamiento en situaciones difíciles.
- No ignora las dificultades de la vida, pero siempre destaca los aspectos positivos.
- Estimula el comportamiento prosocial, como dar y mostrar compasión.
- Es el antídoto perfecto contra la comparación social y las emociones destructivas asociadas, como los celos.[13]
- Reduce las posibilidades de sufrir depresión, soledad o ansiedad.[14]

y por cada uno de los dedos piensa en algo menor o mayor que te produzca un sentimiento de gratitud. "Un puñado de gratitud" puede realizarse en cualquier momento del día, por ejemplo, mientras dormitas en el tren o esperas en una fila.

El aburrimiento es simplemente una falta de atención.
FRITZ PERLS

MENTALIDAD

¿Has encontrado algo por lo que estés agradecido? ¿O pensaste en cosas que te gustaría tener pero que no posees? Esto significa que tu mentalidad es de escasez. La buena noticia es que puedes entrenarte para cambiar a la mentalidad de la abundancia, en la que asumes que hay suficiente para todos y estás satisfecho con lo que tienes.

En su libro *Attitudes of Gratitude*, Mary Jane Ryan describe la mentalidad de la abundancia de la siguiente manera: "Ilumina lo que ya está ahí. No necesariamente tienes algo más o algo diferente, pero de repente puedes ver lo que hay. Y como puedes verlo, ya no lo das por hecho".[15] Y ahora la antorcha de la atención vuelve a brillar en tu cara. Si practicas la atención en tu vida y alternas entre las diferentes formas de atención, saldrás del piloto automático y contarás tus bendiciones, incluso en los momentos que te parecen aburridos o desafiantes.

Si te encuentras quejándote o refunfuñando, añade "a pesar de eso" a tu pensamiento, seguido de algo por lo que estés agradecido. Por ejemplo: "Qué pena que llueva ahora... a pesar de eso ¿no tenemos suerte de poder refugiarnos en casa?". O bien: "Mi presentación no fue un gran éxito... a pesar de eso me alegro de haberla hecho". Busca la ganancia. Si ves que te va bien, céntrate en esa sensación. Es divertido hacer este ejercicio con otra persona, por ejemplo, con un amigo quejumbroso o como Igor, de Winnie the Pooh.

GRATITUD RELACIONAL

Es importante que expreses tu gratitud cuando la sientas. Esto aumentará tu propio sentimiento de gratitud, pero también reforzará tus relaciones.[16] Tanto tú como el receptor del agradecimiento experimentarán sentimientos positivos, como emoción, esperanza, orgullo y (una vez más) gratitud.

¿Con quién estás agradecido? Piensa en algo pequeño (te llevó al cine, te ayudó a mudarte) pero también piensa en algo profundo (te apoyó durante una gran pérdida o siempre creyó en ti). Intenta verbalizar por qué estás agradecido con esa persona, qué te gusta de ella y qué significa para ti. Envíale un mensaje de WhatsApp (puede ser un mensaje de texto o un correo electrónico) expresando tu agradecimiento. Sin esperar la respuesta, piensa en lo que significa para ti este ejercicio. Concéntrate en ese sentimiento en tu mente, tu corazón o tu cuerpo. Y si recibes una respuesta, vuelve a centrarte en la emoción que te provoca.

También agradece a alguien que no pertenezca a tu círculo más cercano, piensa en personas con las que tengas una relación neutra, personas en segundo plano o aquellas que simplemente pasas de largo. Da las gracias al operador del transporte, al mesero en el bar, al constructor de la carretera... Dirige el foco de atención al técnico de iluminación en lugar de al actor. Haz que el agradecimiento sea específico, verbaliza lo que te gusta de la persona; lo que sus acciones o su personalidad han significado para ti, o por qué te ha conmovido.

> Mira a tu alrededor (hoy) e identifica a las personas que reciben poco reconocimiento o gratitud. Ponte en contacto con ellas y diles específicamente lo que aprecias de ellas.

ABDOMINAL MENTAL

GRATITUD 2.0

El entrenamiento en gratitud para estudiantes más avanzados consiste en expresar gratitud en situaciones en las que no te sientes especialmente agradecido. De hecho, tal vez incluso te sientas "desagradecido". Piensa en la luz fluorescente que parpadea en tu oficina, una racha de mala salud, en un colega antihigiénico o en una tubería que gotea. Es útil pensar en otros aspectos positivos o en la otra cara de la moneda (podrías no tener ni techo ni luz). Todo esto funcionará con una condición: debes creer en este ejercicio.

> Agradece hoy cosas habituales e inusuales: desde tu dedo gordo del pie hasta tu cartera, por la factura inesperadamente alta del fisioterapeuta, por el fuerte aguacero que cayó...

ABDOMINAL MENTAL

"Lo que no te mata te hace más fuerte" es una frase horrible, pero es (la mayoría de las veces) cierta. Las personas que han pasado por muchas cosas, como una enfermedad o una pérdida, suelen sentir una gran alegría por vivir y disfrutar de las pequeñas cosas.[17] Nota: esto no se aplica a las personas que se aferran a su victimismo ni a quienes se regodean en la tristeza o la ira; ellas aprenderán poco o nada de los acontecimientos poco agradables. Sólo quienes se dan cuenta del valor de su sufrimiento (como aprendiste en la parte 2 sobre la compasión) y sienten gratitud, aprenderán de su pasado doloroso.

ABDOMINAL MENTAL

Toma papel y pluma y escribe una reflexión sobre algo con lo que hayas batallado mucho, pero que al final tuvo un lado positivo. ¿Cómo surgió la esperanza? ¿Te sentaste a esperar a que pasara el asunto? ¿O lo abordaste de inmediato? ¿Qué aprendiste de ello? Ahora reflexiona sobre un reto importante, una lucha o un dilema que te moleste ahora. ¿Cuál es el valor oculto detrás de este sufrimiento? ¿Qué lecciones de vida puedes aprender? Escribe tus respuestas.

No es fácil sentir y expresar gratitud hacia las personas difíciles que te rodean. La irritación y el fastidio te impiden ver los mejores lados de esos individuos. No puedes ver (con claridad) lo que han significado (o siguen significando) para ti, para los demás o para el mundo; por ejemplo, el directivo dominante cuyo comportamiento te ha enseñado a defenderte.

que te haga sentir incómodo o simplemente miserable. Ahora piensa en los aspectos o características que aprecias en esa persona y por los que te sientes agradecido. No es necesario que le expreses tu gratitud, pero intenta sentirte realmente agradecido.

Un estudio a gran escala sobre la práctica de la gratitud demostró que los participantes comprometidos e intrínsecamente motivados experimentaron un resultado positivo más fuerte de sus expresiones de gratitud.[18] Por lo tanto, no es la felicidad lo que te vuelve agradecido. La gratitud es lo que te hace feliz. Lo único que se necesita es la voluntad de entrenar el agradecimiento.

OPTIMISMO

El optimismo es la tercera herramienta en el camino hacia la felicidad. Produce tantos beneficios que es un poco aburrido que los vuelva a enumerar aquí, pero si los has olvidado, aquí tienes algunos: mejor salud, mayor rendimiento y más bienestar. Y considera esto: un estudio de casi 1,000 personas mayores que fueron observadas durante un periodo de nueve años, demostró que una disposición optimista era la mejor medicina para una vida más larga.[19]

Hay un pesimista y un optimista escondidos en cada persona, y se fortalecen cuanto más los alimentas. Por ejemplo, los abogados refuerzan al pesimista que llevan dentro, porque, por lo general, su atención se centra en la negatividad. En consecuencia, esta profesión es 3.6 veces más propensa a la depresión que el promedio.[20] También es posible que refuerces inconscientemente tu lado pesimista: piensa en todas las noticias negativas impactantes a las que estás sometido en nuestra era digital. Comprueba a quién alimentas más: ¿al optimista o al pesimista que hay en ti?

ABDOMINAL MENTAL	¿Si en lugar de recibir las noticias de última hora, hicieras una pausa de las noticias? No veas las noticias durante un día o de preferencia durante una semana y no leas los periódicos (tampoco en línea). En su lugar, presta especial atención a las cosas que te rodean y que te hacen sentir optimista, como un conocido que se ha recuperado de una enfermedad, el inteligente perro guía del autobús y la chica que hace malabares en la banqueta y recolecta dinero para la beneficencia.

OPTIMISMO SOBRE EL FUTURO INMEDIATO

Tu visión del futuro tiene un fuerte impacto en tu satisfacción vital actual. Tener una visión optimista tiene un efecto positivo casi tres veces mayor que un matrimonio feliz.[21] No sugiero que siempre debamos tener pensamientos positivos o que debamos soñar con una maravillosa tierra de leche y miel, vestidos de flores y conejitos esponjosos. De hecho, un toque de fricción y, sobre todo, un sentido de la realidad, son indispensables. Un estudio realizado por Gabrielle Oettingen, psicóloga social, sobre estudiantes provenientes de los entornos socioeconómicos más pobres en Nueva York, demostró que quienes fueron animados a perseguir el sueño americano obtuvieron peores resultados que los que tenían una visión más realista del futuro. Entonces, ¿debemos ser todos pesimistas sobre nuestro futuro? Desde luego que no. Lo más eficaz es el "contraste mental": imaginas un resultado positivo, pero tienes en cuenta los obstáculos que puedes encontrar en el camino. Los estudiantes que aplicaron este principio tuvieron más probabilidades de alcanzar los objetivos que se habían propuesto.[22]

PASO 1: ¿qué logros y características son importantes para ti y qué futuro te gustaría tener? En primer lugar, distingue entre los tres ámbitos: personal, relacional y profesional, y elige uno de ellos para empezar con esta abdominal mental.

PASO 2: escribe la visión del futuro que deseas. Tómate tu tiempo y recuerda que no se va a publicar, así que tu gramática no importa.

PASO 3: visualiza ese futuro y luego concéntrate en los posibles sentimientos positivos que surjan. Experiméntalos.

PASO 4: imagina los posibles obstáculos (tener poco tiempo, un colega que no quiere cooperar, un producto que no está disponible) y la forma en que puedes afrontarlos de forma constructiva. A la hora de enfrentarte a estos obstáculos, ten en cuenta la pregunta: "¿Qué me hace más feliz?".

ABDOMINAL MENTAL

Este ejercicio reforzará tu optimismo a corto plazo[23] (los expertos aún están investigando si también tiene un efecto a largo plazo). El ejercicio es más eficaz si lo practicas varios días seguidos. Sigue describiendo diferentes visiones del futuro (para distintos ámbitos) a fin de mantener fresco el impacto. Si quieres seguir usando el mismo escenario futuro, sáltate el paso 2 (la parte de la escritura) después de tu primer intento.

✖ ¡Cuidado!

Una de las trampas al intentar visualizar un futuro prometedor es que sientes una discrepancia entre tu estado actual y tu estado futuro. En consecuencia, tu descontento aumenta. Es mejor soñar con tu futuro desde la aceptación de la situación actual, como un agricultor satisfecho que cultiva su tierra esperando una buena cosecha.

OPTIMISMO SOBRE EL PASADO

El optimismo sobre el futuro depende de la explicación que des a los acontecimientos buenos y malos del pasado: ¿los consideras temporales o permanentes, globales o específicos, y los explicas interiorizándolos o externalizándolos?

Imagina que das una formación de equipos y por accidente escuchas una conversación sobre ti en los baños. "¿Verdad que fue aburrido? Ojalá lo hubiera grabado, esa voz funciona mejor que las pastillas para dormir." Una persona pesimista de corazón respondería a esto como un estado permanente ("Nunca hago las cosas bien; mis presentaciones son desesperantes"), globalmente ("No soy bueno en nada") e internamente ("Tienen razón: soy aburrido"). El razonamiento de un optimista es todo lo contrario (temporal, específico y externo): "No ha sido mi mejor actuación, pero sé que puedo hacerlo. Es evidente que el colega X ha tenido un mal día, así que tomaré su opinión con pinzas". Si hubiera sido una historia llena de elogios, el pesimista la habría desestimado por ser temporal, específica y externa, mientras que el optimista diría: "En efecto, hago buenas presentaciones y, por supuesto, soy muy capaz. Gracias a mis excelentes preparativos y a mi talento para reunir a la gente, logré que esta sesión se resolviera".

En resumen, los pesimistas se ven a sí mismos como los culpables de los acontecimientos negativos,[24] y si éstos son positivos, dicen: "Ha sido pura suerte" (las circunstancias han sido las responsables, no el pesimista). Además, creen que las consecuencias negativas siempre prevalecerán y que el problema está arraigado en su personalidad (inmutable). Los optimistas atribuyen el éxito a ellos mismos y el fracaso a los demás (o al destino). Se ven a sí mismos como el desencadenante de los buenos acontecimientos, creyendo que sus cualidades son permanentes y estables, culpando de los malos acontecimientos a las circunstancias o a lo inesperado. Puedes entrenarte para ser más optimista.

> Escribe un acontecimiento agradable que haya ocurrido recientemente y practica la perspectiva optimista: permanente, global e interna. Por ejemplo: "He recibido una tarjeta muy bonita. Esto se debe a que soy agradable (interna), mucha gente piensa así (global), estoy seguro de que siempre será así (permanente)". Ahora intenta entender un evento negativo desde una perspectiva externa, específica y temporal. No exageres: intenta conectar con lo que realmente crees.

ABDOMINAL MENTAL

Lo bueno de las explicaciones optimistas es que puedes alejarte de los "resultados obtenidos en el pasado". Imagina que has tenido una infancia desagradable e insegura, entonces este tipo de percepción muestra que ya no eres el niño o la niña del pasado y que puedes desprenderte de los sentimientos de victimización que adoptaste.

✖ ¡Cuidado!

El peligro de esta técnica es que, si vas demasiado lejos, no asumirás la responsabilidad de tus actos. Siempre culparás de tus fracasos a los demás o a las coincidencias, y te darás una palmadita en la espalda después de cada éxito, aunque sea tu hermano/compañero/empleado el que merece los elogios. Tienes que encontrar un equilibrio entre "mentirte a ti mismo" y la dura realidad: esto es el optimismo flexible. Sé realista sobre los riesgos y tus propios errores, pero sigue creyendo que puedes crear un mundo mejor. Por ejemplo, un optimista flexible que quedó con las piernas paralizadas tras un accidente y sabe que no volverá a caminar, ve nuevas oportunidades y afronta el futuro con confianza. El entrenamiento de la atención aclara la mente y te ayuda a comprender lo apropiado o inapropiado del optimismo.

GUARDAR COMO

Comúnmente uno exagera lo feliz que se siente en momentos especiales (piensas en tus vacaciones en Francia y convenientemente olvidas la diarrea, los retrasos y la discusión que tuviste en la avenida Périphérique de París) y subestimas los sentimientos de felicidad en días normales, como el martes pasado por la mañana en la oficina, en la cafetería. Otra tendencia del cerebro es la llamada regla del principio-pico-fin. El primer clavado en la alberca durante las vacaciones, el gol que metiste en ese aburrido partido de futbol y la última vez que te acostaste con tu ex: tu cerebro se aferra al principio, y aún más al final y a los momentos cumbre (más emocionales) de un acontecimiento. Así se cultivan los recuerdos distorsionados, que a nivel inconsciente provocan decisiones equivocadas en el futuro.

Ser consciente de ello y ser más realista sobre tus experiencias te ayudará a crear una mejor base para futuras decisiones. También podrías beneficiarte de este conocimiento cultivando más recuerdos positivos.

¿Te gustaría tener buenos recuerdos de tu viaje a Berlín? Asegúrate de que el viaje no se convierta en algo poco aventurero y planifica un momento "cumbre", como una comida en un restaurante con estrella Michelin, brincar de un bungee (o lo que quieras). Y deja lo mejor para el final. No sólo tendrás un recuerdo más positivo del viaje, sino que además podrás recordar la sensación positiva.

ABDOMINAL MENTAL

Regálate un momento cumbre hoy y termina el día con una nota feliz.

CONSOLIDACIÓN

A tu cerebro le gusta llevar un impermeable contra las emociones positivas: la alegría o el entusiasmo caen como las gotas de lluvia; un buen sentimiento se pierde muy rápido. Las emociones negativas se parecen más a un suéter de lana: la irritación, el enojo y la tristeza perduran en el tejido. Por fortuna, el cerebro es flexible (véase "Introducción") y se puede programar. Las emociones a las que prestes atención crecerán y se fortalecerán.

Cada día, los momentos felices (lograr subirte a un tren, una tarjeta de un ser querido, el sol asomando entre las nubes) se almacenan en la memoria a corto plazo. Pero si no prestas atención a la experiencia, se borrará. Quieres lograr un cambio duradero en tu disco duro interno, así que, si pasas el tiempo suficiente (al menos ocho segundos) centrando tu atención en la buena experiencia, la información se cargará en tu memoria a largo plazo y tu cerebro se programará positivamente.[25] Cuanto más hagas esto, más fácil será y tu cerebro será más receptivo a la positividad. Y la ventaja es que al cerebro le gusta llevar el impermeable contra las emociones negativas más comúnmente.

SANACIÓN

El psicólogo Rick Hanson ha desarrollado una técnica que te ayuda a reconocer las buenas experiencias (incluso cuando cenas las sobras de la semana un lunes por la noche), a absorberlas y almacenarlas programando tu cerebro de forma diferente.

Su método HEAL consta de cuatro pasos:

1. Tener una experiencia positiva

Tienes una experiencia positiva como un invitado bienvenido. La experiencia llega de forma espontánea (el sol en la piel o una conversación inesperada) o es evocada por tu imaginación o por una acción consciente, por ejemplo al felicitar a alguien o al ordenar tu casa. No te centres en la cocina limpia, sino en la experiencia. ¿Cómo te afecta, cómo te sientes ahora?

2. Enriquecer la experiencia positiva

Ahora enriquece esa experiencia positiva: ofrécele una silla y algo de comer a tu invitado. Ábrete por completo a la sensación positiva y mantenla conscientemente durante 10-15 segundos más de lo "habitual". Intenta saborearla. Concéntrate en todos tus sentidos; esto intensifica la experiencia.

Explora nuevas percepciones durante este paso, en especial las que hacen que la experiencia sea relevante para ti. Esto hará que la experiencia sea más duradera. Por ejemplo, explora cómo la lectura de una novela, la observación de una carrera ciclista o la conversación animada con un recolector de basura enriquecen tu vida y marcan la diferencia. Un punto de vista diferente o una nueva perspectiva sólo echarán raíces si reflexionas sobre ello de forma relajada y enriqueces la experiencia.

3. Absorber la experiencia positiva

Ahora toma la decisión consciente de permitir que la experiencia se instale en tu mente. El invitado puede pasar la noche; tú almacenas la experiencia en tu cerebro. Ahora te ayudará: intenta imaginar cómo la experiencia entra en tu corazón o la guardas al teclear Ctrl-S. Siente que la experiencia positiva fluye por tu cuerpo o imagina que tu cerebro se pone su suéter de lana especialmente para la ocasión. Piensa en una imagen que te ayude, que te sirva. Cuanto más fuertemente puedas experimentar estas emociones en tu cuerpo, se incrustarán con mayor profundidad en tu cerebro. Mantén este paso durante 15-20 segundos.

4. Vincular las experiencias positivas y negativas

A veces, las experiencias negativas, desde una dolorosa ruptura hasta un grave accidente, aparecen sin invitación y sin función alguna. Dejarlas atrás es difícil. Pero ¿sabías que puedes anular un recuerdo negativo con una experiencia positiva (actual o reciente)? *Las neuronas que se conectan juntas, se detonan juntas.* Incluso invita a esa persona desagradable que la última vez puso los pies sobre la mesa, porque su comportamiento tendrá menos efecto sobre ti, ya que tu invitado bienvenido también está allí.

Este paso te hace vincular la experiencia positiva con una experiencia negativa del pasado. Así reconoces el miedo y la impotencia, la ira o la tristeza, pero ya no te dejas llevar por ellos. Le ofreces una cama grande al invitado bienvenido y le das una camilla al huésped desagradable. Sería conveniente que en el programa de necesidades básicas, cerca del comienzo de este capítulo, compruebes (de antemano) qué contrapartida positiva puede modificar tus sentimientos negativos. Por ejemplo, podrías relacionar la gratitud con la decepción, la relajación con la inseguridad y el aprecio con los celos.

Ilumina la experiencia positiva y deja en la sombra las negativas. Mantén este paso durante al menos 15 segundos y termina concentrándote totalmente en la experiencia positiva. Si la experiencia negativa vuelve a surgir en un futuro (próximo) te resultará más fácil activar la experiencia positiva antes y con más facilidad. Es como poner música alegre para acompañar una escena dolorosa. Asegúrate de que el sentimiento positivo no se vea eclipsado por el negativo, al volver a pensar repetidamente en la experiencia positiva (o al menos neutra) durante otros 15 segundos, dentro de la primera hora después del paso 4.

En este paso, comienza con experiencias desagradables que sean fáciles de afrontar, como una multa de tránsito o un teléfono descompuesto. Si el paso 4 es demasiado difícil para ti, no te preocupes; déjalo por ahora. Los pasos 1, 2 y 3 son todo un logro; y son en sí mismos curativos. No introduzcas los acontecimientos traumáticos en el paso 4, ya que éstos requerirían un entrenamiento profesional.

Intenta recibir los sentimientos positivos en un estado de ánimo relajado y agradecido, y observa, sin juzgar, cuando éstos se desvanecen y las comisuras de tu boca vuelven a caer. Esto alargará e intensificará tu experiencia positiva. No intentes analizar demasiado las cosas. Si pasas más tiempo pensando y menos tiempo en las experiencias 1, 2 y 3 , sólo toma nota sin juzgar y vuelve a centrar tu atención en tu cuerpo y en las sensaciones positivas.

Al practicar estos pasos descubrirás que comúnmente surgen estados de ánimo negativos (véase el paso 4), es decir, los invitados desagradables y molestos. También es posible que tengas dificultades para tener emociones positivas. Una vez más, presta atención compasiva a lo que está ahí, o deja ir la experiencia difícil, permitiendo que tu atención vuelva a la experiencia agradable.

Practicar estos pasos fortalece el músculo de la atención. Si tu mente monotemática empieza a hacer estragos de nuevo, con paciencia debes centrar la atención en tu cuerpo o en el punto de atención en ese momento. Cuanto más practiques, más te gustará y más fácil te resultará.

ENTRENAMIENTO

Ya sea en el gimnasio, en un paseo o en la cocina, ¿cuánto tiempo dedicas a ejercitar tu cuerpo? La felicidad requiere el mismo esfuerzo. Y realmente dará sus frutos. Esta semana practicarás cómo notar y evocar más emociones positivas. También aprenderás a mantenerte conectado durante más tiempo.

El pensamiento optimista y el valor de la gratitud no son nuevos para ti. Sin embargo, practicarlos puede ser una novedad. Así que no dejes que la duda o el escepticismo te impidan cruzar la puerta abierta.

ıı|| LIGERO

Esta semana elige uno de los tres ejercicios siguientes cada día para evitar lesiones.

EJERCICIO 1: REPITE LOS BUENOS MOMENTOS

Elige un momento tranquilo, siéntate, ponte cómodo y dedica un par de minutos a hojear el álbum de fotos que tienes en la mente. Revive los momentos felices de tu vida; utiliza todos sus sentidos. Intenta no analizar, sino centrarte en la experiencia y valorar las emociones positivas que surjan.

EJERCICIO 2: ENTRENAMIENTO DE GRATITUD

Toma uno de los ejercicios de gratitud de las abdominales mentales y practícalo varias veces al día. Intenta alternar entre diferentes ejercicios para mantenerte fresco. Esta abdominal mental tiene que ser divertida.

CONSEJO DEL ENTRENADOR

Comer pan con chocolate todos los días se vuelve algo aburrido. Lo mismo sucede con la gratitud (entrenamiento): mantenla fresca alternando los ejercicios y no te excedas. Un cumplido o una expresión de gratitud perderán su valor si se dicen con demasiada frecuencia, tanto desde el punto de vista del que recibe como del que da. Así que permanece atento: si la gratitud (el entrenamiento) se convierte en una actividad rutinaria, debes cambiar su frecuencia o formato. Sustituye la abdominal mental del texto de gratitud por la abdominal mental de la positividad, o de preferencia crea tu propio ejercicio de gratitud.

EJERCICIO 3: OPTIMISMO

Anota cada día tres acontecimientos positivos y analízalos desde un punto de vista optimista: interno, global y permanente. Anota también un acontecimiento negativo y examínalo desde el punto de vista externo, específico y temporal.

Ninguno de estos ejercicios requiere mucho tiempo, pero todos producen un cambio sustancial y duradero. En resumen: poco esfuerzo y gran beneficio.

ıllı MEDIO

EXTENSIÓN DEL ENTRENAMIENTO LIGERO Crea un álbum de la felicidad. Llena un cuaderno con fotografías preciosas, recuerdos, poemas, tarjetas divertidas, imágenes y cartas de amor: todas las cosas que te hicieron sentir bien en el pasado. Hojea el libro varias veces durante la próxima semana y revive esos momentos de felicidad. Si se te dificulta un poco, quizás estés haciendo esto con demasiada frecuencia. En ese caso, mantén el álbum cerrado durante unos días.

ıll INTENSO
EXTENSIÓN DEL ENTRENAMIENTO LIGERO + MEDIO

EJERCICIO 1
¿Sientes que necesitas un entrenamiento intensivo esta semana? Entonces, además del entrenamiento ligero diario, realiza una meditación de agradecimiento en silencio. Programa un temporizador para 10 o 15 minutos y permítete entrar en contacto con todo aquello por lo que estás agradecido.

EJERCICIO 2: CARTA DE AGRADECIMIENTO
Piensa en alguien a quien nunca le hayas dado las gracias de forma adecuada. No elijas a un ser querido o a alguien de quien estés enamorado o a quien sientas que todavía le "debes" un agradecimiento, sino a alguien por quien sientas pura gratitud. Escríbele una carta de agradecimiento en una hoja tamaño oficio (si escribes la carta a mano será más eficaz). Tómate tu tiempo para expresar claramente por qué estás tan agradecido y qué aprecias de esa persona. Escríbela a lo largo de varios días, ya que esto enriquecerá el mensaje. Luego invita a la otra persona a que se acerque o pase a leer la carta. No le digas el motivo de antemano; sólo di que te gustaría verla. Lee la carta de agradecimiento despacio y con empatía, cara a cara. Deja tiempo y espacio para que el mensaje llegue y espera una respuesta. A continuación, entrega tu carta, en un sobre bonito o incluso enmarcada, lo que más te convenga. Éste puede ser uno de los ejemplos más intensos de psicología positiva en acción, en el que te muestras abierto y vulnerable. Pero el impacto positivo hace que todo merezca la pena.

ENFRIAMIENTO

A algunas personas se les pone la piel de gallina cuando ven un partido de tenis, mientras que a otras les resulta indiferente, aunque se emocionan bastante cuando escuchan un recital de piano. Las personas difieren en sus respuestas a los ejercicios de habilidades para la felicidad, y la intensidad de los efectos varía de una persona a otra. Quizá no todas las estrategias de felicidad te convengan (ahora), te funcionen, ni satisfagan tus necesidades. Es bueno que compruebes qué ejercicio te ha funcionado, cuál te ha resultado más útil o te ha parecido más potente. Tal vez no te haya afectado mucho durante toda la semana. En ese caso, es especialmente importante que sigas leyendo para ver si alguna de las semanas siguientes te sientes mejor.

Pregúntate si has logrado algo de lo siguiente en la semana 9:

- ¿Reconoces las emociones positivas y evocas las que necesitas?
- ¿Has experimentado la gratitud en situaciones cotidianas? ¿Y en las situaciones difíciles?
- ¿Absorbes y retienes lo bueno y lo positivo durante más tiempo?
- ¿Se te facilita más explicar los acontecimientos del pasado con tu enfoque optimista?
- ¿Puedes ser (más) optimista en tu forma de ver el futuro?

EN CONCLUSIÓN

Este capítulo muestra que muchas de nuestras emociones positivas se derivan de estar satisfechos con lo que tenemos, y que contamos con la suerte de experimentar lo que es "suficiente".

¿Las pequeñas cosas? ¿Los pequeños momentos?
No son pequeños.
JON KABAT-ZINN

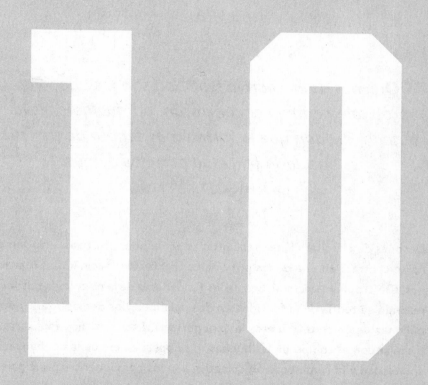

SEMANA

10

SER FELIZ CON OTRAS PERSONAS

Quienes no buscan la felicidad son los que más probablemente la encontrarán, porque quienes la buscan, olvidan que la forma más segura de ser feliz es buscar la felicidad para los demás.

MARTIN LUTHER KING

Después de ejercitar al inicio tus propias emociones positivas, esta semana se centrará en una de las principales fuentes de felicidad: las relaciones. Christopher Peterson, uno de los fundadores de la psicología positiva, resumió su teoría de la felicidad en dos palabras: "los demás". Para 7,000 millones de personas, tú eres la otra persona. Esta semana empezarás a trabajar con el equipo de las buenas relaciones, en el que la confianza, la amabilidad y la comunicación colectiva son los componentes principales.

CALENTAMIENTO

Aristóteles dijo: "No hay felicidad sin amistad". Esta afirmación clásica coincide con un gran número de investigaciones: tener un círculo de amigos y conocidos, que sea fuerte y que funcione bien, es lo que marca la diferencia entre las personas medianamente felices y ese 10% de las personas más felices. Si uno se siente conectado con los demás, sus posibilidades de sentirse feliz son cuatro veces mayores.[1] Lo contrario también es cierto: las personas felices tienen mejores relaciones que sus homólogos infelices.[2]

Existen muchos tipos de terapia para ayudarte si hay problemas en tu familia o con tu pareja. Sin embargo, la gente no se dedica a entrenar sus relaciones para celebrarlas o llevarlas a un nivel (aún) más alto, y sólo tendrá una sensación plena de felicidad cuando enriquezca sus relaciones, tanto en el amor como en la amistad. Piensa en el índice de positividad de la semana 9.

Pero ¿cómo desarrollar picos en las relaciones que van bien? La atención, el interés genuino y la dedicación al otro son la base de cualquier relación. Los motivos de las personas felices van más allá, trascendiendo el ego. Dan sin esperar nada a cambio (el circuito cerebral del altruismo). En la receta de las buenas relaciones, las personas felices incorporan tres ingredientes principales (que están interrelacionados): confianza, amabilidad y comunicación conectiva.[3]

¿Con qué frecuencia utilizas las palabras *yo* y *mí*? Su uso excesivo conlleva riesgos. Un estudio de la Universidad de California descubrió que las personas que hablan mucho de sí mismas tienen más riesgo de sufrir infartos mortales.[4] El uso frecuente de la palabra *yo* parece ser un factor de predicción de la insuficiencia cardiaca aún más fuerte que el tabaquismo o la hipertensión arterial. El estudio de seguimiento demostró que quienes suelen hablar en primera persona son más propensos a sentirse deprimidos que quienes utilizan *nosotros* y *nos*.[5]

REVELACIÓN

CONFIANZA

Imagina que eres el director de una empresa y estás entrevistan-
do a un candidato que te entrega su currículum: una hoja en blanco, tamaño A4. El hombre afirma que acaba de salir de la cárcel,
tras cumplir 15 años de condena por asesinato. Se levanta la camiseta y muestra sus tatuajes. Al final de la entrevista, lo felicitas por
su nuevo trabajo. ¿Te imaginas que esto suceda? No hace falta que
lo hagas: esos directivos existen de verdad. Trabajan en la panade-
ría Greyston, en Riverdale, Nueva York. El negocio es conocido por
su política de contratación abierta. No les interesan los anteceden-
tes del candidato, sino la confianza en sus capacidades. Greyston
Bakery lleva años funcionando con éxito, y sus empleados están ex-
cepcionalmente contentos.

LA DESCONFIANZA ES ALGO HUMANO

La confianza mantiene unidas las relaciones, pero su contraparte, la
desconfianza, está arraigada en nosotros. En primer lugar, porque
así está afinado nuestro cerebro: más vale prevenir que lamentar.
Tenemos memoria de elefante cuando se trata de engaños y sorpre-
sas desagradables, pero no recordamos los momentos en los que era
correcto confiar en alguien. La desconfianza se nos inculca. Tal vez
cuando eras niño te dijeron cien veces: "¡No hables con extraños!".
No es una receta para la felicidad, y comúnmente es un error (al menos para nosotros como adultos). Las investigaciones demuestran
que hablar con extraños hace feliz a la gente.[6]

El índice de positividad de la confianza es grande: se necesitan
cinco experiencias buenas para olvidar una mala. Después de aque-
lla mala experiencia cuando compraste un taladro defectuoso en
eBay, tardarás mucho tiempo en atreverte a comprar una podadora
de segunda mano.[7]

La cobertura de los medios de comunicación también alimenta

nuestra desconfianza: *si hay sangre, hay venta*. Preferimos ver sangre que ver flores (a menos que vengan con las abejas) debido a nuestro sistema omnipresente de amenaza. Los medios de comunicación colorean nuestra percepción y sintonizan nuestro cerebro con el peligro, la gente mala y la desconfianza. En Estados Unidos un niño de 12 años habrá sido testigo de una forma u otra de 12,000 asesinatos, en los periódicos, en la televisión, pero sobre todo en YouTube o en internet.[8] ¿Cuántos asesinatos has presenciado? ¿Cuántas víctimas de asesinatos has conocido personalmente?

Y, por supuesto, está la combinación de la creencia personal y la transmisión que contribuyen a aumentar nuestra desconfianza. Cuanto más desconfías de tu entorno, más difícil es que no te afecte. Y cuanta más desconfianza tengas a tu alrededor, menos seguro será tu entorno. En efecto, no deberíamos considerar si el vecino es fiable o no, sino que deberíamos preguntarnos: ¿confío en él?

La tendencia a desconfiar de los demás no suele coincidir con la realidad. Las investigaciones demuestran que las personas son mucho más fiables de lo que pensamos.[9] La pureza y la bondad se subestiman; la maldad y la maldad se sobrevaloran. Tendemos a olvidar innumerables interacciones en las que las personas se ayudan, consuelan y apoyan mutuamente; recordamos la vez que nos robaron el teléfono o el cliente que se fue sin pagar, mientras que el número de actos altruistas es muchas veces mayor que el de las acciones egoístas y/o malvadas. Si hubieran existido más conflictos que cooperación, la humanidad se habría extinguido hace tiempo. Al contrario, los humanos hemos tomado con éxito el control del reino animal y del mundo de la tecnología gracias a nuestra excepcional capacidad de cooperación. ¿Has visto alguna vez a un lagarto (el mayor egoísta del reino animal) paseando en un coche eléctrico?

ABDOMINAL MENTAL

¿En tu vida es más fuerte la confianza o la desconfianza (en los ámbitos principales del trabajo, la vida personal y la vida social)? ¿Reconoces un reflejo de desconfianza o confianza en tus reacciones ante acontecimientos menores o inesperados, como una llamada a la puerta (¿un encuestador electoral o un amigo?) o un impulso de dejar tus pertenencias desatendidas en una cafetería cuando vas al baño?

CONFIANZA EFECTIVA

¿Cómo te ganas la confianza de los demás y cómo te aseguras de que no te van a engañar? La respuesta es tan sencilla como difícil: la confianza. Es como el granjero que utiliza una caja para recibir el dinero de la venta de sus huevos: confía en que dejaremos el dinero suficiente en la caja. Varios estudios han demostrado que tiene razón: las personas en las que se confía suelen estar a la altura de esa confianza.[10] El pequeño granjero confía en que puede poner todos los huevos en la misma cesta. Y si pierde porque alguien le robó los huevos, se ve compensado con creces porque no pierde tiempo valioso en la venta física del producto, y por supuesto por los clientes en los que confía.

REVELACIÓN

Karma Kitchen (que opera en varias ciudades y bajo diversas formas en todo el mundo) es un ejemplo de una maravillosa iniciativa que inspira confianza. No hay precios en el menú. Cuando te das cuenta, siempre pone $0.00 y dice: "Su comida ha sido un regalo de alguien antes que usted. Para mantener esta cadena de regalos, te invitamos a pagar la comida de la siguiente persona".

Aunque es una minoría significativa, siempre habrá gente que te abrace para robarte el collar. Quieres armarte contra esos ladrones, pero al mismo tiempo te encanta recibir abrazos. ¿Cómo te aseguras de tener muchas relaciones de confianza y a la vez minimizar el riesgo de que te engañen? Si quieres ser como el agricultor, debes aprender a confiar de forma eficaz. Intenta encontrar un término medio entre la confianza y la desconfianza. La confianza efectiva se compone de cinco elementos[11] que te ayudan a transformar la tendencia a la desconfianza en una confianza proactiva, todo ello sin perder de vista la manzana podrida.

1. Conciencia

El primer paso para lograr una confianza efectiva es saber cuál es tu puntuación en la escala de confianza (ponte a prueba en <happysma rts.com/scale/trust-scale>). ¿Te engañan frecuentemente debido a tu credulidad o sueles desconfiar de los demás como algo natural? En cualquiera de los casos, puedes moverte por la escala hacia una posición más equilibrada. La mayoría de las personas sobreestiman las veces que son engañadas; así que sé justo y considera también los momentos en los que la confianza estaba (o habría estado) justificada.

2. Permanece alerta para confiar o desconfiar

Recuérdate explícitamente que es posible confiar en las personas. La única manzana podrida en la cesta es la excepción. Observa tu desconfianza con amabilidad, sin condenarte por sentirla. Evita ver programas de televisión violentos y, si puedes, minimiza el tiempo de ver las noticias y aprende a hacer pausas cuando lo hagas. Como contraparte, toma nota de tu propia capacidad de confianza y adopta un enfoque proactivo para otorgarla a los demás. Dale tu confianza a la persona honesta que encontró tu teléfono y te lo devolvió, y

a tu pareja que cumplió su promesa de darte un masaje en los pies.
Cree cuando tu hijo te dice que va a ordenar su habitación; confía
en el pintor y decorador que ha prometido cumplir el plazo.

3. Encuadra tu mente en la confianza

Déjate inspirar por los objetos, las imágenes y las personas que te
generan confianza. Desde citas inspiradoras, libros y documentales
hasta las personas de tu comunidad, empápate de todo lo que tenga
la bondad humana como núcleo. Piensa repetidamente en los beneficios de la confianza. La gran ventaja de tu confianza proactiva es
que a los demás les resultará más fácil confiar en ti y, por tanto, serán más dignos de confianza.

4. Emociones positivas

Observa y/o evoca las emociones positivas asociadas a las interacciones de confianza. Utiliza el método HEAL para reflexionar sobre ellas
e incorporarlas (véase la semana 9). De este modo, podrás convertir
la confianza en un rasgo duradero y no en una emoción pasajera.

5. Minimiza el dolor

No dejes que una manzana podrida eche a perder todo el frutero. La
desconfianza no debe superar el sentimiento de felicidad que obtu-
viste gracias a tu sincera creencia en el bien. Sólo hay que tener en
cuenta el dolor de esa manzana podrida. El entrenamiento en compasión debería haberte dado más resistencia para afrontar el dolor y
la posible condena hacia ti mismo. Estás preparado para asumir más
riesgos porque no temes los inevitables raspones. Y si te engañan,
no te condenes por ser crédulo, siéntete orgulloso por haber estado
abierto a lo bueno de los demás. Pídeles a las personas que rindan

cuentas de su comportamiento y dales una segunda oportunidad para demostrar su fiabilidad.

Si no responden (bien), toma una sana distancia. No es necesario olvidar sus acciones, pero es prudente perdonar a las personas que las han cometido (véase la parte 2 sobre la compasión). Donde la amargura conduce a la desconfianza, el perdón es la clave para la confianza proactiva.

BONDAD

El avión vibra y se sacude; la mujer del 6C lleva horas en su estrecho asiento. Mira por la ventanilla del avión y sus ojos expresan miedo: las alas rebotan con el fuerte viento y la intensa lluvia. Otro pasajero observa a la mujer inquieta. Se levanta y se traslada al asiento vacío junto a ella. El hombre señala el exterior con confianza y tranquiliza a la mujer: "No te preocupes. Soy ingeniero de vuelo y un ala temblorosa es bastante normal en este tipo de aviones". La mujer relaja los hombros y sonríe levemente. En realidad, el hombre es un asesor fiscal sin ninguna habilidad práctica; satisfecho por un trabajo bien hecho, vuelve a su asiento. Su mentira blanca ha servido de algo.[12]

No sólo la confianza, sino también la bondad es indispensable para las relaciones sociales satisfactorias. Tu disposición a ayudar a alguien (un extraño o un ser querido) te hace feliz. La bondad está cerca de la compasión. La principal diferencia es que, mientras que la compasión se centra en aliviar el sufrimiento, la bondad también pretende aumentar la felicidad. Al igual que la compasión, puedes entrenarte para expresar una amabilidad sincera: la idea de que "mi sobrina, un diablillo de nacimiento, nunca cambiará" no es cierta.

Al igual que la compasión, el concepto de amabilidad también se enfrenta al escepticismo. Hay un montón de gente buena, seguro, pero ¿te ayudará cuando tu casa se incendie? Tal vez asocies (inconscientemente) el liderazgo con los furiosos Trump de este mundo, en lugar de los empáticos Obama. Sin embargo, la paradoja del poder,[13] demuestra que los líderes más eficaces son bondadosos y se preocupan por servir a los demás,[14] y que la bondad es el factor decisivo que distingue a los directivos con mejor rendimiento de aquellos con la peor productividad. Ser querido y amable no puede separarse del rendimiento y la eficacia. Las empresas que son generosas y bondadosas con sus empleados resultan ser más exitosas.[15]

El liderazgo participativo de la empresa brasileña Simco es un buen ejemplo. Cada empleado, desde el director hasta quien limpia, decide su horario de trabajo y su salario. Se podría pensar que es un mundo de locos: la empresa quebrará en poco tiempo. Por el contrario, la empresa ha prosperado durante años. El enfoque de Simco es un ejemplo clásico de liderazgo participativo y del poder de la bondad.

Incluso en mercados altamente competitivos, no rige tanto la ley del más fuerte, sino la ley del más bondadoso. En otras palabras, el más bondadoso es el más fuerte. Por ejemplo, las investigaciones de Kellogg School of Management demuestran que los negociadores amables y cooperativos son quienes llegan a los mejores acuerdos comerciales.[16]

IMAGEN DE TI MISMO ÚTIL

La compasión por uno mismo, como hemos visto, es la base para ser bondadoso con los demás. Si estás a gusto contigo mismo, también podrás preocuparte por los demás y ser bondadoso con ellos. Parte de esto es la imagen que tienes de ti mismo, que no debe obstaculizarte sino ayudarte. Por supuesto, tienes un lado oscuro y otro altruista, pero una imagen de ti mismo requiere centrarse en este último. Reconoce y cultiva tu propia bondad. Te ayuda a quererte más y, por lo tanto, a ser más amable con los demás.

EL SECRETO DE LA BONDAD

La motivación de tu bondad marca la diferencia. ¿Eres desinteresado cuando le ayudas a alguien o le das consuelo? ¿O lo haces en tu propio beneficio, esperando algo a cambio? Si actúas con bondad sólo para aliviar tu propio malestar o porque en secreto quieres algo a cambio, entonces estás resaltando tu propio interés a expensas del otro. Si haces un cumplido para recibir uno a cambio, tu acto "bondadoso" no servirá de nada.

El principio de trueque que utilizan los ik del noreste de Uganda es que "no se obtiene nada a cambio de nada". Imagina que un vecino, conocido o pariente viene a cavar en tu jardín o a construir un muro sin que se lo pidas, no por amabilidad, sino para dejarte en deuda con él. Significa que el "dador" puede luego pedir al deudor el rescate de su tiempo y esfuerzo cuando le convenga. La "bondad" sólo se muestra en previsión de una recompensa.

La clave de la bondad consiste en hacer algo por alguien sin esperar nada a cambio. Sin importar tus propias expectativas, al parecer la bondad se reduce a que la otra persona *te ofrece* una recompensa. Por ejemplo, la frecuencia de los actos altruistas disminuye si nos informan por adelantado de las recompensas (materiales) que conllevan.[17] En los países en los que los donantes de sangre reciben una recompensa, la donación global es menor.[18] Los héroes que rescatan a personas de un edificio en llamas o de un coche hundiéndose en un río rara vez lo hacen anticipando el reconocimiento y el agradecimiento. La explicación habitual es: "Sólo estaba haciendo lo que sentía que debía hacer". Si eso deja una buena sensación, es un extra. Lo que dije sobre la compasión en la parte 2 también se aplica a la bondad: es contagiosa.

Una de las hermosas compensaciones de la vida
es que ningún hombre puede tratar de ayudar
a otro sinceramente, sin ayudarse
a sí mismo.

RALPH WALDO EMERSON

ABDOMINAL MENTAL

Hoy, muestra algo de bondad a alguien sin que se dé cuenta, de preferencia a un conocido o a un desconocido, y no a un amigo o familiar. Recoge una bicicleta que haya caído, limpia las hojas del jardín de alguien, felicita a tu colega de forma anónima, mete algo de dinero en el buzón de tus vecinos más desfavorecidos o haz una donación anónima a una organización benéfica. Aprecia las emociones agradables que surjan, aunque no te preocupes si no aparecen esos sentimientos.

BONDAD EN PRÁCTICA: DAR

Un interesante estudio muestra cómo cinco voluntarios con esclerosis múltiple fueron seleccionados para realizar un trabajo voluntario: ser compañeros de otros pacientes con dicha enfermedad. Tres años después, los voluntarios estaban más contentos con su vida y tenían una mayor sensación de control que los pacientes a quienes ayudaban. Obviamente, los pacientes se beneficiaron del apoyo, pero los voluntarios se beneficiaron siete veces más por dar el apoyo que los pacientes de recibirlo.[19] Dar nos hace más felices que recibir, tanto desde el punto de vista material (ropa, juguetes y comida) como inmaterial (amor, tiempo e intereses).

Esto se debe, en esencia, a que no te preocupas todo el tiempo por ti mismo. Dar a los demás mejora la imagen que tienes de ti mismo, refuerza el optimismo y hace que los demás sean más generosos contigo (por el *efecto contagio*). Te vuelve agradecido porque te percatas de lo mucho que tienes que dar. Y, lo que es más importante, cada vez que regalas algo, te desprendes de ese pedacito que llamas frenéticamente "mío". Te liberas de la prisión llamada *codicia*.

SE PUEDE APRENDER A DAR

¿Qué te ocurre cuando te planteas regalar algo? Piensa en algo valioso, como tu último pedazo de pastel, tus lentes de sol favoritos o dar la mitad de tu día libre, aunque estés muy ocupado. El ansioso avaro te susurra al oído: "No lo regales, porque ya no tendrás suficiente para ti".

Entrenar para dar significa utilizar el DANCE (véase la semana 3) para ayudarte a familiarizarte con tu avaricia. Cuando tu atención es abierta y sin juicios te darás cuenta de la tendencia que tienes de pensar en "para mí" por encima de todo. En lugar de ser rehén de esa avaricia contundente, utiliza tu cuarto de segundo mágico y sal del patrón automático de "tener", "comprar" y "poseer". No hay que esperar al momento en que uno se sienta bien, feliz o tranquilo. Funciona al revés: dar, o el desencadenante de hacerlo, traerá la calma y la felicidad.

La felicidad depende de lo que se puede dar,
no de lo que podemos recibir.
ARISTÓTELES

Dar no significa que no debas desear cosas sino que se trata de abrazar ese deseo y negarte a él en lugar de evitarlo. Es importante que no sea una obligación o "porque es lo correcto", sino porque es un deseo que está dentro de ti.

ABDOMINAL MENTAL

Hoy regala algo, como tiempo, dinero o un objeto. Debe ser algo de lo que te resulte difícil desprenderte. Aunque la mera idea de desprenderse de ello te haga sentir ansioso, concéntrate en la parte de ti que realmente quiere desprenderse. Registra esos sentimientos de antemano, así como tus pensamientos de miedo, codicia y duda, sin juzgarlos. Después, anota qué pensamientos y sentimientos surgen tras regalarlo. A continuación, valora cualquier emoción positiva que surja.

✖ ¡Cuidado!

Un hombre abre su periódico y ve toda la miseria del mundo: guerras, desastres naturales, gente muriendo de hambre. Decide donar todo su dinero para quienes lo necesitan. Después de su donación, sigue pensando que no es suficiente. Dona todas sus pertenencias, incluida su casa. Ahora no tiene hogar y vive en la calle. Entonces, un día ve un periódico con el titular "ESCASEZ DE DONANTES". Va al hospital y dona uno de sus riñones. Después de la operación, el hombre sigue pensando que su donación es insuficiente y le pide al cirujano que le quite el otro riñón, el hígado, el corazón y los pulmones, de hecho, todos sus órganos. El cirujano se niega: "No puedo hacerlo, eso sería un asesinato". Cuando el hombre sale del hospital, da lo último que puede dar: su vida. A su lado se encuentra el formulario de declaración de donante que ya ha sido llenado.[20]

Los donantes tienen más probabilidades de experimentar la felicidad y el éxito, pero también son más propensos al fracaso y la infelicidad. Esta aparente contradicción se debe a que hay dos tipos de donantes: el temerario, que da más de lo que puede permitirse material, mental y físicamente; y el inteligente, que juzga sabiamente cuándo, con qué frecuencia y a quién puede darle. Adam Grant, profesor de psicología, experto en dar y autor del *bestseller Dar y recibir*, llega a la conclusión de que dar con inteligencia no sólo es más sano para nosotros que dar imprudentemente, sino que también es más benéfico para los demás.

Los donantes inteligentes tienen en cuenta dos aspectos de la donación: son eficientes. Los donantes inteligentes no sirven 20 platos, cada uno con un tipo de sopa diferente, sino que preparan una cacerola extra grande para servir a todos a la vez. Optimizan su ayuda para evitar el exceso de trabajo o la fatiga por empatía.

Están emocionalmente equilibrados. Los donantes inteligentes aprecian el surgimiento de emociones positivas, como el orgullo y la gratitud. Les da un impulso de energía y motivación para seguir dando. Los donantes inteligentes distinguen de forma proactiva el resultado de sus buenas acciones, como la sonrisa de la otra persona, lo que les proporciona más emociones positivas. Comprobar activamente el resultado es muy diferente al hecho de dar por interés propio (dar con egoísmo), que es contraproducente. Si has ayudado a una buena amiga a elegir ropa nueva o a decidir la remodelación de su casa, deberías visitarla al día siguiente, no porque estés orgullosa de tu logro, sino porque te alegras por ella. Es un extra si puedes ser partícipe de su felicidad.[21]

COMUNICACIÓN CONECTIVA

Celebrar un aniversario de boda es bastante habitual, pero ¿cuántas veces has brindado con tu amigo por su amistad, o has hecho una fiesta por muchos años de amistad? Las cinco técnicas de comunicación conectiva que se exponen a continuación no sólo se centran en la conexión con un posible compañero de vida, sino también, y especialmente, en la conexión con amigos y conocidos.

1. Mírense unos a otros

A los humanos se nos da bien discutir, argumentar y, en general, decir tonterías, pero ¿cuántas veces nos limitamos a mirar a otra persona?

Ponte la mano sobre la boca o sólo ciérrala, y mira a tu alrededor; observa a los demás en silencio. Un hombre mayor hizo lo siguiente al observar en silencio a su mujer durante cinco minutos. Estaba tan conmovido que le dijo: "Cuando te miro así, me doy cuenta de lo mucho que significas para mí". Era la primera vez en 55 años de matrimonio que decía algo así en voz alta.[22]

La investigación demuestra que este hombre no es excepcional. Cuando una pareja se mira en silencio durante cinco minutos, hay más simpatía mutua y un sentimiento de conexión. Se trata del "Bluetooth cerebral": durante el contacto visual, los cerebros de ambos individuos se sincronizan, lo cual estimula el sentimiento de conexión.[23] Por cierto, esto también ocurre cuando dos desconocidos lo hacen (¡vamos, te reto!). En un experimento, el psicólogo Arthur Aron les pidió a dos personas que se miraran en silencio durante cuatro minutos después de haberse hecho 36 preguntas personales. Estas personas se enamoraron. Muchas parejas siguieron su ejemplo, tras pasar por el mismo procedimiento, aunque no en el entorno del laboratorio.[24]

ABDOMINAL MENTAL

Para este ejercicio, debes pedirle a tu pareja, amigo o familiar que trabaje contigo. Siéntense uno frente al otro. Programa cinco minutos en un temporizador (y no tengas tu teléfono a la vista). ¿Qué notas al principio? ¿Es vergüenza o de inmediato te sientes a gusto? ¿Qué sientes al final? ¿Te sientes más conectado después de esos cinco minutos?

---

2. Capitalización

Quizás esto suene a un producto financiero aburrido, pero es mucho más emocionante que eso: capitalizar significa compartir con los demás las cosas buenas que te han sucedido.[25] Esto puede ir desde: "Mi pareja y yo nos vamos a casar" hasta: "Mi madre se ha recuperado por completo de su enfermedad", pasando por: "Estuve en Ámsterdam el fin de semana pasado y me enamoré del lugar". Comparte tu alegría y descubrirás que aumentan tus emociones positivas.

Y, *más es más* (¡siempre y cuando no olvides escuchar también las historias de los demás!), porque cuanta más gente conozca tu historia, más la disfrutarás. Tu entusiasmo es contagioso.

Piensa en un acontecimiento positivo que hayas vivido recientemente y compártelo con un conocido (en especial con alguien con quien no sueles compartir experiencias). Hazlo de forma animada y atractiva.

ABDOMINAL MENTAL

3 . Respuesta apropiada

Vas corriendo a casa para contarle a tu pareja con gran entusiasmo: "Hoy he ganado una tostadora y un despertador en el bingo, y además los gané con el 14, mi número de la suerte". En lugar de alegrarse, tu pareja responde: "Cariño, no grites, estoy leyendo el periódico". Es una decepción, ¿no? Y si este tipo de decepción se repite, no favorece la relación.

Shelly Gable, profesora estadunidense de psicología positiva, llegó a la misma conclusión. Su investigación a gran escala (interrogó a miles de parejas) demostró que las respuestas a las buenas noticias tienen un impacto significativo en la duración y la calidad de una relación, y un mayor efecto que las respuestas a las malas noticias.[26] Estos resultados también se aplican a las amistades o a las relaciones en el trabajo: si tu jefe nunca responde cuando has captado a un nuevo cliente o cumplido una misión, o es poco amable, o no muestra ningún interés en ti o en tu trabajo, pronto te encontrarás buscando las ofertas de trabajo en LinkedIn. Una respuesta entusiasta y una muestra de interés (escuchando activamente y haciendo muchas preguntas) reforzarán la relación. Y, por supuesto, también te hará sentir mejor. Aumentará el número de interacciones positivas, lo que te dará una sensación de felicidad. Además, te ayuda a compartir los buenos momentos de la otra persona.

Una respuesta activa y constructiva es la mejor medicina para la envidia. No sugiero que dejes de sentir esa emoción, pero dar respuestas activas y constructivas a los demás con frecuencia reforzará tu alegría sincera y la envidia se desvanecerá. Y si no desaparece, en tu respuesta verbaliza tus sentimientos de forma respetuosa. Por ejemplo, si alguien ha obtenido el trabajo que tú querías o tiene un bebé mientras tú (y tu pareja) aún intentan concebir puedes decir: "Te envidio, pero ¡qué buena noticia!" y luego haz una pregunta complementaria: "¿Cuándo vas a empezar el trabajo?" o "¿Cómo te sientes al respecto?".

ABDOMINAL MENTAL

Observa cómo respondes a tu pareja, a tu colega, a tus amigos o a tu familia. Tus respuestas suelen depender del interlocutor. Hoy intenta responder de forma activa y constructiva, en especial a las personas a las que por lo regular no respondes bien.

---

4. Retroalimentación desarrollada

El gigante literario ruso León Tolstói comparó la adulación con la grasa que hace que una rueda gire suavemente. Prestar atención a los puntos fuertes de los demás te dará más felicidad y energía. Pero tú también te beneficias: practicas tu visión optimista, lo que te hace reconocer más rápido tus propios puntos fuertes, e impulsará la relación con la parte receptora. ¿Cómo hacerlo? Sigue estos tres pasos: reconocimiento, identificación y mejora.[27]

1. *Reconocer.* Cuando prestas atención a alguien de forma consciente reconoces sus puntos fuertes. Sólo entonces te percatas de la paciencia de tu madre, de los amplios intereses culturales de tu novia, del carácter bondadoso de tu padre, de la creatividad de tu jefe.

2. *Expresa.* No siempre es fácil hacer un cumplido. A veces te sientes cohibido: temes que piensen que eres un adulador, que los receptores se muestren indiferentes o que tanto elogio los convierta en flojos o arrogantes. Observa tus umbrales de forma amable y luego toma la decisión consciente de expresar los rasgos positivos a la otra persona.

3. *Mejorar.* El tercer paso se olvida con frecuencia, pero es muy importante. Quieres que el orgullo de la otra persona se haga visible en su rostro; quieres que brille.

Por desgracia, el receptor puede esquivar el cumplido con: "Cualquiera podría hacerlo" o "No ha sido ningún problema". Pero incluso quienes tienen dificultades para recibir elogios suelen mostrar su orgullo, alegría o gratitud en microexpresiones.[28] Su mirada puede durar sólo una fracción de segundo, pero, como siempre, prestar atención es la clave. Si notas algún destello de alegría, resplandor u orgullo, anima a la otra persona a (re)conectar con esa expresión. Por ejemplo, di: "Creo que te brillaron los ojos, ¿tengo razón?". Y tal vez seguir con: "Lo estoy viendo de nuevo, ahora mismo. ¿Tú también lo has notado?".

Si no has sido capaz de detectar la alegría o el orgullo, intenta conducir a la persona hacia ellos. "Tengo la sensación de que te cuesta aceptar/creer este cumplido. ¿Es así?". O sugiere: "Parece que necesitas un poco de tiempo para asimilar lo que he dicho, ¿verdad?". Otra forma de realzar el cumplido es llamar la atención sobre el impacto de su respuesta en ti o en los demás: "Es maravilloso ver cómo te has abierto; todo el mundo se emocionó" o "Si alguien destacara una cualidad así en mí, yo estaría absolutamente encantado".

> Hoy, elige a una persona y háblale de sus puntos fuertes. ¿Has ayudado a otro a asimilar esa retroalimentación? ¿Y qué tipo de pensamientos y sentimientos surgen cuando das esos comentarios? Aprecia las posibles emociones positivas.

5. Juega con otras personas

¿Cuándo fue la última vez que jugaste un partido con alguien? ¿Hace cuánto tiempo jugaste futbol con tus amigos en el parque o participaste en un juego de mesa? El envejecimiento conlleva sus propias imperfecciones, y una de ellas es nuestra adicción a las listas de pendientes. Nuestra cabeza se llena de pequeñas tareas mundanas, para el trabajo y el hogar, y acabamos pensando que lavar el coche es más importante que divertirse; no priorizamos pasar un buen rato. Quizá parece paradójico, pero divertirse también es necesario: aporta felicidad y salud, bienestar y relaciones fructíferas. Así que toma nota: dedica tiempo al otro y diviértete con él en serio.

> Toma el teléfono ahora y queda con alguien para jugar a ese juego de mesa.

ENTRENAMIENTO

Tal vez hayas sentido que las semanas anteriores han sido como campos de entrenamiento mental. En ese caso, quédate tranquilo: el entrenamiento de esta semana es como un recreo. Aprenderás a conectar a un alto nivel, pero de forma despreocupada y creativa.

⦙⦙ LIGERO
Asegúrate de hacer los ejercicios que te convienen; no te obligues a realizarlos todos. Es mejor hacer un ejercicio bien que varios a medias.

EJERCICIO 1: CONFIANZA
Intenta confiar en una persona de forma proactiva cada día y ten en cuenta los cinco elementos de la confianza efectiva.

EJERCICIO 2: BONDAD
Cada día elige y realiza uno de los ejercicios de bondad:

- Bondad secreta.
- Regala algo, ante tu codicia y tu duda.
- Regala algo, y comprueba el efecto de tu generosidad.

EJERCICIO 3: CONECTAR

- Comparte cada día con otra persona un acontecimiento positivo, algo que hayas vivido y disfrutado. Como no te ascienden en el trabajo ni te ganas la lotería a diario, puede ser algo bastante pequeño, como recibir un cumplido o un descuento en una tienda.
- Responde de forma activa y constructiva a la historia de otra persona. Toma nota de tus reacciones y responde conscientemente de la misma manera. Muestra tu interés

y haz muchas preguntas. Practica esto con personas con las que te resulte difícil relacionarte.

◄I—I► Señala cada día uno o varios puntos fuertes a alguien que conozcas y elógialo. Varía las personas a las que te diriges: haz cumplidos a tus conocidos, a tus seres queridos o a quienes conoces por primera vez. Utiliza los tres pasos de reconocer, expresar y mejorar (véase la semana 10). Toma nota de las emociones positivas que sientes después de hacer cumplidos.

◄I—I► Comparte la diversión con los demás. Aunque sólo sea un minuto, ríete, juega y diviértete.

ıl MEDIO

EXTENSIÓN DEL ENTRENAMIENTO LIGERO Esta semana, además del entrenamiento ligero, intenta hacer con otra persona algo que les guste a los dos (incluso podrían hacerlo un par de ocasiones). Puede ser ir al boliche, ir al bar o al cine, o dar un paseo en bicicleta. Y recuerda que no debe ser una de esas tareas mundanas de tu lista de pendientes.

ıl INTENSO

EXTENSIÓN DEL ENTRENAMIENTO LIGERO + MEDIO Si quieres algo de entrenamiento intensivo esta semana realiza este ejercicio adicional. Se basa en el trabajo del psicoterapeuta Nathaniel Branden.[29] Te ayudará a obtener nuevas perspectivas en tus relaciones con los demás (en especial si lo haces a diario) porque arroja una luz sobre tu inconsciente en el trabajo.

Completa cuatro frases cada día. Elige una de las siguientes frases o visita <www.nathanielbranden.com/sentence-completion-i>

- ᛫╢━╟᛫ Si quiero dar a mis relaciones un impulso de 5%, entonces...
- ᛫╢━╟᛫ "Amar" significa...
- ᛫╢━╟᛫ Si aumento mi responsabilidad en cuanto a la elección de mis amigos 5%, entonces...
- ᛫╢━╟᛫ Si presto más atención a la forma en que me relaciono con la gente hoy en día, entonces...
- ᛫╢━╟᛫ Si quiero ser un mejor amante y compañero, entonces...
- ᛫╢━╟᛫ Si quiero atraer el amor a mi vida, entonces...
- ᛫╢━╟᛫ Si quiero añadir 5% más de felicidad a mi relación amorosa, entonces...
- ᛫╢━╟᛫ Si quiero agregar 5% más de felicidad a mis amistades, entonces...
- ᛫╢━╟᛫ Si me permito experimentar a plenitud el amor, entonces...

Elige frases que sean tus mejores detonantes.[30] Completa cada frase de seis a diez veces. Por ejemplo: "Amar" significa...

- ᛫╢━╟᛫ estar ahí para el otro;
- ᛫╢━╟᛫ darse un abrazo;
- ᛫╢━╟᛫ hacer concesiones;
- ᛫╢━╟᛫ apoyarlo incluso cuando no esté de acuerdo.

Escribe las frases que has completado, grábalas o compártelas con otra persona. Di o escribe lo que se te ocurra. No pienses demasiado en ellas; manda de vacaciones a tu crítico interior. Si la tarea te ha tomado más de diez minutos, significa que tu crítico interior todavía no ha hecho las maletas. Y quizás estés analizando demasiado las cosas. Al final de la semana, revisa tus nuevas percepciones y escríbelas una vez más para tu propio beneficio. En la semana 12 aprenderás a utilizar las herramientas para transformar las percepciones e intenciones (por ejemplo, dedicar más tiempo a los amigos) en comportamientos (hacer más llamadas telefónicas, ir al bar a tomar una copa semanal, etcétera).

ENFRIAMIENTO

Si tomas en consideración que todos los días pasas entre 70% y 80% de tus horas de vigilia interactuando, seguro tienes suficiente material de práctica.[31] Tal vez te hayas dado cuenta de lo agradable y significativo que es celebrar las relaciones de forma consciente, y no dar por sentado a los demás. Tal vez te hayas encontrado con patrones restrictivos que perturban la felicidad potencial en tus relaciones. Acepta esto como una ganancia: ahora puedes ver lo que de otra manera se podría haber convertido en una herida grave. Como dijo Carl Jung: "Lo que no hacemos consciente emerge después como destino". Ahora puedes tratar estas cosas de forma constructiva.

El nuevo entendimiento de las cosas suele acompañarse de ira y tristeza, por ejemplo, porque te has negado la felicidad a ti mismo (y a los demás). Permitir que ese dolor te inunde es restaurador. Ahora tienes una mirada nueva y harás espacio para fortalecer y profundizar tus relaciones.

Tal vez te hayas hecho la siguiente pregunta: "Todo esto de ser bondadoso con los demás está muy bien, pero ¿cuándo voy a centrarme en los puntos conflictivos de una relación?". Debes recordar que celebrar las relaciones no significa evitar las dificultades, sino que se trata de encontrar un equilibrio entre la celebración y la gestión de los conflictos. Deja que tus relaciones florezcan para que desarrolles una mayor resistencia para superar juntos las épocas difíciles de la vida.

Pregúntate si has logrado algo de lo siguiente en la semana 10:

▪—▪   ¿Has aprendido a confiar (más) en los demás?

▪—▪   ¿Has aprendido a mostrar más bondad por medio de dar de forma inteligente?

▪—▪   ¿Conectas con los demás y despiertas emociones positivas compartiendo con ellos, respondiendo de forma constructiva, sacando lo mejor de cada quien y divirtiéndose juntos?

EN CONCLUSIÓN

Una joven familia viajaba por el oeste americano. El día de Navidad su coche se descompuso y, mientras esperaban al mecánico fueron a comer a un restaurante que estaba casi vacío. En el clásico *diner* americano había un solo cliente. El anciano tenía una cara cenicienta, una larga barba descuidada y le murmuraba algo a su botella vacía de vino barato. "Ay, un indigente", pensó la madre. El niño más pequeño, Eric, de cuatro años, saludó al hombre con alegría y le gritó un amistoso:

—¡Hola!

El hombre le devolvió el saludo y Eric sonrió. La madre de Eric no estaba especialmente contenta. Intentó distraer a su hijo y lo alejó, pero Eric no se rindió. Una y otra vez se dio la vuelta para conectar con aquel hombre de aspecto mugroso.

—¿También a ti te gustan las papas fritas? —le preguntó al pequeño.

Eric asintió con entusiasmo. En parte avergonzados y en parte molestos por este contacto, los padres de Eric decidieron marcharse y buscar otro restaurante. Cuando pasaron junto al hombre desaliñado, Eric levantó los brazos para indicar que quería un abrazo. Los ojos del hombre suplicaron a la joven que se lo permitiera, pero antes de que ella pudiera decidir, el pequeño se lanzó a los brazos del indigente. Las lágrimas corrieron por las mejillas del hombre cuando Eric apoyó la cabeza en su hombro. El hombre bajó al niño y le dijo a su madre:

—Cuida bien de este niño. Muchas gracias, de todo corazón; es el regalo de Navidad más bonito que podría desear.

La madre se sintió profundamente conmovida y salió con su familia, murmurando:

—Dios, perdóname.[32]

SEMANA

11

EL PUNTO ÓPTIMO
DE LA FELICIDAD

Nos convertimos en lo que pensamos.
La energía fluye hacia donde va la atención.
RHONDA BYRNE

La felicidad es más que una fiesta, un coche nuevo o ganar una partida de cartas. Contribuir a algo que es más grande que tu propio "yo" es indispensable para una vida plena. La semana pasada ejercitaste tus habilidades para la felicidad en las relaciones; esta semana buscarás tus puntos fuertes, el significado y el sentido del propósito, y descubrirás lo que te da alegría. Cuando el placer, los puntos fuertes y el sentido se unen, cuando estás totalmente absorto en lo que haces, experimentas un flujo positivo. Y esto te brinda una felicidad duradera.

CALENTAMIENTO

En la absurda película belga *The Brand New Testament* (2015), dirigida por Jaco Van Dormael, la computadora de Dios es hackeada. Todos los habitantes de la Tierra reciben un mensaje de texto en el que se les indica cuántos años, meses o días les quedan de vida. La respuesta de la humanidad es el pánico y la consternación, que pronto se convierten en un "aprovechemos al máximo". No muchos se sientan a abrir Facebook.

LA MUERTE Y UNA VIDA MÁS RICA

Quien se enfrenta a su mortalidad pierde menos tiempo en actividades triviales. Sería estupendo experimentar esto sin recibir noticias angustiosas de un médico o un mensaje de texto desde el cielo. Aunque a nivel racional sabemos que es una pena perder el tiempo, a nivel emocional todos enterramos la cabeza en la arena. El siguiente ejercicio te anima a hacer lo contrario: en lugar de huir, te enfrentarás a la muerte, y así enriquecerás tu vida.

Siéntate o túmbate cómodamente. Reflexiona sobre las siguientes preguntas, de preferencia con los ojos cerrados. Dedica al menos un minuto a cada pregunta. Fíjate en lo que surge, y recuerda que no hay respuestas incorrectas.

- Si supieras que vas a morir dentro de cinco años, ¿qué harías? ¿Qué sería lo más importante para ti?
- Si te quedara un año de vida, ¿qué harías? ¿Qué sería lo más importante para ti?
- ¿Y si sólo te quedara un mes de vida?
- ¿Y si sólo te quedara una semana de vida?
- ¿Y si sólo tuvieras un día para vivir?
- ¿Y si sólo te quedara un minuto de vida?
- Y si sólo te quedara un aliento, ¿cómo te gustaría vivirlo?

ABDOMINAL MENTAL

Tal vez este ejercicio te haga sentirte conmovido. No te preocupes: esto significa que estás involucrado. Observa tus emociones con atención amable. ¿Qué sientes?, ¿qué pasa en tu cuerpo? Piensa en ello y céntrate en esas sensaciones. Cuando estés preparado, escribe tus respuestas a las preguntas de la abdominal mental en un cuaderno (o en tu computadora). No tienes que pasar a la acción de inmediato ni hacer nada más. Guarda la lista y, unos días después, vuelve a sacarla y relee tus respuestas. Te dará una idea real y urgente de lo que es importante para ti.

Lo más importante es no olvidar lo que es más importante.
ANÓNIMO

TU ÚLTIMO MES

En la Universidad George Mason se les pidió a los estudiantes que imaginaran que se les acababa el tiempo. Los estudiantes debían hacerse la misma pregunta todos los días: "¿Qué pasaría si éste fuera mi último mes?", y luego, una vez a la semana, debían hacer algo que todavía estuviera en su lista de deseos (como una excursión a la montaña, brincar del bungee, visitar a un ser querido en el otro lado del mundo o simplemente tomar una taza de café bajo el sol). Este ejercicio aumentó de forma significativa la felicidad de los estudiantes. Además, mejoraron en sus actividades cotidianas.

Recuerda que hay dos tipos de locos: los que no saben que deben morir, y los que han olvidado que están vivos.
PATRICK DECLERCK

Bronnie Ware, asesora sobre el final de la vida, elaboró la siguiente lista en su libro *The Top Five Regrets of the Dying*. Estos arrepentimientos fueron los más expresados en el lecho de muerte de las personas:

1. Ojalá hubiera tenido el valor de vivir una vida en la que fuera fiel a mí mismo, en lugar de vivir según las expectativas de los demás.
2. Ojalá hubiera trabajado menos.
3. Ojalá hubiera tenido el valor de expresar mis sentimientos.
4. Ojalá hubiera mantenido el contacto con mis amigos.
5. Ojalá me hubiera permitido tener más sentimientos de felicidad.

¿En cuál de estos cinco arrepentimientos te ves a ti mismo? ¿Quizás haya un sexto arrepentimiento que se aplique en especial a ti? ¿Qué podrías hacer ahora mismo para evitar posibles sentimientos de arrepentimiento? "Ojalá hubiera tenido una mejor relación con mi madre": llámala ahora. "Ojalá hubiera llevado un estilo de vida más saludable": pide una cita con el nutriólogo ahora. "Ojalá hubiera leído más": compra un libro. Hay que actuar primero para evitar el arrepentimiento.

ABDOMINAL MENTAL

MODELO MPS

Es una ilusión pensar que tú y yo no tendremos ningún remordimiento en nuestro lecho de muerte. A todos se nos da muy bien engañarnos a nosotros mismos. Así evitamos enfrentarnos a las cosas importantes de la vida. Evitas ver a tu hermano porque es muy complicado. O dejas metas para más adelante: "Retomaré mis estudios cuando los niños sean mayores".

Lo que puedes hacer es reducir tus sentimientos de arrepentimiento, por ejemplo, abordando el desequilibrio entre el significado (o el sentido del propósito), el placer (o el disfrute) y las fortalezas.

Tal Ben-Shahar, profesor de Harvard, describe tres componentes medibles que se necesitan para experimentar la felicidad. Si nos centramos demasiado en uno de ellos y descuidamos los otros dos nos sentimos infelices. Sin embargo, si te centras en actividades en las que convergen estos tres, como en el modelo MPS,[1] te lleva al punto de equilibrio y fluidez. Antes de aprender a entrar en un flujo positivo, destacaremos tres conceptos.

Figura 11.1
Fuente: Basado en Tal Ben-Shahar, *Happier: Learn the Secrets to Daily Joy and Lasting Fulfillment* (McGraw-Hill Education, 2007).

SIGNIFICADO

Una parte importante de nuestra vida consiste en tener un sentido o propósito: estar intrínsecamente motivado te ayuda a contribuir a algo más grande que tú mismo. No es necesario ser un monje, un imán o un médico para saber esto. Alguien que se convierte en médico sólo para tener un sueldo alto y una casa cara, tiene menos sentido de su propósito que un recolector de basura que trabaja para hacer del mundo un lugar más limpio.

Los sentimientos de insatisfacción, frustración y miedo suelen surgir al darnos cuenta de que no estamos viviendo de acuerdo con nuestros valores. El significado y el sentido de los objetivos te dan algo a lo que aferrarte, así como una dirección, sobre todo en medio de las vicisitudes de la vida. Puedes descubrir tu sentido si te das cuenta de lo que es importante para ti y reconoces tus valores. El siguiente paso es ponerlos en práctica, que es tu contribución para que el mundo sea un lugar mejor.

Uno no crea estos valores; los descubre y los expone. Algunos llaman a esto vocación, como si un poder superior les llamara a cumplir su misión en este mundo.

Tal vez las nociones de "sentido de propósito" o "vocación" te incomoden, porque las asociamos con escalar montañas descalzo o fundar un centro de rescate para indigentes. Sin embargo, debes recordar que el sentido de la finalidad de un individuo varía de una persona a otra. Tú podrías buscar el sentido en coleccionar coches de época o de fabricar la pinta perfecta de cerveza de barril. También hay que tener en cuenta que el sentido del propósito es una búsqueda, no un destino. Diez años después de esa pinta perfecta de cerveza de barril, tu trabajo como nutriólogo puede hacer que tu vida tenga un propósito, porque les ayudas a otros a llevar una vida sana. En resumen, las preguntas "¿Cuáles son mis valores?" y "¿Qué tiene sentido para mí?" son más importantes que cualquier respuesta estándar, y son tan fluidas como la cerveza. Intenta vivir con los inconvenientes de la incertidumbre y acógela como una parte crucial de tu búsqueda. Si lo logras, te resultará más fácil encontrar tu sentido y tus valores.

¿Quieres intentar averiguar cuáles son tus valores? Si es así, debes ser inquisitivo y proactivo: quedarte en posición horizontal frente al televisor, comiendo pizza, no te ayudará. Aplica lo que aprendiste en la semana 10: conectar con los demás. Hablar con un amigo, un coach de vida, un primo e incluso un conocido casual puede darte una idea de tus valores, siempre que estés preparado para escuchar y ver. Otra forma igual de poderosa para descubrir tus valores es reflexionar sobre tu vida e imaginar tu propia muerte. ¿Por qué? Como he escrito antes, una comprensión profunda de tu propia mortalidad te dará una mejor idea de lo que importa en tu vida.

ABDOMINAL MENTAL

Escribe tu propio discurso fúnebre. Puedes hacerlo desde tu perspectiva o la de un ser querido. ¿Cómo te gustaría que te recordaran? ¿Qué te gustaría que la gente dijera de ti? ¿Cuáles son los valores ocultos?

Si no eres un fanático de los autos clásicos, quizá no querrás que te recuerden por la tapicería de cuero de tu Porsche de época. Preferirás que te recuerden como un buen padre, un hijo atento, un visionario, un gran colega, un buen contador de historias, un amigo leal y divertido o una pareja cariñosa. Digan lo que digan, siempre se reduce a haber marcado una diferencia (positiva) en la vida de los demás.

PLACER

El segundo componente del modelo MPS es el disfrute. ¿Qué es lo que te hace disfrutar de verdad? Tu cerebro tendrá una respuesta lista y "perfecta" para este tipo de pregunta. Será algo que estás acostumbrado a decir, lo que esperas decir o lo que crees que los demás esperan que digas. Pero tu subconsciente tiene deseos más profundos a explorar y descubrir. Una vez que los conozcas, podrás actuar en consecuencia.

El "deber" es el mayor enemigo del placer. Mientras que al actor aficionado le encanta subirse al escenario, muchos actores profe-

sionales tienen que arrastrarse al teatro noche tras noche. Las fies-
tas, los viajes a parques temáticos o las cenas románticas también
pueden sentirse como obligaciones. Se espera que te diviertas, y esa
expectativa en sí misma a veces te priva de cualquier placer que pu-
dieras tener. Estar libre de obligaciones es un requisito previo para
disfrutar de verdad. Así que deshazte de esa adicción a ser siempre
útil y eficaz que conocimos en la semana 10.

Tienes que multiplicar el número de veces que haces algo sólo
por diversión. Pero ¿cómo encontrar qué es ese algo para ti?

Echa un vistazo a la figura 11.2: la idea es que llegues al más pequeño de los círculos. Las dos siguientes abdominales mentales son
un primer paso para acercarse al círculo interior.

DESEOS INCONSCIENTES

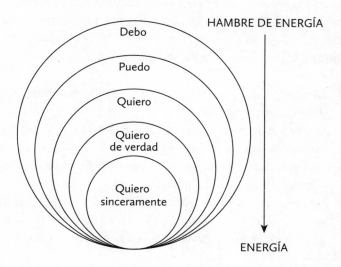

Figura 11.2
Fuente: basado en Tal Ben-Shahar, *Happier: Learn the Secrets to Daily Joy and Lasting Fulfillment* (McGraw-Hill Education, 2007).

ABDOMINAL MENTAL

Programa un temporizador de 5 a 10 minutos. Siéntate, relájate, cierra los ojos y concéntrate en tu respiración. Después de un par de inhalaciones y exhalaciones, repite internamente la siguiente pregunta en cada inhalación: "¿Qué anhelo?". No te esfuerces demasiado, pero espera a que las respuestas surjan durante las exhalaciones.

También puedes hacer este ejercicio sin centrarte en la respiración. Repite la pregunta varias veces a un ritmo que te convenga: "¿Qué anhelo?", y espera a que aparezcan las respuestas. Si prefieres escribir, toma una pluma y un papel. Sigue escribiendo, sobre todo si tus pensamientos dejan de llegar (y anota eso también en el papel). En cualquier caso, continúa durante 5 a 10 minutos. Toma nota de cualquier distracción, amablemente y sin juzgar, y vuelve al ejercicio.

ABDOMINAL MENTAL

También puedes descubrir junto a otra persona qué es lo que realmente te da placer. Pide a la otra persona que continúe repitiendo la siguiente frase: "Dime qué es lo que anhelas", y tú responde a la pregunta. Se aplican algunas reglas de juego:

- La persona que hace la pregunta no debe interrumpir; sólo debe escuchar en silencio.
- Cuando la persona que pregunta considere que su respuesta está completa, dirá: "Gracias".
- A continuación, repitan la frase, sin cambiar el patrón de acentuación.
- No tengas ninguna expectativa, deja que las respuestas te vengan a la cabeza y salgan de tu boca. Tampoco te preocupes por si no sale nada; eso también es su propia respuesta.

La fuerza de estas dos abdominales mentales reside en la repetición de la pregunta. Justo cuando crees que nada aflora y la pregunta empieza a molestarte, surgen tus deseos más profundos. Si las abdominales mentales no funcionan hoy, inténtalo de nuevo mañana o pasado mañana. Y pasado mañana. Una vez más, la fuerza reside en la repetición.

FORTALEZAS

Durante años pensamos que podíamos desarrollarnos al reforzar nuestras debilidades. La investigación demuestra que esto requiere una gran cantidad de energía y que, por lo general, no se logra convertir las debilidades en fortalezas.[2] Es poco probable que dos años de ballet te conviertan en bailarina si tienes los pies pesados. Y si eres sordo, los años de práctica no te ayudarán a dar las notas correctas, aunque quizá logres cantar "Baa, Baa, Black Sheep". En cambio, es mejor centrarte en los puntos fuertes y crear una situación en la que todos salgan ganando: tus actuaciones serán de alto nivel y los que te rodean se beneficiarán. Además, a diferencia de las debilidades, las fortalezas aumentan exponencialmente.

Una persona es capaz de actuar sólo desde la fuerza.
No es posible construir el rendimiento sobre la debilidad,
y mucho menos sobre algo que no se puede hacer en absoluto.
PETER DRUCKER

Las emociones positivas procedentes de tus puntos fuertes son el tercer factor del modelo MPS. Proporcionan un placer duradero y te dan energía. Por supuesto, esto no significa que debas huir de tus puntos débiles; al contrario, debes aceptarlos y gestionarlos con pasión. En la parte 2 aprendiste a estar en paz contigo mismo, abordando tus debilidades y fortalezas. La aceptación de ti mismo no debe impedirte prestar atención a tus puntos fuertes. Como bien dijo Peter Drucker, profesor de gestión, estadunidense de origen austriaco: "Gestiona tus debilidades, céntrate en tus puntos fuertes".

RETROALIMENTACIÓN DESARROLLADA SOBRE TUS PROPIAS FORTALEZAS DE CARÁCTER

¿Cuáles son los puntos fuertes de tu carácter? Los pasos de la semana 10 utilizados para retroalimentar el poder de tus puntos fuertes de carácter te ayudarán a averiguarlo. Primero debes reconocer tus puntos fuertes, luego (atreverte) a nombrarlos y, por último, profundizar en ellos. El cuarto y principal paso del proceso es la aplicación práctica.

1. Reconocimiento

Comúnmente, algunas de tus cualidades fuertes quedan relegadas u olvidadas. La siguiente abdominal mental te permite volver y explorar tu núcleo: quién eres, qué te da placer y qué puedes hacer.

ABDOMINAL MENTAL	
	Examina el álbum de fotos de tu infancia. ¿Qué ves? ¿Qué estás haciendo? ¿Qué buenas cualidades le atribuirías a esa niña o niño?

A continuación veremos el modelo de *valores en acción* (VIA, por sus siglas en inglés), desarrollado por Christopher Peterson y Martin Seligman para ayudarte a identificar tus puntos fuertes. Describen estos puntos como "una forma de pensar, sentir y actuar que conduce a la excelencia y a un funcionamiento optimizado". El modelo VIA subdivide los puntos fuertes en seis virtudes. Cada virtud incluye varias cualidades básicas, también conocidas como aptitudes clave.

Tabla 11.1 Fortalezas del carácter

Virtudes	Cualidades esenciales
Sabiduría	Creatividad, inquisición, juicio, curiosidad natural, bilateralidad
Valor	Valor, persistencia, sinceridad, diligencia
Solidaridad	Amor, bondad, inteligencia social
Moderación	Perdón, modestia, consideración, autorregulación
Rectitud	Cooperación, honestidad, liderazgo
Espiritualidad	Apreciación de la belleza y la excelencia, gratitud, esperanza, humor

Fuente: Christopher Peterson y Martin Seligman, viacharacter.org/www/Character-Strengths[3]

Revisa las 24 aptitudes que aparecen en la tabla 11.1. Encuentra tu aptitud o aptitudes más sobresalientes haciéndote las siguientes preguntas:

- ¿Esta aptitud me da energía e inspiración cuando la utilizo?
- ¿Experimento esta aptitud como una parte esencial de mi persona, me siento incompleto sin ella?
- ¿Deseo aplicar esta aptitud en todos los ámbitos posibles?
- Si utilizo esta aptitud, ¿lo sentiré como un crecimiento personal?
- ¿Cuáles son mis cinco fortalezas de carácter más comunes?

ABDOMINAL MENTAL

Puedes realizar el test de fortalezas en <www.viacharacter.org>. Quince minutos de tu tiempo te darán una gran visión de ti mismo que te será útil para el resto de tu vida.

2. Expresión

Las personas modestas suelen restar importancia a sus puntos fuertes. "Soy perseverante, pero a veces se me dificulta detenerme." Es seguro rebajarse a uno mismo. Pero sólo cuando reconozcas y aceptes plenamente tus puntos fuertes, nombrándolos; te beneficiarás de ellos.

ABDOMINAL MENTAL

Nombra tus cinco aptitudes típicas en voz alta para ti mismo. Por ejemplo: "Soy valiente. Tengo sentido del humor. Soy creativo. Tengo cualidades de liderazgo. Tengo una curiosidad natural". Sin juzgarte, observa cualquier tendencia a utilizar muchos "peros" o mencionar los obstáculos asociados. ¿Tal vez te resulte más fácil nombrar una situación? En lugar de decir: "Soy creativo", podrías decir: "La gente a menudo me pide que piense con ellos", o bien: "Muchas veces tengo ideas diferentes". No digas: "Tengo sentido del humor", sino: "Casi siempre hago reír a la gente a la hora de comer". Si te resulta fácil nombrar tus puntos fuertes en voz alta, también te resultará más fácil contárselo a los demás, sin restarles importancia de inmediato.

---

3. Mejora: profundizar

Muchos cursos de formación y programas de coaching olvidan el siguiente paso: profundizar. A veces seguimos hablando y hablando de nuestros puntos fuertes, pero no los sentimos adecuados. La palabrería sin sentido no te inspirará. La siguiente abdominal mental te acercará un paso en la dirección correcta.

Siéntate, relájate y concéntrate en tu respiración. Después de varias inhalaciones y exhalaciones, recuerda un momento en el que estabas rebosante de entusiasmo o cuando estabas completamente absorto en lo que hacías. Imagínate el momento de la manera más vívida posible. ¿Cuál de tus cinco cualidades principales reconoces? Siente cómo te afecta.

Sin juzgar, anota los pensamientos y sentimientos que a veces bloquean la cualidad principal: autocrítica, falta de voluntad para ser el centro de la escena, ser un poco más serio o preocuparte por lo que puedan pensar los demás. Reconoce y admite que se trata de obstáculos injustificados e intenta que tenga cabida la cualidad central. Crea todo el espacio posible para experimentarla, tanto en la mente como en el cuerpo. Tal vez te sientas derecho, que adoptas una postura más abierta, quizá con una sonrisa. Identifica el efecto de tu cualidad central en ti mismo y en tu entorno.

ABDOMINAL MENTAL

 CONSEJO DEL ENTRENADOR

¿Te resulta difícil aceptar que alguien te haga un cumplido sobre tus cualidades? Entonces imagina que inhalas el cumplido. Pruébalo y verás lo que ocurre.

4. Implementación

Las investigaciones demuestran que el efecto positivo de identificar los puntos fuertes desaparece pronto. No es hasta que los pones en práctica cuando descubres que sigues beneficiándote del proceso después de más de seis meses.[4] Si tienes cualidades de liderazgo, no las utilices sólo en esa conferencia que diste, sino también como capitán de tu equipo de futbol local (y delega las tareas de limpieza a otra persona en casa).

ABDOMINAL MENTAL

Vuelve a pensar en tus cinco principales cualidades. ¿Cuáles te gustaría utilizar con más frecuencia? Selecciona una o dos y añádelas a tu repertorio hoy o esta semana. Piensa también en nuevas situaciones y nuevos contextos (trabajo, amor, amigos, extraños, crianza de los hijos) en los que utilizarías tus principales cualidades. ¿Cuál es el efecto? ¿Y quién se beneficia?

FLUJO

Tu flujo es el lugar en el que confluyen el significado, el placer y los puntos fuertes.

La primera persona que investigó esto fue el psicólogo húngaro-estadunidense Mihaly Csikszentmihalyi (no me preguntes cómo se pronuncia). Le sorprendió cómo los artistas se olvidaban del tiempo: pintaban durante horas seguidas sin sentir hambre, sed ni distracciones, como si se dejaran llevar por una poderosa corriente. Después de interrogar a decenas de miles de personas, aterrizó seis características en las que ocurre lo siguiente:

1. El tiempo parece pasar tanto rápido como lento. Un partido de tenis de dos horas parece durar diez minutos. Pero cuando se devuelve la pelota después de un gran saque, es como si el tiempo se retrasara, como si la pelota viniera hacia ti en cámara lenta.
2. Te olvidas de ti mismo. No hay ningún observador de la experiencia. No te molesta el diálogo interno que te distrae.
3. Te encuentras inmerso completamente en el momento. Tu atención no se centra en un objetivo final, sino que estás absorto en la actividad del instante. No intentas ganar el partido de tenis; tu única atención es golpear la pelota.

4. Tienes un objetivo claro. Aunque no intentes alcanzar un objetivo final de forma consciente, sí tienes en mente una meta concreta, que es el resultado final de la actividad: el partido final, un bonito cuadro, llegar a la cima, el agradecimiento...

5. Estás intrínsecamente motivado. Disfrutas haciendo la actividad en sí; no se trata sólo de los resultados potenciales.

6. Tus puntos fuertes y la actividad están equilibrados. Si una tarea es demasiado difícil y no se ajusta a tus habilidades, te frustra. Si es demasiado fácil, te aburres. A medio camino entre ambos, cuando hay suficiente desafío, pero no demasiado, experimentas la fluidez.

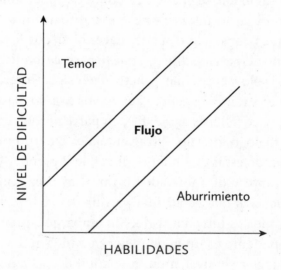

Figura 11.3 El modelo de flujo de Mihaly Csikszentmihalyi.
Fuente: Mihaly Csikszentmihalyi.

FLUJO SANO Y FLUJO DAÑINO

¿Cuándo experimentas el flujo? ¿Quizá cuando cocinas, estás en Facebook, tocas el ukelele, besas, programas, ves una serie de televisión, dibujas, juegas voleibol, haces una talla en madera o juegas? Esta lista de actividades demuestra que el flujo no es eficaz en sí mismo, no te vuelve sano ni feliz. El flujo puede llegar a tal punto que descuidas otros "deberes" como dormir, comer sano o amar a los demás (piensa en los adictos al juego o al trabajo). Además, quizá la actividad que te da la sensación de flujo ni siquiera sea útil; incluso resulta destructiva. Por ejemplo, un jugador de ruleta puede experimentar la misma sensación de flujo que un médico que realiza una operación para salvarle la vida a alguien. Un día entero viendo series de Netflix le puede dar a un trabajador independiente una sensación de flujo, pero no le reportará un gran flujo de dinero.

Un flujo saludable se encuentra donde se superponen el significado, el placer y las fortalezas: éste es el punto de flujo. Imagina que haces algo que te gusta, que puedes hacer bien, que la tarea es desafiante, pero no demasiado difícil, y que te parece significativa. En esta situación, no sólo sientes que tu actividad es placentera en ese momento, sino que también genera beneficios a largo plazo. Y un flujo saludable te hace feliz: es agradable, en parte porque incluso puede silenciar tu diálogo interno. Otra ventaja es que tu rendimiento se optimiza cuando estás en un flujo saludable. Aprendes y creces.

Es frustrante y desmotivador jugar al ajedrez contra un gran maestro, mientras que echar una partida de ajedrez con tu sobrino de ocho años es muy aburrido. Sin embargo, aprendes jugando cuando el oponente es un poco mejor que tú. Y una vez que hayas elevado tu juego a su nivel, intentarás subir un peldaño más.

Siempre necesitarás un reto mayor para alcanzar la fluidez deseada. Resultado: crecerás.

¿CÓMO PRACTICAR UN FLUJO SALUDABLE?

No puedes forzar un flujo saludable; éste surge. Pero sí se pueden crear las condiciones para estar en ese flujo. Un fuerte músculo de la atención es la base de un flujo saludable porque te ayuda a concentrarte plenamente en la tarea en la que se encuentran el significado, la fuerza y el disfrute.

Si tu ancho de banda mental está preocupado por las recompensas o castigos del futuro, en lugar de centrarte en la tarea del momento tu experiencia de flujo sigue estando muy lejos. Emprendes la tarea desde tu sistema de impulso o amenaza, y así bloqueas el flujo. Ya nos encontramos con esto en la parte 2: la autocrítica no es motivadora y tu rendimiento se deteriora.

¿Qué es motivador? Corregirte a ti mismo desde la amabilidad. Lo que necesitas para estar en el flujo es una actitud lúdica, desde dentro del sistema calmante. El producto final (una pieza musical perfecta) no es tu objetivo, sino que te concentras plenamente en la tarea que tienes por delante (tocar, rasguear; en definitiva, practicar). La fluidez te ayuda a vivir el ahora en lugar de sentirte insatisfecho porque estás demasiado ocupado mirando con binoculares los objetivos futuros, aún no alcanzados.

Si te detienes a pensar en todas las tareas rutinarias que componen tu vida, te parecerá bastante deprimente. Suena el despertador, te bañas, llegas al trabajo, llamas a tu madre/abuela/mejor amiga, te tomas una taza de ese horrible café de máquina, sales a pasear a la hora de comer, etcétera. Pero esto no debe deprimirte. Aprovecha tu rutina monótona y dale un final feliz.

EL FLUJO EN LA RUTINA

Una forma de tener más flujo en tu vida es convertir esas tareas rutinarias en momentos de flujo. ¿Cómo? En primer lugar, céntrate en esa rutina. Deja de hacer varias cosas a la vez y mantén las distracciones a raya. A continuación, piensa en cómo desplegar tus puntos fuertes en un trabajo rutinario típico y dale un toque de fluidez. Incluso planchar puede convertirse en una ocasión para fluir si eres capaz de desplegar uno de tus puntos fuertes (por ejemplo, el orden) e impregnarlo de significado (un mundo más estético). Considera que cualquier actividad puede considerarse desde esta perspectiva: conducir, llevar a los niños al futbol, preparar la cena, saludar a un transeúnte, tener una reunión. Aumentas tus posibilidades de experimentar el flujo.

E incluso si no lo logras, hace que la actividad sea más agradable y tu rendimiento más eficiente.

ABDOMINAL MENTAL

Elige una tarea rutinaria hoy y llévala a cabo con toda la atención, aplicando conscientemente tus puntos fuertes y tu significado, y añadiendo placer. He aquí un ejemplo: Juan está lavando y prestando atención, y al hacerlo despliega su fuerza (el orden) y escucha buena música.

FLUJO DE TRABAJO

A una edad temprana, los niños aprenden a distinguir entre el trabajo y el juego, lo que se prolonga hasta la jubilación (o hasta el día de su muerte).[5] Esta observación dio lugar al siguiente experimento realizado por Donald Hebb. A 600 alumnos de entre seis y 15 años se les encomendó una tarea atractiva: si eran desobedientes o se portaban mal, su "castigo" era ser enviados a jugar afuera. Si seguían las reglas, su recompensa era que podían hacer más trabajo. Parece que la mayoría de los niños prefieren trabajar que jugar afuera.

En realidad, *querer* trabajar es una posición en la que te gustaría estar como adulto, ¿no? En todo el mundo parece haber el doble de empleados insatisfechos que satisfechos.[6] Eso es muy triste si se tiene en cuenta que un empleado sano del Reino Unido trabaja en promedio 84,171 horas durante su carrera.[7] ¿También formas parte de ese séquito mayoritariamente insatisfecho? ¿Tal vez piensas que la felicidad en el trabajo nunca será tu destino? Pues bien, has demostrado que tienes razón. En cuanto piensas que algo va a ser de una manera determinada, tus pensamientos conspiran para hacerlo realidad, como una profecía que se cumple a sí misma. La buena noticia es que, si te desprendes de esos pensamientos, es muy posible que encuentres fluidez en el trabajo (aunque tal vez no en tu trabajo actual).

¿CÓMO VEMOS NUESTRO TRABAJO?

Si el dinero (y el estatus) no importaran, ¿cómo llenarías tus días? Responde con sinceridad: nadie te juzga. ¿En qué se diferencia de tu situación actual?

ABDOMINAL MENTAL

Puedes ver tu trabajo desde tres perspectivas diferentes, de tres maneras distintas.[8] La primera es que trabajas sólo para recibir un sueldo, para financiar esa nueva moto o tus noches de boliche los fines de semana. Tu trabajo es sólo un medio para conseguir un fin. En el mejor de los casos, tus obligaciones te resultan indiferentes y, en el peor, las odias.

No te dan ningún placer, no tienes la oportunidad de desplegar tus puntos fuertes y no te dan ningún sentido.

La segunda perspectiva es que te comprometas con tu trabajo y despliegues tus puntos fuertes con conciencia. Tu sueldo mensual es importante para ti, pero también lo es el ascenso. Las recompensas futuras (estatus, más dinero y poder) te impulsan. El éxito, más que el trabajo, te da placer, pero tu trabajo no tiene sentido para ti. Una vez que has alcanzado tu techo y te encuentras apoltronado en la gran silla de escritorio como director general, el aburrimiento y la insatisfacción se apoderan de ti.

La tercera y más deseable posibilidad es que el trabajo sea tu vocación. Haces tu trabajo con dedicación y placer; el objetivo es superior a ti mismo. Tu trabajo es un reto, te da mucha energía y, sin importar el salario o los ascensos, es más que satisfactorio.

ABDOMINAL MENTAL

¿Qué significa el trabajo para ti? ¿Es un trabajo, una carrera o una vocación? ¿Qué medidas concretas podrían ayudarte a vivir tu trabajo como una vocación?

Si tu respuesta es "trabajo" o "carrera" trata de imaginarte con (más) arrugas y canas y con un remordimiento que te acosa desde el fondo de tu mente: "Si hubiera tenido un trabajo que me diera satisfacción". ¿Eso significa que debes cambiar de rumbo por completo, o que puedes encontrar fluidez en el trabajo que haces ahora? Juntos, comprobaremos ambas opciones.

RENOVACIÓN LABORAL

Cambiar de empresa, tomar una capacitación o volver a la universidad, elegir otra profesión... en la búsqueda de la felicidad y la satisfacción laboral, casi siempre lo primero que se piensa es cambiar de rumbo por completo. Pero a veces sólo hay que reposicionar las velas para navegar por el rumbo de la satisfacción y la fluidez.

Anna era una estudiante con un trabajo temporal en una tienda. Lo hacía sobre todo por el dinero y los beneficios; odiaba el trabajo, en especial la "venta" ("Nuestra oferta especial de hoy es café y pastel por sólo tres libras"). Durante una sesión de formación, le pedí que recordara un momento en el que estuviera en plena forma, desplegando sus puntos fuertes. Enseguida mencionó cuando organizó una fiesta sorpresa para su hermana. Mientras hablaba de ello, se le iluminaron los ojos.

Descubrimos que había puesto en práctica dos de sus principales cualidades: la creatividad y la inteligencia social. La "tarea" que le encomendé a Anna fue que utilizara esas cualidades también en su trabajo, para sustituir el reto de obtener beneficios adicionales por el reto de hacer sonreír a los clientes. Una semana después, el resultado la sorprendió gratamente. Se había convertido en una especie de juego para animar a sus clientes. Por supuesto, no funcionó con todos los clientes, pero la mayoría respondió bien (y también vendió más que nunca). Ese trabajo no es exactamente la carrera con la que Anna sueña, pero ahora que utiliza sus puntos fuertes, le da más placer y un sentido de propósito.

Seamos sinceros, algunos trabajos son más adecuados para tener un sentido de propósito que otros. A un funcionario que trabaje en una caseta de peaje le resultará más difícil ver el sentido de su trabajo que a un médico o a un entrenador deportivo. Sin embargo, puedes influir en el sentido de la felicidad en cualquier tipo de trabajo.

Martin Seligman, por ejemplo, nos habla de John, un hombre comprometido que hace la limpieza en un hospital. La mujer de un paciente en coma notó que él escudriñaba repetidamente las fotografías en blanco y negro, bastante lúgubres, de una de las paredes de la sala. Poco después, lo vio de nuevo, ahora con dos cuadros bajo el brazo: uno de un prado con un sol naciente, otro con la imagen de una pareja bailando. Quitó las fotos en blanco y negro de la pared y se dispuso a colgar los cuadros.

"¿Qué estás haciendo?", le preguntó la esposa del paciente.

"Aunque sólo hago la limpieza de esta sala, también me siento responsable de los pacientes. Su marido lleva semanas durmiendo profundamente. Cuando se despierte, quiero asegurarme de que lo primero que vea sea algo bonito."

El truco está en ser creativo, como este hombre de la limpieza: ¿cómo aplicas tus puntos fuertes? Si te gusta escribir, intenta hacerte responsable del boletín de la empresa. Si te gusta organizar y tu trabajo actual no te ofrece ninguna posibilidad para ello, organiza jornadas de equipo o sesiones para fomentar el trabajo colaborativo. Y sigue recordándote cada día, como Anna y John, aquello que hace que tu trabajo sea importante. Es la forma de transformar un trabajo aburrido o rutinario en algo que te brinde satisfacción.

CAMBIO DE TRABAJO

Quizá ya has intentado por todos los medios obtener satisfacción de tu trabajo y sigues teniendo que arrastrarte a la oficina cada mañana. Entonces es el momento de dar más pasos. "Pero si dejara mi trabajo ahora...", te escucho pensar.

Al fin y al cabo, todavía tienes que pagar la renta o la hipoteca, y alimentarte a ti mismo y tal vez a alguien más. En su libro *Working Identity*, Herminia Ibarra nos recomienda "dar pequeños pasos". Si el trabajo que no te satisface no está dañando tu salud mental, mantenlo y decide hacer cosas nuevas por varias horas a lo largo de la semana. Haz actividades que te diviertan, conoce a gente que te inspire, cuyo trabajo o acciones te parezcan significativas.

Esta estrategia evita que caigas en el agujero negro del desempleo y la pobreza (lo que sin duda no te motivaría a realizar tus sueños de tener un trabajo maravilloso), y también te ayuda a reponer la energía que gastas en tu ocupación actual. Es el primer paso prudente para moverte hacia otro empleo.[9]

SEMANA 11. EL PUNTO ÓPTIMO DE LA FELICIDAD

VIVIR CON SENCILLEZ

¿Quizá no te gusta dar pequeños pasos? ¿Quieres cambiar tu uniforme de *valet parking* por el de piloto de avión (o viceversa)? En otras palabras, ¿quieres hacer un cambio completo? Debes saber que, si cambias de profesión, tendrás que hacer algunos compromisos. Porque, sin importar las oportunidades potenciales en tu nueva carrera, no tendrás experiencia justo después de cambiarte de trabajo. Esto se reflejará en tu estatus y en tus responsabilidades, y tal vez también en tu nómina.

Piensa primero en cuánto vas a necesitar para llegar a fin de mes. ¿Y tu "necesidad" en realidad proviene de querer ganar más dinero?

¿Hasta qué punto son imprescindibles el último iPhone, comprar en el supermercado más exclusivo, ese enésimo par de zapatos y las cuartas vacaciones en este año?

Necesitas mucho menos de lo que crees y (como leíste en la parte 2) los excesos no te hacen feliz; pueden ser una fuente de tristeza y depresión. Si simplificas tu vida y consideras lo que realmente necesitas, se crea el espacio para que alinees tu trabajo con tu punto de flujo. Entonces ya no lo experimentarás como una obligación, sino como un privilegio porque puedes contribuir a un bien mayor.

ENTRENAMIENTO

Aunque sepas lo que te da placer, lo que se te da bien y lo que te da un sentido de propósito, a veces es difícil encontrar el punto de flujo saludable. La sesión de entrenamiento de esta semana te ayudará a hacerlo.

▮▯▯ LIGERO

Esta semana el énfasis está en los cambios que puedes implementar de inmediato en tus actividades diarias. Te ayudarán a darle más sentido, placer y fuerza a tus tareas, y todo ello con más conciencia.

EJERCICIO 1: EN TU DIARIO

Esta semana deberías añadir más significado, placer y fortaleza a:

- una tarea rutinaria (cocinar, usar el hilo dental, bañar a tus hijos);
- una actividad (desafiante) en el trabajo;
- un momento durante una reunión social con amigos, tu compañero de casa, tu pareja o tus familiares.

Programa este ejercicio en tu agenda. Por ejemplo: el martes te centras en el uso del hilo dental, el miércoles en la aburrida reunión semanal del trabajo y el viernes en el bar después del trabajo.

EJERCICIO 2: EN PAPEL

Dibuja en un papel tres círculos grandes superpuestos (es el modelo MPS que hemos visto antes). Escribe en cada círculo tus puntos fuertes, lo que te hace disfrutar (tus placeres) y lo que te da sentido. Utiliza las abdominales mentales de esta semana para descubrirlos. Coloca el diagrama en el tablero de tu casa y ve completando el diagrama a lo largo de la semana.

La figura 11.4 muestra el modelo MPS elaborado por Christian, que es padre, amante del deporte y banquero.

Christian disfruta entrenando a la gente, encuentra una salida para su inteligencia social y su sentido del humor, y conecta con la educación, que le da un sentido de propósito. Así que la enseñanza y la supervisión tocan su punto de flujo. Tal vez podría adaptar su función actual (como directivo) o querría cambiar de trabajo. Gracias a este modelo, tiene más claridad para pasar a la acción.

EL MODELO MPS DE CHRISTIAN

Significado
Justicia, educación, optimizar procesos

?

Placeres
Navegar, cocinar, leer, deportes de competencia, *coaching*

Fortalezas
Perseverancia, sentido del humor, inteligencia social, honestidad

Figura 11.4

ıl|| MEDIO

EXTENSIÓN DEL ENTRENAMIENTO LIGERO En la parte izquierda de una hoja de papel, escribe una lista de hasta 30 actividades que realizas en un día normal (de trabajo); por ejemplo, levantarte, bañarte, desayunar, vestirte, ir a la oficina en bicicleta, hacer una llamada telefónica, reunirte con un cliente, hacer una evaluación de los empleados, tomar una clase de violín y recoger a los niños de una clase de natación. Considera lo siguiente en cada caso: ¿te da un sentido?, ¿te permite poner en marcha tus fuerzas de carácter?, ¿te proporciona placer (disfrute)? Según tus respuestas, escribe una M, P y/o S después de la actividad.

A continuación, crea un plan de acción concreto en el que cada día de trabajo añadas significado, placer o puntos fuertes (de preferencia los tres) a una de tus actividades actuales. No lo hagas sólo con las tareas rutinarias, sino también con las actividades que suponen un reto o un consumo de energía, o que te resultan difíciles. Por ejemplo, si no te gusta hacer entrevistas de evaluación, intenta poner más puntos fuertes, significado y/o placer en esa actividad.

ıl INTENSO

En la versión de formación intensiva, se trata de una visión más amplia. Te ofrece una visión panorámica de tu vida en la que te planteas grandes decisiones sobre el trabajo, los estudios y el amor.

EJERCICIO 1: COMPLETA LAS FRASES (INTENCIONALMENTE)

Completa cuatro frases cada día. Algunos ejemplos podrían ser:

- Para mí, una vida con propósito significa...
- Si aceptara 5% más de responsabilidad por mis deseos más profundos...
- Si añadiera 5% más de sentido a mi trabajo (o a mis relaciones, mi matrimonio, mi paternidad)...

▐▬▐ Si quisiera más cualidades fundamentales en mi vida, podría...

Hay más ejemplos de frases en la semana 10. Elige aquellas que te convengan en este momento, para las que te gustaría tener respuestas. Programa diez minutos con un temporizador. Toma la primera frase, escribe de seis a diez respuestas y luego pasa a la siguiente. Escribe lo que se te ocurra. Practica en momentos determinados, por ejemplo, antes de ir a trabajar. Lee tus respuestas al final de la semana. Dedica (al menos) media hora a reflexionar en silencio, en el sofá, en la mesa de la cocina o, de preferencia, durante un paseo. Una opción alternativa sería comentar tus respuestas con un ser querido, un conocido o un colega. A continuación, crea un plan de acción para las próximas dos semanas y establece pequeños pasos que te acerquen a tu objetivo.

EJERCICIO 2: CONSEJO DE TU YO FUTURO

Dedica al menos 15 minutos para realizar este ejercicio de visualización.

La tragedia de la vida es que sólo en retrospectiva te das cuenta de cómo deberías haber afrontado una situación o cómo deberías haberte comportado. Imagina que tienes más de 80 años y que le das un consejo a tu yo más joven. Escríbelo, o imagínalo sin escribirlo, lo que mejor te funcione.

Si sueles pensar más en imágenes que en palabras, no pasa nada: intenta hacer un regalo simbólico a tu yo más joven o acompáñate a un lugar muy significativo para ti.

Trata de convertir la sabiduría que obtengas de este ejercicio en algo concreto, algo que puedas cambiar ahora mismo. Por ejemplo, atreverte a ser tú mismo; dedicarte más tiempo a ti mismo; pasar más tiempo con un ser querido; reconciliarte con un viejo amigo;

realizar trabajo voluntario; dar un primer paso para que tu trabajo sea más satisfactorio...

ENFRIAMIENTO

Esta semana se ha centrado en la reflexión acerca de ti mismo: ¿qué haces bien, qué te da placer, qué te parece importante? ¿Descubrir todo esto fue una buena experiencia? ¿O te ha resultado frustrante, porque no sabes cómo llenar ese punto de flujo?

Recuerda que una sola semana es muy poco tiempo para descubrir tu vocación. Así que siéntete orgulloso de haber dado el primer paso. Y date cuenta de que hacerte las preguntas adecuadas es más importante que encontrar las respuestas. En tu búsqueda, intenta utilizar tus puntos fuertes y obtener de ellos significado y placer, como el orgullo (porque demuestras valor, porque eres activo) y la diversión (reírte de tus decisiones "equivocadas", disfrutar conociendo gente nueva). Recuerda que, en realidad, lo que todos hacemos es salir del paso y hacer tonterías. El truco está en obtener suficiente placer, significado y felicidad mientras "salimos del paso" y "hacemos tonterías".

Pregúntate si has logrado algo de lo siguiente en la semana 11:

- ¿Buscas divertirte más haciendo las cosas que realmente quieres hacer?
- ¿Tienes una mejor idea de tus cualidades fundamentales y las pones en práctica en diferentes contextos?
- ¿Tienes una mejor idea de tus valores, de lo que significa para ti un sentido de propósito y de si actúas en consecuencia con ello?
- ¿Has encontrado diversión y sentido, y has usado tus puntos fuertes en tareas ordinarias, cotidianas o aburridas?

12

FUERZA DE VOLUNTAD

A lo largo de las últimas 11 semanas has estado ejercitando tu aptitud mental para que tu vida sea más placentera y tenga un propósito, en tu camino hacia una mentalidad sostenible de felicidad. Pero debes seguir con este ejercicio, igual que tienes que seguir yendo al gimnasio. Así que esta semana vas a reforzar tu fuerza de voluntad. Una mayor fuerza de voluntad no sólo te hace más feliz, sino que utilizarla eficazmente también te permite integrar los ejercicios de entrenamiento mental en tu vida diaria. Te convertirás en tu propio entrenador personal mientras creas una vida significativa y feliz.

CALENTAMIENTO

El champán fluye, oyes el crepitar de los fuegos artificiales y tus propósitos de Año Nuevo resuenan en tu cerebro: "Menos Facebook/ una dieta más sana/no trabajar en exceso/dormirme más temprano...". Aunque algunos son escépticos respecto a este tipo de propósitos, al parecer quienes se fijan objetivos como éstos tienen diez veces más probabilidades de cambiar su comportamiento que quienes no lo hacen. De hecho, la mayoría de las personas que establecen propósitos de Año Nuevo los mantienen durante meses. Los problemas surgen a los seis meses, cuando alrededor de 60% los da por terminados. Y el 31 de diciembre sólo 8% levanta la copa por haber logrado un cambio de comportamiento exitoso durante el año, como una alimentación más sana.[1] Y ahí está el círculo vicioso de la infelicidad. ¿Cómo mantener el cambio de comportamiento durante meses, años, para siempre? Sobre todo cuando no se percibe la persistencia.

EL MÚSCULO DE LA FUERZA DE VOLUNTAD

Roy Baumeister, científico y experto en fuerza de voluntad, afirma que la fuerza de voluntad es como un músculo.[2] He aquí un ejemplo que ilustra este concepto.

Investigadores de la Universidad de Copenhague siguieron a 60 hombres "con lonjas" que intentaban perder peso en 13 semanas haciendo ejercicio cada día. Tras todas esas semanas, la báscula mostró una pérdida de peso promedio de 3.6 kg entre los que realmente se habían esforzado durante media hora cada día. Sin embargo, los hombres que habían hecho ejercicio todos los días durante una hora completa (con un nivel de esfuerzo similar) no perdieron más peso, sino menos: en promedio perdieron "sólo" 2.7 kg. Esta sorprendente diferencia se debió a la sobrecarga, no de sus músculos abdominales o de las pantorrillas, sino del músculo de la voluntad. Los que hacían ejercicio durante media hora conservaban más motivación para desarrollar un estilo de vida saludable además de su rutina de ejercicios. Por lo general evitaban los postres y se trasladaban en bicicleta en lugar de en coche. El músculo de la voluntad de los hombres que hacían ejercicio durante una hora cada día estaba sobrecargado. Tenían menos motivación para llevar una vida más saludable.[3]

REVELACIÓN

La fuerza de voluntad se utiliza para diversas tareas y puede agotarse fácilmente. Si te levantas temprano por la mañana para ir al gimnasio, ordenar la casa y hacer una de esas largas llamadas telefónicas a la Tía Quejumbrosa, tal vez acabes tomándote una botella entera de vino por la noche. La buena noticia es que, al igual que los músculos reales, la fuerza de voluntad se entrena. El truco consiste en fortalecer el músculo de la fuerza de voluntad sin sobrecargarlo, y esto empieza por fijarse los objetivos adecuados.

ELÍXIRES PARA LA FUERZA DE VOLUNTAD

Culturalmente, estamos programados para pensar en términos de tener "objetivos". ¿Qué te gustaría ser de mayor? ¿Dónde te gustaría estar dentro de cinco años? ¿Cuál es tu objetivo en el maratón? ¿Cuántos hijos te gustaría tener? ¿Cuál es tu objetivo de facturación para el próximo año? ¿Cuántos kilos quieres perder? El problema es que, una vez fijados los objetivos, nos castigamos si no los logramos en un plazo determinado y alabamos a los demás cuando lo consiguen. Programas como *La Voz,* libros como *El secreto* y numerosas empresas económicamente inviables sufren el mortal virus de "si sólo te lo propones". Es un virus peligroso porque: *a*) es fácil atiborrar tu vida de objetivos poco realistas, y *b*) inevitablemente te darás una patada en el trasero cuando no los logres.

Por supuesto, no estoy diciendo que debes olvidarte de tus sueños y eliminar tus objetivos. Es bueno soñar y establecer objetivos, pero lo que sueñas y a lo que aspiras es más importante.

Muchas personas aspiran a la riqueza, el estatus y el poder (es decir, al éxito), con la esperanza de que eso las haga felices. Estos objetivos no son útiles, porque (como vimos en la semana 11) son contraproducentes: el éxito no te hace feliz; es la felicidad la que trae el éxito. Lo mejor sería que todo lo que hagas esté alineado con tu objetivo final: una vida feliz y con sentido. Y así tu músculo de la voluntad crecerá y se desarrollará.

Piensa en la resistencia de las personas apasionadas, ya sean profesores, cocineros, abogados, padres, médicos o artistas. Se mueven por su objetivo final, y esto da forma a sus vidas. En el camino, se fijan metas concretas, que van desde obtener estrellas Michelin hasta ganar juicios. Todos necesitamos esos hitos, pero no deben ser nuestro centro de atención ni interponerse en nuestro objetivo *final*: por ejemplo, la cuenta bancaria sana que oscurece el deseo de libertad total. Da pequeños pasos y no pierdas de vista tu objetivo final; éste es el elixir de la fuerza de voluntad.

RESERVAR LA FUERZA DE VOLUNTAD

Todo el mundo sabe que un músculo puede trabajarse en exceso, por lo que debes determinar conscientemente cómo lo utilizas. Reserva tu fuerza de voluntad para actividades que contribuyan a una vida feliz. Los siguientes cinco consejos te ayudarán.

1. Limita tus objetivos

Establecer objetivos factibles es importante, pero igual de importante es ajustarlos periódicamente o incluso abandonarlos. El tiempo es el regalo más preciado que te puedes dar. Te da energía mental y, por lo tanto, perspicacia y fuerza de voluntad para tomar las decisiones que realmente importan. Y si de repente, de la nada, empiezas a ejercitar tu atención, a trabajar de forma más eficiente, a acostarte más temprano y a eliminar el azúcar... lo más probable es que al segundo día te encuentres enviando mensajes de texto a la una de la madrugada, viendo Netflix, usando Facebook y comiendo waffles con miel.

Piensa en el mes pasado (o revisa tu agenda) y mira qué objetivos (recurrentes) puedes especificar. ¿A cuáles podrías renunciar? Tal vez hagas demasiado ejercicio, asistas a demasiadas reuniones o veas a más gente de la que realmente quieres. ¿A qué has dicho "sí" cuando desearías decir "no"? Esta semana, decídete a dejar de lado al menos un objetivo.

ABDOMINAL MENTAL

2. Da pequeños pasos

Ya hemos hablado de esto antes: los cambios pequeños requieren menos fuerza de voluntad y, en consecuencia, tienen más posibilidades de éxito. Los objetivos son más eficaces y poderosos si están bien formulados y son cuantificables, alcanzables, pero también con un límite de tiempo.

3. Acepta tu rutina, minimiza las opciones

¿Izquierda o derecha? ¿Pasta o arroz? ¿A quién llamo primero, a A o a B? Uno hace muchas elecciones al día, y esto tiene un efecto desastroso sobre la fuerza de voluntad, dice Barry Schwartz[4] en su libro *La paradoja de las elecciones.* La rutina y la regularidad, en cambio, ayudan a mantener la fuerza de voluntad. Por ejemplo, la flexibilidad de los horarios de los gimnasios parece una idea sensata, pero en realidad socava la fuerza de voluntad disponible: puedes pasar todo el tiempo decidiendo exactamente cuándo vas a hacer ejercicio y si lo harás. Si sabes que vas a ir a boxear los martes por la noche y a correr los jueves por la mañana, hay menos incertidumbres; estás más tranquilo y conservas tu fuerza de voluntad.

Estoy seguro de que has entendido que los comportamientos automáticos no siempre son deseables; los rituales, sin embargo, son una excepción. Tony Schwartz y Jim Loehr explican en *The Power of Full Engagement: Managing Energy, Not Time,* cómo los rituales provocan un cambio sostenible. Según ellos, el ritual tiene tres características: la acción se describe con precisión; su momento es específico; y su realización se sustenta en profundos valores personales. Un ejemplo de este tipo de ritual es el ejercicio de la parte 2, en el que te pedimos que escribieras todos los días cinco cosas por las que estás agradecido. Realiza siempre este ejercicio justo antes de acostarse, en la mesa de la cocina, escuchando la misma música de fondo, en el mismo libro y basándote en sus valores, no porque "debas hacerlo". Si utilizas el poder de los comportamientos y las rutinas automáticas, evitas usar tu fuerza de voluntad, la cual reservarás para los momentos y las actividades más importantes para ti.

4 . Usa el lenguaje de la fuerza de voluntad: quiero, puedo y voy a hacerlo (y si no lo haces, no hay problema)

La forma en que te hablas a ti mismo marca la diferencia incluso cuando se trata de tu fuerza de voluntad. En un estudio, 80% de los sujetos que se motivaron a sí mismos diciendo: "No voy a... [comer dulces, beber alcohol, etc.]", logró mantener sus intenciones, en comparación con sólo 10% de los sujetos que se repitieron el mantra: "No debo...". Está claro que un dedo acusador no funciona tan bien como una frase neutra. Esto demuestra que el lenguaje que surge de los sistemas de impulso y amenaza sólo proporciona una motivación a corto plazo, mientras que el lenguaje del sistema calmante es motivador y dura más tiempo.

Consulta la semana 6 para ver un resumen de las palabras y frases utilizadas en los tres sistemas de regulación de las emociones.

El enfoque positivo tiene un impacto similar: es decir, si te dices "me gustaría" en lugar de "no quiero". Es mejor decirse a uno mismo: "Quiero vivir más atento" en lugar de "No quiero hacer muchas cosas al mismo tiempo". ¿Por qué? Al cerebro le resulta difícil procesar palabras negativas como "no", porque requiere energía mental para pensar en lo que deberías hacer en su lugar. En relación con esto, persigue tus objetivos desde la aceptación y la corrección de ti mismo (motivados desde el sistema calmante) y no desde la autocrítica (sistemas de impulso y amenaza). La autocrítica mina tu energía mental y absorbe tu fuerza de voluntad en poco tiempo. El sentimiento de culpa aumenta las posibilidades de cometer los mismos errores.[5]

ABDOMINAL MENTAL

Reflexiona durante diez minutos sobre qué cosa (o qué comportamiento) te gustaría cambiar. Piensa en tres cosas. Y luego investiga si estás convencido de que no estarás satisfecho contigo mismo hasta que hayan cambiado. ¿Puedes establecer tu objetivo desde la aceptación de tu situación actual?

5. Las acciones hablan más que las palabras (y que los pensamientos)

Si llevas días pensando en hacer algo (por ejemplo: "Tengo que actualizar mi página web, organizar las vacaciones, etcétera") sin hacer nada, eso te consume la fuerza de voluntad. Cuando piensas en ello, tu cerebro concluye que ya has empezado a trabajar. Por lo tanto, puedes estar "trabajando en ello" durante horas, días, semanas, años sin producir nada. La atención (el entrenamiento) te hace consciente de este patrón de comportamiento. Entonces tienes tres opciones: actuar, cancelar o tranquilizar al cerebro para que no se te olvide ponerlo en tu lista de tareas. Te ayuda a reservar fuerza de voluntad y energía para otras decisiones.

FORTALECE TU FUERZA DE VOLUNTAD

Una vez que hayas elegido conscientemente el objetivo para el que necesitas tu fuerza de voluntad, también puedes fortalecer tu músculo de la voluntad. Una vez más, hay cinco consejos.

1. Comparte tu meta y tus éxitos

¿Quieres dejar de fumar? Comparte tu intención con tus amigos y/o publica tu intención en Facebook. ¿Te da miedo hacerlo? Sí, tal vez, pero también es un factor de motivación adicional. Además de establecer tu intención, has organizado un equipo de apoyo. Es posible que tus amigos te envíen mensajes como "¡Puedes hacerlo!" y "¡Es fantástico!". ¿Y si llevas seis meses sin fumar? Pues comparte este logro con los demás. Las investigaciones confirman el impacto positivo del apoyo y el estímulo externos.[6]

2. No olvides que tú estás en control

La sensación de tener el control aumentará tu fuerza de voluntad. Incluso la ilusión de tener el control la incrementa: menos personas sienten miedo al conducir un coche que al estar en un avión. La fuerza de voluntad se pierde cuando no se tiene la sensación de autonomía; uno se pone ansioso o renuncia. En particular, la conciencia del control interno aumenta la fuerza de voluntad; en otras palabras, la comprensión de que puedes dominar tus propias respuestas y comportamientos. Darte cuenta de que puedes controlar tu decepción (véase la parte 2 sobre la compasión) tras una solicitud fallida te motivará a volver a intentarlo en el mercado laboral. El concepto (poco realista) de control externo (pensar que puedes hacer que el encargado de Recursos Humanos haga lo que tú quieres) suele tener un efecto desmotivador y reduce la fuerza de voluntad.

3. Cambia tus comportamientos automáticos

Acepta tus comportamientos automáticos, no sólo para no malgastar la fuerza de voluntad, sino también para ejercitarla. Empieza a ejercitar hábitos fáciles. ¿Siempre te cepillas los dientes con la mano derecha? Ahora prueba con la mano izquierda. Practica a ponerte de pie sobre los dos pies en lugar de poner todo tu peso en un pie, intenta sentarte derecho en tu escritorio, espera al menos un minuto antes de comer algo rico, estaciona tu coche en el mismo espacio (o en uno diferente) todos los días. Éstas son una forma lúdica de practicar tu fuerza de voluntad en pequeñas tareas. Si empiezas a irritarte o a aburrirte, tómate un descanso o elige una alternativa. Escoge actividades que no sean demasiado exigentes, pero que requieran cierto esfuerzo (y que no tengas que "cambiar" necesariamente, como lavarte los dientes con la otra mano).

4. Pon a trabajar a tu yo perezoso

¿Te decepciona cuando, al final de tu jornada laboral, revisas tus logros? Seguro piensas que podrías haber hecho todo eso en menos de dos horas si no hubieras estado revisando los correos entrantes o el teléfono. Si esto es algo habitual, la regla de los 20 segundos[7] puede ayudarte. Utiliza la pereza humana que tenemos arraigada para deshacerte de los malos hábitos, creando obstáculos antes de poder llevarlos a cabo. Por ejemplo, cierra la sesión de tu cuenta de correo electrónico y crea una contraseña casi imposible (como "Sólo puedo revisar mis correos una vez cada tres años") que te tomará más tiempo ingresar cada vez que quieras revisar tu bandeja de entrada. Suena inútil y requiere mucho tiempo, pero al final no te conectarás con tanta frecuencia porque requiere "tanto" esfuerzo. Pronto acabarás con tu tendencia a revisar los correos. La regla de los 20 segundos se aplica a todo tipo de malos hábitos. Por ejemplo, poner el teléfono con todas sus aplicaciones distractores en un cajón del armario de tu habitación. ¿O quieres comer menos pan? Mét> Métalo al congelador, lo que significa que primero hay que descongelar y luego tostar: "Mucha molestia, olvídalo". Poner tu pereza "en acción" aumenta tu conciencia de las ocasiones en las que no lo estás haciendo bien.

Todos sabemos que revisar el teléfono móvil antes de acostarse afecta al sueño. Y que tampoco es buena idea empezar el día consultando las noticias y enviando mensajes. Así que prohíbe el teléfono en el dormitorio y, si es necesario, compra un despertador análogo.

ABDOMINAL MENTAL

La regla de los 20 segundos también se usa a la inversa para aprender buenos hábitos. ¿Quieres hacer más deporte? Prepara tu ropa por la noche. ¿Te gustaría meditar con regularidad? Crea una pequeña zona cómoda en tu casa con todo lo que necesitas ya preparado. Sólo debes detenerte y sentarte.

5. Visualiza el peligro

En un momento de calma puedes pensar: "Nunca más abriré una botella de vino entre semana", y estás lleno de buenas intenciones. Pero cuando llega el martes por la noche, y estás agotado, estresado y emocionado después de un día terrible en el trabajo, esas intenciones se desvanecen con rapidez. La ciencia llama a esto la "brecha de empatía frío-caliente", que es tu incapacidad, incluso cuando estás en tu momento más racional y tranquilo, para estimar tu reducido nivel de autocontrol en los momentos difíciles.

Esa brecha siempre estará ahí, pero puedes visualizar el peligro por adelantado. Imagínate que te ofrecen unos deliciosos aperitivos en una fiesta y sigues diciendo con firmeza: "No, gracias". Al visualizar la situación y tu poderosa respuesta, es más probable que respondas así en la vida real.

DALE TIEMPO A TU FUERZA DE VOLUNTAD PARA RECUPERARSE

"El estrés no es el mayor enemigo de los grandes logros, sino la falta de recuperación", dice Jim Loehr, psicólogo del rendimiento. Considera la fuerza de voluntad como si fuera un logro: la recuperación es crucial para construir tu fuerza de voluntad. Aquí tienes cinco consejos que te ayudarán.

1. Aliméntate de forma saludable

La fuerza de voluntad necesita glucosa (energía) al igual que tus músculos. Levantarte temprano, rechazar un pedazo de pastel, caminar en lugar de usar el autobús... Cuando aplicas tu fuerza de voluntad, utilizas glucosa. El cuerpo quiere reponerla lo antes posible. El azúcar, los dulces y otros carbohidratos de rápida absorción son la forma más rápida de hacerlo. Después de este tipo de impulso energético, tu nivel de glucosa desciende aún más rápido. Ya conoces la sensación: acabas cansado y agotado. En esos momentos, tu fuerza de voluntad está en su punto más débil: no tienes energía para impulsarte. A menudo encuentras la "solución" en los alimentos con azúcares rápidos: una bolsa de gomitas o papas fritas... El círculo vicioso empieza. Sin embargo, los azúcares se absorben más lento en los alimentos con carbohidratos de absorción lenta. El nivel de glucosa se mantiene constante durante más tiempo y los niveles de energía se equilibran, lo que supone una buena fuente de fuerza de voluntad.

2. Duerme lo suficiente

Bostezo, no vamos a recibir otra vez el clásico sermón sobre el sueño, ¿verdad? Pues sí, porque, aunque se ha escrito mucho sobre ello, seguimos subestimando la necesidad de dormir bien. Antes, sólo los padres con hijos pequeños se quedaban dormidos en el trabajo, pero ahora casi todo el mundo lo hace. Y el culpable: la luz azul de nuestras computadoras portátiles y teléfonos móviles, por supuesto. Pero ¿sabías que incluso hacer una llamada telefónica, ver la televisión o simplemente leer una revista o un libro ralentiza la producción de melatonina (la hormona que da sueño)? La privación del sueño hace que al día siguiente se te antojen alimentos con azúcares rápidos, porque necesitas un incremento rápido de energía y porque la falta de sueño obstruye el almacenamiento de glucosa.

3. Tómate un descanso
"Estoy muy ocupado." En las sociedades occidentales, ésta es una respuesta habitual a la pregunta: "¿Cómo estás?". Y es bastante exacta para expresar el estado de las cosas. El problema es que correr de una cita a otra no le da a tu fuerza de voluntad la oportunidad de recuperarse. Intenta adoptar una actitud más relajada haciendo descansos. Si te resulta difícil, vuelve a la parte 1 sobre la atención, donde encontrarás muchas técnicas que te ayudarán.

4. Usa pequeños trucos y herramientas
Aplica la motivación: "No desperdicies tu dinero". Todos nos programamos para evitar las pérdidas. Tú no estás exento. Nuestro sufrimiento cuando perdemos mil libras es mayor que nuestra felicidad si ganamos la misma cantidad. Imagina que quieres leer tres libros este mes. Pon una suma importante de dinero (por ejemplo, 50 libras) en un sobre, dáselo a un amigo y acuerda con él que, si no tienes éxito, tu amigo dará el dinero a una organización benéfica o causa que tú no apoyes. Por ejemplo, si por lo regular votas por los conservadores, dáselo a los liberales, o viceversa. A continuación, discute con un amigo o con tu pareja qué harás con el dinero si lees esos tres libros: podrías hacerle un regalo o invitarlos a salir. Se trata

de una doble apuesta: te sientes incómodo ante la idea de hacer una donación a tu partido político menos favorito y no quieres decepcionar a tu amigo.

ABDOMINAL MENTAL

El despertador SnūzNLūz funciona según el mismo principio. El reloj te castiga por (el insano hábito de) dormitar. El despertador está vinculado a tu cuenta bancaria vía internet. Cada vez que se pulsa el botón de repetición, se deposita una cantidad fija en la cuenta de una organización benéfica designada a la que, sin duda, no se desea apoyar: el carnívoro comprometido dona a la Sociedad Vegana, el ateo recalcitrante dona a la Iglesia.

---

5. Recompénsate

El combustible esencial para la fuerza de voluntad es una recompensa para ti mismo. ¿Limpiaste las ventanas y te gustaría hacerlo con frecuencia? Date una pequeña recompensa: una revista, media hora de descanso, o una barra de chocolate. La próxima vez tardarás menos tiempo en encontrar el limpiavidrios. Date tiempo para la recompensa, aunque creas que no tienes ninguna. Verás que al final del día eso te compensará; tendrás más energía y fuerza de voluntad para salir a correr a primera hora de la mañana.

ABDOMINAL MENTAL

Haz una pequeña lista de recompensas (saludables). Pégala en el refrigerador de tu casa. Si se te ocurren otras cosas en los próximos días, añádelas a la lista.

ENTRENAMIENTO

La integración de las técnicas que promueven la atención, la compasión y la felicidad en tu vida depende totalmente de la fuerza de voluntad, que a su vez se basa en la rutina. Esta semana utilizarás la rutina para ejercitar tu fuerza de voluntad.

▮▯▯ LIGERO
EJERCICIO 1: RUTINA 1

Elige una rutina diaria que vayas a cambiar. Cuando te hayas acostumbrado a la nueva rutina, elige otra y cámbiala.

EJERCICIO 2: RUTINA 2

Elige una actividad que comúnmente pospongas (por ejemplo, un viaje a la playa, un ejercicio de atención activa, la limpieza, el mantenimiento de tu página web, llamar a tu abuela) y define un día y una hora determinados (o días y horas). Anota esta actividad en tu agenda. Cuanto más rutinaria sea la actividad, más fácil te resultará cumplirla.

EJERCICIO 3: VISUALIZA EL PELIGRO

Dedica cinco minutos al día a visualizar un patrón obstructivo que quieras romper (por ejemplo, revisar el teléfono o comer de forma poco saludable). Imagina tu comportamiento constructivo, de forma vívida y concreta. Si es posible, mantén un patrón durante varios días.

EJERCICIO 4: 20 SEGUNDOS

Elige un hábito que quieras dejar y aplica la regla de los 20 segundos (detallada anteriormente en este capítulo).

ılı MEDIO

EXTENSIÓN DEL ENTRENAMIENTO LIGERO Escríbete una carta. Sé alentador y anota lo que esperas obtener de estas 12 semanas y que utilizarás por el resto de tu vida. No vuelvas a hojear el libro, sino que trata de recordar las ideas y las actividades de memoria. Lo que te venga a la mente será lo que más valores. ¿Qué te gustaría recordar y qué te gustaría incorporar a tu vida cotidiana? Comparte algunas de tus nuevas ideas.

Mete la carta en un sobre, dirígela a ti mismo y ponle un timbre. Luego entrégasela a un amigo, a un ser querido o a un familiar, y dile que la envíen cuando les convenga, máximo a los dos meses.

Cuando recibas esta carta de ti mismo, date el tiempo suficiente para leerla con detenimiento. Debería servir para refrescarte y estimularte. Podrías responder escribiendo una nueva carta dirigida a ti mismo, y así sucesivamente.

ılı INTENSO

EXTENSIÓN DEL ENTRENAMIENTO LIGERO + MEDIO Lee todo el libro de nuevo. Tómate tu tiempo. Subraya, resalta, lee activamente. Tal vez extraigas algo nuevo de los pasajes que te saltaste, o que encuentres ejemplos que te inspiren o te den una nueva visión. Anota qué ejercicios te han resultado más útiles. ¿Qué ejercicios te gustaría seguir utilizando o hacer con más frecuencia? Concreta esto al usar los consejos de este último capítulo. Ten siempre en mente el primer consejo: "Limita tus objetivos".

ENFRIAMIENTO

El cambio sostenible se logra al introducir pequeños cambios en las rutinas diarias elegidas conscientemente; no se produce en una epifanía en la que todo parece encajar de repente. Si esperas un gran momento de revelación, olvídalo; es más, tíralo a la basura. No te rindas; acepta en cambio las dificultades e inconvenientes que surjan al ejercitar tu fuerza de voluntad y consolidar hábitos buenos y saludables. Pero mantente alerta: demasiados inconvenientes dañan el músculo de la fuerza de voluntad.

Pregúntate si has logrado algo de lo siguiente en la semana 12:

- ¿Alineas tus objetivos autoimpuestos con tu objetivo final, que es llevar una vida significativa y feliz?
- ¿Estableces objetivos desde la autocorrección, en lugar de desde la autocrítica?
- ¿Aplicas tus rutinas para potenciar tu fuerza de voluntad?
- ¿Ahora ves con claridad cómo conservar tu fuerza de voluntad? ¿Has aprendido más trucos y ejercicios para fortalecer tu fuerza de voluntad?
- ¿Te das cuenta de la importancia de darle un tiempo de recuperación a tu fuerza de voluntad?

EN CONCLUSIÓN

Quizá dentro de cien años recordaremos esta época con asombro, igual que ahora recordamos con incredulidad la caza de brujas de los siglos XV-XVII. Nos preguntaremos por qué nuestra cultura, sistemas educativos, organizaciones y gobiernos estaban tan obsesionados con la prosperidad material y el crecimiento económico. ¿Por qué nuestras instituciones alimentaron innecesariamente nuestra propensión evolutiva a la avaricia y el egoísmo? ¿Por qué se le dio más importancia al beneficio económico que a la vida?

La revolución científica nos ha dado tanto. Con esos pequeños aparatos en nuestros bolsillos podemos llegar a cualquier persona del mundo; volamos en enormes máquinas de metal; producimos medicinas inteligentes; vivimos y trabajamos en edificios en los que literalmente se pueden tocar las nubes y pronto, tal vez, un viaje de vacaciones a la Luna será igual que ir a la Costa del Sol. Al menos en Occidente, hemos vivido una época de paz sin precedentes, y el ciudadano promedio disfruta de una calidad de vida superior a la de la nobleza o incluso a la de los reyes y reinas del pasado.

Sonja Lyubomirsky lo expresa así en *El cómo de la felicidad*: "Podemos presentar argumentos convincentes de que el grado de confort material del que disfrutamos actualmente es igual al 5% más rico que vivía hace sólo medio siglo".

Eso está muy bien, pero tenemos que pasar de ahí: estamos en medio del siguiente paso de nuestro desarrollo desde la prosperidad material a la espiritual. Tenemos que construir una nueva sociedad en la que la riqueza material apoye la felicidad significativa, y no al revés. Una sociedad en la que no estemos obsesionados por los objetivos a corto plazo, sino por el objetivo final, que es la propia felicidad, y la alegría de nuestro viaje hacia ese objetivo. Una sociedad (mundo) en la que el apoyo y la atención a los demás sean la norma, y en la que el término "trabajo voluntario" ya no exista, porque se ha vuelto inexistente. Una sociedad, en definitiva, construida sobre una mente sana y bien ejercitada.

Es una ilusión pensar que será un proceso fácil, rápido y sin complicaciones. En palabras de Arnold Bennett: "Cualquier cambio, incluso un cambio para mejor, siempre va acompañado de incomodidades". Tenemos que abandonar los viejos sistemas y patrones de pensamiento para crear una sociedad basada en una mayor felicidad y significado. Esto irá acompañado de muchas incomodidades. El fenómeno de la caza de brujas no desapareció de la noche a la mañana. Pero nuestra historia demuestra que es posible y razonable esperar. El número de crímenes violentos y de guerras ha disminuido drásticamente en los últimos mil años, y la libertad, la salud y la expectativa de vida de muchas personas han aumentado. Si seguimos esta tendencia, nuestras instituciones, centros educativos y gobiernos acabarán entendiendo que la prosperidad material apoya la prosperidad espiritual, el objetivo más elevado que se puede alcanzar. La sustentabilidad, la conservación del clima y las perspectivas a largo plazo serán la norma y no la excepción.

Tal vez esto suene como una quimera, pero recuerden que tan sólo pensar eso es debilitante. Nos apresuramos a culpar la deficiencia de nuestro sistema como si fuéramos sus víctimas. En realidad, nosotros somos el sistema, nuestras mentes son la fuente del sistema; en otras palabras, la forma en que vemos el mundo es lo que lo crea. Tal vez parece una paradoja, pero cuanto más nos preocupamos por nuestro mundo interior, más nos preocupamos por el mundo que nos rodea. Si cambiamos nuestra visión del mundo, el mundo cambiará.

Esta relación entre mente y realidad es la que explica por qué la revolución de la felicidad puede tener un gran impacto en nuestro mundo. El cambio no nos lo imponen desde fuera gobiernos injerencistas, dictadores, grupos rebeldes u organizaciones terroristas. Es una revolución desde el interior. Se trata de una elección voluntaria, personal e individual. Si no fuera así, socavarías de inmediato la sociedad feliz. Muchas revoluciones son repulsivas, pero esta revolución tendrá un efecto magnético, porque nuestro núcleo más profundo anhela la felicidad. Por supuesto, no basta con hablar de ello (o leer un libro sobre el tema), sino que es necesario actuar. Y ahí está el reto. En teoría, muchos están de acuerdo en que una sociedad significativa y feliz es lo ideal, pero no muchos están dispuestos a trabajar para conseguirlo. La única manera de que esta revolución cobre impulso es iniciarla dentro de nuestras mentes.

Somos enteramente responsables de nuestras mentes, y podemos influir en ellas mejor que en cualquier otra cosa. Una mente sana y feliz no surge: tú la entrenas y le das forma. Y recuerda: si no haces ejercicio, ¡no será tu aliento sino tu cabeza la que apeste! Estarás mejorando no sólo tu propia vida, sino también el mundo que te rodea. Si no quieres hacerlo por tu propio beneficio, hazlo por tu familia, tus hijos, tus amigos.

Si no quieres renunciar en los momentos difíciles de la vida, el entrenamiento de la mente requiere disciplina, resistencia y valentía. Tienes que mirar dentro de ti y dejar de lado tus viejas ideas. Elige la valentía en lugar de la comodidad. Y si alguna vez te preguntas cuándo es buen momento para empezar, recuerda que sólo hay un momento, el único que importa, el único que tendrás: AHORA.

La vida es como una cámara.
Céntrate en lo que es importante.
Captura los buenos momentos.
Y si las cosas no funcionan, toma otra foto.
ZIAD K. ABDELNOUR

NOTAS

INTRODUCCIÓN

[1] mhfaengland.org/mhfa-centre/research-and-evaluation/mental-health-statistics/
[2] www.centreformentalhealth.org.uk/publications/mental-health-work-business-costs-ten-years
[3] Lyubomirsky, Sonja, Laura King y Ed Diener. "The benefits of frequent positive affect: Does happiness lead to success?", *Psychological Bulletin* 131.6 (2005): 803-55. De Neve, Jan-Emmanuel, *et al.* "The objective benefits of subjective well-being", en Helliwell, John, Richard Layard y Jeffrey Sachs (ed.). *World Happiness Report* 2013. New York: Sustainable Development Solutions Network, 2013: 54-79.

PARTE 1. ATENCIÓN

[1] www.adformatie.nl/nieuws/we-zien-377-reclames-dag (6 de julio de 2017). www.quest.nl/artikel/hoeveel-reclame-zien-we-in-ons-leven (6 de julio de 2017).
[2] "The brain is remarkable when it comes to collecting information and processing it. The more you feed it, the hungrier it gets. Technology is now feeding it an ever-expanding diet", Bruce Morton, investigador del Brain & Mind Institute de University of Western Ontario's. Ver nationalpost.com/news/canada/canadians-now-have-shorter-attention-span-than-goldfish-thanks-to-portable-devices-microsoft-study (13 de marzo de 2016).
[3] Davidson, Richard J., *et al.* "Alterations in brain and immune function produced by mindfulness meditation", *Psychosomatic Medicine* 65.4 (2003): 564-70.
[4] Goyal, Madhav, *et al.* "Meditation programs for psychological stress and well-being: A systematic review and meta-analysis", *JAMA, The Journal of the American Medical Association* 174.3 (2014): 357-68.
[5] www.pnas.org/content/102/51/18626 (7 de octubre, 2016).

SEMANA 1. LOS FUNDAMENTOS

[1] Loukopoulos, Loukia D., Key Dismukes e Immanuel Barshi. *The Multitasking Myth: Handling Complexity in Real-World Operations*. Farnham: Ashgate Publishing, 2009.

[2] Wegner, Daniel M., Alexis Broome y Stephen J. Blumberg. "Ironic effects of trying to relax under stress", *Behavior Research and Therapy* 35.1 (1997): 11-21.

[3] www.fsw.leidenuniv.nl/nieuws-2011/lorenza-colzato-en-peter-buwalda-in-pavlov-over-creativiteit-en-mediteren.html (7 de febrero de 2017).

[4] Smallwood, Jonathan, Daniel J. Fishman and Jonathan W. Schooler. "Counting the cost of an absent mind: Mind wandering as an underrecognized influence on educational performance", *Psychonomic Bulletin & Review* 14.2 (2007): 230-6.

[5] 'Watch the 'Door' Study by Daniel Simons and Daniel Levin at www.youtube.com/watch?v=FWSxSQsspiQ (15 de junio de 2017).

[6] Bradt, Steve. 'Wandering mind not a happy mind.' *Harvard Gazette* 11, 2010).

[7] Wansink, Brian y Jeffery Sobal, "Mindless eating: The 200 daily food decisions we overlook", *Environment and Behavior* 39.1 (2007): 106-23.

[8] Del Percio, Claudio, *et al.* "Neural efficiency of athletes brain for upright standing: A high-resolution EEG study", *Psychological Bulletin* 79.3 (2009): 193-200.

SEMANA 2. TU CUERPO, TU BITÁCORA

[1] Jamieson, Jeremy P., Matthew K. Nock y Wendy Berry Mendes, "Mind over matter: Reappraising arousal improves cardiovascular and cognitive responses to stress", *Journal of Experimental Psychology: General* 141.3 (2012): 417-22.

[2] Bechara, Antoine, *et al.* "Deciding advantageously before knowing the advantageous strategy", *Science* 275.5304 (1997): 1293-5.

[3] Kraft, Tara L. y Sarah D. Pressman. "Grin and bear it: The influence of manipulated facial expression on the stress response", *Psychological Science* 23.11 (2012): 1372-8.

SEMANA 3. LIDIAR CON LOS PENSAMIENTOS Y LAS EMOCIONES

[1] Estos cálculos aún son controvertidos, pero el consenso es que llegan a ser decenas de miles de pensamientos al día. Cálculo basado en National Science Foundation. Véase https://www.huffpost.com/entry/healthy-relationships_b_3307916 (8 de noviembre de 2017). La investigación en el Laboratorio de Neuroimagenología Loni incluso estima 70,000 pensamientos al día.

[2] Mehl, Matthias R., *et al.* "Are women really more talkative than men?", *Science* 317.5834 (2007): 82.

[3] Wilson, Timothy D., *et al.* "Just think: The challenges of the disengaged mind", *Science* 345.6192 (2014): 75-7.

[4] Bushman, Brad J. "Does venting anger feed or extinguish the flame? Catharsis, rumination, distraction, anger, and aggressive responding", *Personality and Social Psychology Bulletin* 28.6 (2002): 724-31.

[5] Creswell, J. David, *et al.* "Neural correlates of dispositional mindfulness during affect labeling", *Psychosomatic Medicine* 69.6 (2007): 560-5.

[6] Vago, David R. y Silbersweig A. David. "Self-awareness, self-regulation, and self-transcendence (S-ART): A framework for understanding the neurobiological mechanisms of mindfulness", *Frontiers in Human Neuroscience* 6 (2012): 296.

[7] Tashani, O. A., D. Burnett, y G. Phillips. 'The effect of brief mindfulness meditation on cold-pressor induced pain responses in healthy adults", *Pain Studies and Treatment* 5 (2017): 11-19.

SEMANA 4. ATENCIÓN ABIERTA

[1] Greenberg, Jonathan, Keren Reiner y Nachshon Meiran, "'Mind the Trap': Mindfulness practice reduces cognitive rigidity", *PloS ONE* 7.5 (2012): e36206.

[2] Tomado de John Keats. Véase Keats, John, "Selections from Keats's Letters (1817)", *Poetry Foundation* (2009).

[3] Frankl, Viktor. *Man's Search for Meaning*. London: Rider, 2004.

[4] Chiesa, Alberto y Alessandro Serretti. "Mindfulness-based stress reduction for stress management in healthy people: A review and meta-analysis", *The Journal of Alternative and Complementary Medicine* 15.5 (2009): 593-600.

[5] Carver, Ronald, Raymond Johnson y Herbert Friedman. "Factor analysis of the ability to comprehend time-compressed speech", *Journal of Literacy Research* 4.1 (1971): 40-9.

[6] Duhachek, Adam, Shuoyang Zhang y Shanker Krishnan. "Anticipated group interaction: Coping with valence asymmetries in attitude shift", *Journal of Consumer Research* 34.3 (2007): 395-405.

[7] Wacker, Katherine y Katherine Hawkins. "Curricula comparison for classes in listening", *International Journal of Listening* 9.1 (1995): 14-28.

[8] Stauffer, John, Richard Frost y William Rybolt. "The attention factor in recalling network television news", *International Journal of Listening* 33.1 (1983): 29-37.

[9] Janusik, Laura y Andrew Wolvin. "Listening treatment in the basic communication course text", *Basic Communication Course Annual* 14 (2002): 164-210.

10   Carver, Ronald, Raymond Johnson y Herbert Friedman. "Factor analysis of the ability to comprehend time-compressed speech", *Journal of Literacy Research* 4.1 (1971): 40-9.
11   Scharmer, Otto. *Theorie U.* Zeist: Uitgeverij Christofoor, 2010, 157-261.
12   Huber, Cheri. *The Key: And the Name of the Key is Willingness.* Keep It Simple Books, 1998.

PARTE 2. EL PODER DE LA COMPASIÓN

1   Estudio dirigido por el psicólogo de Stanford Brian Knutson en 2008, repetido después usando escaneos cerebrales. Los resultados serán publicados.
2   De acuerdo con el modelo de Kristin Neff.
3   Buss, David. "Sex differences in human mate preferences: Evolutionary hypotheses tested in 37 cultures", *Behavioral and Brain Sciences* 12.1 (1989): 1-14.
4   Para una interesante investigación de comparación véase http://ccare.stanford.edu/research/peer-reviewed-ccare-articles.
5   Lutz, Antoine, *et al.* "Long-term meditators self-induce high-amplitude gamma synchrony during mental practice", *Proceedings of the National Academy of Sciences of the United States of America* 101.46 (2004): 16369-73.
6   Taylor, Shelley. "Tend and befriend: Bio-behavioral bases or affiliation under stress", *Current Directions in Psychological Science* 15.6 (2006): 273-7.
7   McGonigal, Kelly. "How to make stress your friend", TEDGlobal, Edinburgh, 2013.
8   Kohn, Alfie. *The Brighter Side of Human Nature: Altruism and Empathy in Everyday Life.* New York: Basic Books, 2008.

SEMANA 5. COMPASIÓN POR UNO MISMO: LOS FUNDAMENTOS

1   Neff, Kristin y Christopher Germer. "A pilot study and randomized controlled trial of the mindful self-compassion program", *Journal of Clinical Psychology* 69.1 (2013): 28-44.
2   Baumeister, Roy, *et al.* "Does high self-esteem cause better performance, interpersonal success, happiness, or healthier lifestyles?", *Psychological Science in the Public Interest* 4.1 (2003): 1-44.
3   Ratner, Kyle y David Amodio. "N170 responses to faces predict implicit ingroup favoritism: Evidence from a minimal group study", *Social & Affective Neuroscience Society Meeting* 10 (2009), www. wjh.harvard.edu/~scanlab/SANS/docs/SANS_program_2099.pdf.
4   Frank, Robert H. *The Economic Naturalist: In Search of Solutions to Everyday Enigmas.* New York: Basic Books, 2007.

[5] Leary, Mark, *et al.* "Self-compassion and reactions to unpleasant self-relevant events: The implications of treating oneself kindly", *Personality and Social Psychology Bulletin* 92.5 (2007): 887-904.

[6] Neff, Kristin, Kristin Kirkpatrick y Stephanie Rude. "Self-compassion and adaptive psychological functioning", *Journal of Research in Personality* 41.1 (2007): 139-54. Neff, Kristin y Roos Vonk. 'Self-compassion versus global self-esteem: Two different ways of relating to oneself", *Journal of Research in Personality* 77.1 (2009): 23-50.

[7] Mischel, Walter y Ozlem Ayduk. "Willpower in a cognitive-affective processing system: The dynamics of delay of gratification", en Baumeister, Roy and Kathleen Vohs (ed.). *Handbook of Self-Regulation: Research, Theory, and Applications.* New York: Guilford, 2004: 99-129.

[8] Nørgaard, Marianne, Preben Pedersen y Merete Bjerrum. "Visualization during ablation of atrial fibrillation - stimulating the patient's own resources: Patients' experiences in relation to pain and anxiety during an intervention of visualization", *European Journal of Cardiovascular Nursing* 14.6 (2015): 552-9.

[9] *Ibid.*

[10] Mondaini, Nicola, *et al.* "Finasteride 5 mg and sexual side effects: How many of these are related to a nocebo phenomenon?", *The Journal of Sexual Medicine* 4.6 (2007): 1708-12.

[11] Dijksterhuis, Ap y Ad van Knippenberg. "The relationship between perception and behavior, or how to win a game of trivial pursuit", *Personality and Social Psychology Bulletin* 74.4 (1998): 865-77.

[12] Tiffany Field, *Touch in Early Development.* Hove: Psychology Press, 2014.

[13] Spitz, Rene A. "Hospitalism: An inquiry into the genesis of psychiatric conditions in early childhood", *The Psychoanalytic Study of the Child* 1 (1945): 53-74.

[14] Kraus, Michael, Cassey Huang y Dacher Keltner. "Tactile communication, cooperation, and performance: An ethological study of the NBA", *Science* 10.5 (2010): 745-9. 0345 300 8844

[15] Linden, David, *Touch. The Science of Hand, Heart, and Mind.* London: Penguin Books, 2016.

[16] Guerrero, Laura y Peter Andersen. "The waxing and waning of relational intimacy: Touch as a function of relational stage, gender and touch avoidance", *Journal of Social and Personal Relationships* 8.2 (1991): 147-165.

[17] *Ibid.*

[18] Neff, Kristin y Christopher Germer. "A pilot study and randomized controlled trial of the mindful self-compassion program", *Journal of Clinical Psychology* 69.1 (2013): 28-44.

SEMANA 6. DOMA A TU CRÍTICO INTERNO

1   Swann, W. B., Jr. "To be adored or to be known? The interplay of self-enhance-
    ment and self-verification", en E. T. Higgins y R.M. Sorrentino (eds.), *Handbook
    of Motivation and Cognition: Foundations of Social Behavior*, parte 2. New York:
    Guilford Press, 1990: 408-48. Joiner Jr, Thomas, Mark Alfano y Gerald Metalsky.
    "Caught in the crossfire: Depression, self-consistency, self- enhancement, and
    the response of others", *Journal of Clinical Psychology* 12.2 (1993): 113-34.
2   Swann, W. B., Jr. "The trouble with change: Self-verification and allegiance to
    the self", *Psychological Science* 8.3 (1997): 177-80.
3   Pink, Daniel. *Drive: The Surprising Truth about what Motivates Us*. London: Pen-
    guin Books, 2011.
4   Neff, Kristin, Ya-Ping Hsieh y Kullaya Dejitterat. "Self-compassion, achievement
    goals, and coping with academic failure", *Self and Identity* 4 (2005): 263-87.
5   Bandura, Albert. *Self-Efficacy: The Exercise of Control*. Belper: Worth Publishers,
    1997.
6   Neff, Kristin, Ya-Ping Hsieh y Kullaya Dejitterat. "Self- compassion, achieve-
    ment goals, and coping with academic failure", *Self and Identity* 4 (2005): 263-87.
7   Cacioppo, John y William Patrick. *Loneliness: Human Nature and the Need for So-
    cial Connection*. New York: W. W. Norton & Company, 2008.
8   Neff, Kristin, Ya-Ping Hsieh y Kullaya Dejitterat. "Self-compassion, achievement
    goals, and coping with academic failure", *Self and Identity* 4 (2005): 263-287.
9   Este ejercicio se basa en el trabajo de Paul Gilbert.
10 Werner, Oswald. "Sapir-Whorf Hypothesis", en Lamarque, Peter (ed.), *Concise
    Encyclopedia of Philosophy of Language*. Oxford: New York: Elsevier Science Ltd.,
    1997: 76-83.
11 Winawer, Jonathan, *et al.* "Russian blues reveal effects of language on color dis-
    crimination", *Proceedings of the National Academy of Sciences of the United States
    of America* 104.19 (2007): 7780-7785.
12 Wood, Joanne V., W. Q. Elaine Perunovic and John W. Lee, "Positive Self-State-
    ments Power for Some, Peril for Others", *Psychological Science* 20.7 (2009): 860-
    866.
13 Carson, James, *et al.* "Loving-kindness meditation for chronic low back pain: Re-
    sults from a pilot trial", *Journal of Holistic Nursing* 23.3 (2005): 287-304.
14 Burton, Chad y Laura King, "The health benefits of writing about positive expe-
    riences: The role of broadened cognition", *Psychology & Health* 24.8 (2009): 867-
    879.
15 Burton, Chad y Laura King, "Effects of (very) brief writing on health: The two-
    minute miracle", *British Journal of Health Psychology* 13.1 (2008): 9-14.

SEMANA 7. COMPASIÓN PARA TENER RELACIONES SANAS

[1] www.cbs.nl/nl-nl/nieuws/2015/39/een-half-miljoen-mensen-voelt-zich-een-zaam (6 de septiembre de 2017).

[2] Cacioppo, John, *et al.* "Loneliness as a specific risk factor for de- pressive symptoms: Cross-sectional and longitudinal analyses", *Psychology and Aging* 21.1 (2006): 140. Luo, Ye, *et al.* 'Loneliness, health, and mortality in old age: A nacional longitudinal study", *Social Science & Medicine* 74.6 (2012): 907-14.

[3] www.youtube.com/watch?v=jD8tjhVO1Tc (4 de febrero de 2017).

[4] Valdesolo, Piercarlo y David DeSteno. "Synchrony and the social tuning of compassion", *Emotion* 11.2 (2011): 262.

[5] Klimecki, Olga M., Susanne Leiberg, Ricard Matthieu y Tania Singer, "Differential pattern of functional brain plasticity after compassion and empathy training", *Social Cognitive and Affective Neuroscience* 9.6 (2013): 873-9.

[6] Lamm, Claus, Jean Decety y Tania Singer, "Meta-analytic evidence for common and distinct neural networks associated with directly experienced pain and empathy for pain", *Neuroimage* 54.3 (2011): 2492-502.

[7] Klimecki, Olga y Tania Singer, "Empathic distress fatigue rather than compassion fatigue? Integrating findings from empathy research in psychology and social neuroscience", en Oakley, Barbara, *et al.* (ed.), *Pathological Altruism*. Oxford: Oxford University Press, 2011: 363-7.

[8] www.youtube.com/watch?v=apzXGEbZhto (18 August 2017).

[9] Noë, Alva. *Out of Our Heads: Why You Are Not Your Brain, and Other Lessons from the Biology of Consciousness*. New York: Macmillan, 2009: 30-1.

[10] Sroufe, L. Alan, *et al. The Development of the Person: The Minnesota Study of Risk and Adaptation from Birth to Adulthood*. New York: Guilford Press, 2005: 268.

[11] Mikulincer, Mario y Phillip Shaver, "Attachment security, compassion, and altruism", *Current Directions in Psychological Science* 14.1 (2005): 34-8.

[12] Stefanie Tignor y C. Randall Colvin, "The interpersonal adaptiveness of dispositional guilt and shame: A meta-analytic investigation", *Journal of Personality* 85.3 (2017): 341-63.

[13] Davidson, Karina y Elizabeth Mostofsky, "Anger expression and risk of coronary heart disease: Evidence from the Nova Scotia Health Survey", *American Heart Journal* 159.2 (2010): 199-206.

[14] Chodron, Pema. *The Places That Scare You: A Guide to Fearlessness in Difficult Times*. Boulder: Shambhala Publications, 2007.

[15] McCullough, Michael y Charlotte Vanoyen Witvliet, "The psychology of forgiveness", en Lopez, Shane J. y C.R. Snyder (ed.), *Handbook of Positive Psychology*. Oxford: Oxford University Press, 2002: 446-55.

[16]   Worthington, Everett, Steven Sandage y Jack Berry, "Group interventions to promote forgiveness", en McCullough, Michael E., Kenneth I. Pargament y Carl E. Thoresen (eds.), *Forgiveness: Theory, Research, and Practice*. New York: Guilford Press, 2001: 228-53. Harris, Alex y Carl Thoresen, "Extending the influence of positive psychology interventions into health care settings: Lessons from self-efficacy and forgiveness", *The Journal of Positive Psychology* 1.1 (2006): 27-36.

SEMANA 8. COMUNICACIÓN COMPASIVA

[1]   DePaulo, Bella *et al.* "Lying in everyday life", *Journal of Personality and Social Psychology* 70.5 (1996): 979-95.

[2]   Niedenthal, Paula, "Embodying emotion", *Science* 316.5827 (2007): 1002-5.

[3]   Mira el documental *Story of stuff* or visit www.storyofstuff.org.

[4]   www.oxfam.org/en/research/economy-1 (19 de julio de 2017).

[5]   The World Bank. *Poverty Data: A Supplement to World Development Indicators 2008*. Washington, DC: The World Bank, 2008.

[6]   Unicef. *Progress for Children: A Report Card on Nutrition*. New York: Unicef, 2006.

[7]   Díaz, Sandra, *et al.* "Biodiversity loss threatens human well-being", *PLoS Biology* 4.8 (2006): e277.

[8]   Ellis, Erle, *et al.* "Anthropogenic transformation of the biomes, 1700 to 2000", *Global Ecology and Biogeography* 19.5 (2010): 589-606.

[9]   Norberg, Johan. *Vooruitgang*. Amsterdam: Nieuw Amsterdam, 2016.

[10] www.independent.co.uk/voices/five-things-would-happen-if-everyonestop-ped-eating-meat-a6844811.html (21 de marzo de 2017).

[11] www.youtube.com/watch?v=fyZQfop73QM (8 May 2017).

[12] Gazzaniga, Michael. *Human: The Science behind What Makes Us Unique*. New York: Harper Collins, 2008.

[13] Oveis, Christopher, Elizabeth J. Horberg y Dacher Keltner, "Compassion, pride, and social intuitions of self-other similarity", *Journal of Personality and Social Psychology* 98.4 (2010): 618-30. Sprecher, Susan y Beverley Fehr, "Compassionate love for close others and humanity", *Journal of Social and Personal Relationships* 22.5 (2005): 629-51. Weng, Helen Y., *et al.* "Compassion training alters altruism and neural responses to suffering", *Psychological Science* 24.7 (2013): 1171-80.

[14] Ésta es una idea de Christopher Germer.

369

PARTE 3. HERRAMIENTAS PARA LA FELICIDAD

[1] Kashdan, Todd y Robert Biswas-Diener. *The Upside of Your Dark Side: Why Being Your Whole Self -Not Just Your 'Good' Self -Drives Success and Fulfillment*. London: Penguin, 2014.

[2] Un comentario de Tal Ben-Shahar.

[3] Lyubomirsky, Sonja, Laura King y Ed Diener, "The benefits of frequent positive affect: Does happiness lead to success?", *Psychological Bulletin* 131.6 (2005): 803-855.

[4] *Ibid*. Ferguson, Yuna y Kennon Sheldon. 'Trying to be happier really can work: Two experimental studies", *The Journal of Positive Psychology* 8.1 (2013): 23-33.

[5] Danner, Deborah, David Snowdon y Wallace Friesen, "Positive emotions in early life and longevity: Findings from the Nun Study", *Journal of Personality and Social Psychology* 80.5 (2001): 804-13.

[6] Cita de Agnes Replier.

[7] Boorstein, Sylvia. *Happiness Is an Inside Job*, audiolibro. Ashland Blackstone Audiobooks, 2008.

[8] Milton, John, *Paradise Lost,* Samuel Simmons, 1667.

[9] Goldsmith, Kelly, *et al.*, "Happiness in the workplace: Employees who focus on maximizing happiness become happier", documento de trabajo, Northwestern University, 2013. Disponible en SSRN: dx.doi.org/10.2139/ssrn.1979829.

[10] Mauss, Iris B., *et al.* "Can seeking happiness make people unhappy? Paradoxical effects of valuing happiness", *Emotion* 11.4 (2011): 807. Schooler, Jonathan W., Dan Ariely y George Loewenstein, "The pursuit and assessment of happiness can be self-defeating", Brocas, Isabelle y Juan D. Carillo (eds). *The Psychology of Economic Decisions*, part e1. Oxford: Oxford University Press, 2003: 41-70.

[11] Mischel, Walter, *et al.* "'Willpower' over the life span: Decomposing self-regulation", *Social Cognitive and Affective Neuroscience* 6.2 (2011): 252-256.

[12] Lyubomirsky, Sonja, Laura King y Ed Diener, "The benefits of frequent positive affect: Does happiness lead to success?", *Psychological Bulletin* 131.6 (2005): 803-55. De Neve, Jan- Emmanuel, *et al.* "The objective benefits of subjective well-being", en Helliwell, John, Richard Layard y Jeffrey Sachs (eds.), *World Happiness Report 2013*. New York: Sustainable Development Solutions Network, 2013: 54-79.

SEMANA 9. LOS FUNDAMENTOS

[1] Harker, LeeAnne y Dacher Keltner. 'Expressions of positive emotion in women's college yearbook pictures and their relationship to personality and life outcomes across adulthood.' *Journal of Personality and Social Psychology* 80.1 (2001): 112.

[2] Frijda, Nico H. *The Emotions: Studies in Emotion and Social Interaction*. Paris: Maison de sciences de l'homme, 1986. Lazarus, Richard S. 'Cognition and motivation in emotion.' *American Psychologist* 46.4 (1991): 352.

[3] Fredrickson, Barbara y Christine Branigan, "Positive emotions broach the scope of attention and thought-action repertoires", *Cognition & Emotion* 19.3 (2005): 313-32.

[4] Crowley, Chris y Henry S. Lodge. *Younger Next Year: A Guide to Living like 50 until You're 80 and Beyond*. New York: Workman Publishing Company, 2004. Davidson, Richard J., Daren C. Jackson y Ned H. Kalin, "Emotion, plasticity, context, and regulation: Perspectives from affective neuroscience", *Psychological Bulletin* 126.6 (2000): 890.

[5] Metáfora de Barbara Fredrickson.

[6] Fredrickson, Barbara y Robert Levenson, "Positive emotions speed recovery from the cardiovascular sequelae of negative emotions", *Cognition & Emotion* 12.2 (1998): 191-220.

[7] Dickerhoof, Rene Melissa. *Expressing Optimism and Gratitude: A Longitudinal Investigation of Cognitive Strategies to Increase Well-Being*. Riverside: University of California, Riverside, 2007. Fredrickson, Barbara, *et al.*, "The undoing effect of positive emotions", *Motivation and Emotion* 24.4 (2000): 237-58.

[8] Fredrickson, Barbara y Marcial Losada, "Positive affect and the complex dynamics of human flourishing", *American Psychologist* 60.7 (2005): 678-86.

[9] *Ibid.*

[10] Losada, Marcial y Emily Heaphy, "The role of positivity and connectivity in the performance of business teams a nonlinear dynamics model", *American Behavioral Scientist* 47.6 (2004): 740-65.

[11] Aunque ha sido cuestionado el modelo matemático que apoya el índice de 3 a 1, sigue siendo válida la hipótesis de que la gente con un índice alto de positividad se desarrollará más. Ver también Brown, Nicholas, Alan Sokal y Harris Friedman, "The complex dynamics of wishful thinking: The critical positivity ratio", *American Psychologist* 68.9 (2013): 801-13. Fredrickson, Barbara, "Updated thinking on positivity ratios", *American Psychologist* 68.9 (2013): 814-22.

[12] Emmons, R. A. y C. S. Shelton, "Gratitude and the science of positive psychology", en Lopez, Shane J. y C.R. Snyder (eds.), *Handbook of positive psychology*. Oxford: Oxford University Press, 2002: 459-71.

[13] Sheldon, Kennon y Sonja Lyubomirsky, "How to increase and sustain positive emotion: The effects of expressing gratitude and visualizing best possible selves", *The Journal of Positive Psychology* 1.2 (2006): 73-82.

[14] McCullough, Michael, Robert Emmons y Jo-Ann Tsang, "The grateful disposition: A conceptual and empirical topography", *Journal of Personality and Social*

Psychology 82.1 (2002): 112-27. McCullough, Michael, Jo-Ann Tsang y Robert Emmons, "Gratitude in intermediate affective terrain: Links of grateful moods to individual differences and daily emotional experience", *Journal of Personality and Social Psychology* 86.2 (2004): 295-309. Algoe, Sara y Jonathan Haidt. "Witnessing excellence in action: The 'other-praising' emotions of elevation, gratitude, and admiration", *The Journal of Positive Psychology* 4.2 (2009): 105-27. Bartlett, Monica y David DeSteno, "Gratitude and prosocial behavior helping when it costs you", *Psychological Science* 17.4 (2006): 319-25.

[15] Ryan, Mary Jane. *Attitudes of Gratitude: How to Give and Receive Joy Every Day of Your Life.* San Francisco: Conari Press, 2009.

[16] Gable, Shelly, *et al.*, "What do you do when things go right? The intrapersonal and interpersonal benefits of sharing positive events", *Journal of Personality and Social Psychology* 87.2 (2004): 228-45.

[17] Croft, Alyssa, Elizabeth Dunn y Jordi Quoidbach, "From tribulations to appreciation experiencing adversity in the past predicts greater savoring in the present", *Social Psychological and Personality Science* 5.5 (2014): 511-16.

[18] Lyubomirsky, Sonja, *et al.*, "Becoming happier takes both a will and a proper way: an experimental longitudinal intervention to boost well-being", *Emotion* 11.2 (2011): 391.

[19] Giltay, Erik, *et al.*, "Dispositional optimism and all-cause and cardiovascular mortality in a prospective cohort of elderly Dutch men and women", *Archives of General Psychiatry* 61.11 (2004): 1126-35.

[20] Mount, Joan, "Depression among lawyers", en *The Colorado Lawyer* 33 (2004): 35-37.

[21] Piper, Alan T., "*Zukunftsangst!* Fear of (and hope for) the future and its impact on life satisfaction", *SOEPpaper* No. 706, noviembre 2014. Disponible en SSRN: ssrn.com/abstract=2533882, o bien: http:// dx.doi.org/10.2139/ssrn.2533882.

[22] Oettingen, Gabriele, Hyeon-ju Pak y Karoline Schnetter, "Self-regulation of goal-setting: Turning free fantasies about the future into binding goals", *Journal of Personality and Social Psychology* 80.5 (2001): 736.

[23] Meevissen, Yvo, Madelon Peters y Hugo Alberts, "Become more optimistic by imagining a best possible self: Effects of a two week intervention", *Journal of Behavior Therapy and Experimental Psychiatry* 42.3 (2011): 371-8.

[24] Abramson, Lyn, Martin Seligman y John Teasdale, "Learned helplessness in humans: Critique and reformulation", *Journal of Clinical Psychology* 87.1 (1978): 49-54.

[25] Hanson, Rick. *Geheugen voor geluk. Neem het goede in je op voor een beter leven.* Utrecht: Publisher Ten Have, 2014.

SEMANA 10. SER FELIZ CON OTRAS PERSONAS

[1]   Diener, Ed y Martin Seligman, "Very happy people", *Psychological Science* 13.1 (2002): 81-4.
[2]   Lyubomirsky, Sonja, Laura King y Ed Diener, "The benefits of frequent positive affect: Does happiness lead to success?", *Psychological Bulletin* 131.6 (2005): 803-855.
[3]   Inspirado en Dutton, Jane y Emily Heaphy, "The power of high-quality connections", en Cameron, Kim S., Jane E. Dutton y Robert E. Quinn, *Positive organizational scholarship: Foundations of a New Discipline.* San Francisco: Berrett-Koehler, 2003: 263-78.
[4]   Scherwitz, L. y J. C. Canick, "Self-reference and coronary heart disease", en Houston, B. K. y J. C. Canick (eds.), *Type A Behavior Pattern: Research, Theory, and Intervention.* Oxford: Oxford University Press, 1998: 146-67.
[5]   Zimmermann, Johannes, *et al.,* "The way we refer to ourselves reflects how we relate to others: Associations between first-person pronoun use and interpersonal problems", *Journal of Research in Personality* 47.3 (2013): 218-25.
[6]   Stark, Kio. *Hoe praten met vreemden je leven kan veranderen.* Amsterdam: Amsterdam University Press, 2016.
[7]   Gottman, John y Nan Silver. *The Seven Principles for Making Marriage Work: A Practical Guide from the Country's Foremost Relationship Expert.* New York: Harmony, 2015.
[8]   Centerwall, Brandon S., "Television and violence: The scale of the problem and where to go from here", *JAMA* 267.22 (1992): 3059-63.
[9]   Bohnet, Iris and Richard Zeckhauser, "Trust, risk and betrayal", *Journal of Economic Behavior & Organization* 55.4 (2004): 467484.
[10] Zak, Paul. *The Moral Molecule: The New Science of What Makes Us Good or Evil.* London: Random House, 2013. Berg, Joyce, John Dickhaut y Kevin McCabe, "Trust, reciprocity, and social history", *Environment and Behavior* 10.1 (1995): 122-142.
[11] Covey, Stephen. *Smart Trust: Creating Prosperity, Energy, and Joy in a Low-trust World.* New York: Simon and Schuster, 2012. Raj Raghunatha. *Als je zo slim bent waarom ben je dan niet gelukkig.* Amsterdam: Business Contact, 2015: 218-23.
[12] Historia del documental *(Dis)honesty: The Truth about Lies.* Salty Features, 2015.
[13] Término de Dacher Keltner.
[14] Para una Buena reseña, lee Collins, James Charles. *Good to Great: Why Some Companies Make the Leap ... and Others Don't.* London: Random House, 2001. Keltner, Dacher. *The Power Paradox: How We Gain and Lose Influence.* New York: Penguin, 2000.

[15] Para confirmar esto, se citan numerosos estudios en Noelle Nelson, *Make More Money by Making Your Employees Happy* (Malibu: MindLabPublishing, 2012).

[16] Kopelman, Shirli, Ashleigh Shelby Rosette y Leigh Thompson, "The three faces of Eve: Strategic displays of positive, negative, and neutral emotions in negotiations", *Organizational Behavior and Human Decision Processes* 99.1 (2006): 81-101.

[17] Kohn, Alfie. *No Contest. The Case against Competition*. Boston, MA: Houghton Mifflin Harcourt, 1992.

[18] Titmuss, Richard. *The Gift Relationship: From Human Blood to Social Policy*. New York: Guilford Press, 1997: 339. El experimento se reconfirmó en 2008 en Mellström, Carl y Magnus Johannesson, "Crowding out in blood donation: Was Titmuss right?", *Journal of the European Economic Association* 6.4 (2008): 845-63.

[19] Schwartz, Carolyn y Rabbi Meir Sendor, "Helping others helps oneself: Response shift effects in peer support", *Social Science & Medicine* 48.11 (1999): 1563-75.

[20] Basado en la historia de la serie *Fargo*.

[21] Dunn, Elizabeth y Michael Norton. *Happy Money: The Science of Happier Spending*. New York: Simon and Schuster, 2014.

[22] www.youtube.com/watch?v=Xm-T3HCa618 (8 April 2017).

[23] Koike, Takahiko, *et al.*, "Neural substrates of shared attention as social memory: A hyperscanning functional magnetic resonance imaging study", *NeuroImage* 125 (2016): 401-12.

[24] www.nytimes.com/2015/01/11/fashion/modern-love-to-fall-in-love-with-anyone-do-this.html?_r=2 (16 de Agosto de 2017).

[25] Gable, Shelly, *et al.*, "What do you do when things go right? The intrapersonal and interpersonal benefits of sharing positive events", *Journal of Personality and Social Psychology* 87.2 (2004): 228-45.

[26] *Ibid.*

[27] Korthagen, Fred y Ellen Nuijten. *Krachtgericht coachen*. Amsterdam: Boom Uitgevers, 2015.

[28] en.wikipedia.org/wiki/Microexpression (9 de mayo de 2017).

[29] Para una técnica más profunda, lee Branden, Nathaniel. *The Six Pillars of Self-Esteem*. New York: Bantam Dell Publishing Group, 1995.

[30] Tomado de Ben-Shahar, Tal. *Gelukkiger*. Amsterdam: Archipel, 2008.

[31] Carver, Ronald, Raymond Johnson y Herbert Friedman, "Factor analysis of the ability to comprehend time-compressed speech", *Journal of Literacy Research* 4.1 (1971): 40-9.

[32] Historia inspirada en la narración leída por Jack Kornfield en sus retiros de verano.

SEMANA 11. EL PUNTO ÓPTIMO DE LA FELICIDAD

[1]   Inspirado por Ben-Shahar, Tal. *Gelukkiger*. Amsterdam: Archipel, 2008.
[2]   Luthans, Fred, "Positive organizational behavior: Developing and managing psychological strengths", *The Academy of Management Executive* 16.1 (2002): 57-72. Ver también Clifton, Donald y James Harter, "Investing in strengths", en Cameron, Kim S., Jane E. Dutton y Robert E. Quinn. *Positive Organizational Scholarship: Foundations of a New Discipline*. San Francisco: Berrett-Koehler, 2003: 111-21.
[3]   Peterson, Christopher y Martin Seligman. *Character Strengths and Virtues: A Handbook and Classification*, parte 1. Oxford: Oxford University Press, 2004.
[4]   Seligman, Martin, *et al.*, "Positive psychology progress: Empirical validation of interventions", *American Psychologist* 60.5 (2005): 410-21.
[5]   Csikszentmihalyi, Mihaly. *De weg naar flow*. Amsterdam: Boom Koninklijke Uitgevers.
[6]   Adams, Susan, "Unhappy employees outnumber the happy by two to one", *Forbes* 10 (9 de mayo de 2017), www.forbes.com/sites/susanadams/2013/10/10/unhappy-employees-outnumber- happy-ones-by-two-to-one-worldwide/#1ca4f519362a.
[7]   www.independent.co.uk/life-style/british-people-work-days-lifetime-overtime-quit-job-survey-study-a8556146.html.
[8]   Wrzesniewski, Amy, *et al.*, "Jobs, careers, and callings: People's relations to their work", *Journal of Research in Personality* 31.1 (1997): 21-33.
[9]   Ibarra, Herminia. *Working Identity: Unconventional Strategies for Reinventing Your Career*. Brighton, MA: Harvard Business Press, 2013.

SEMANA 12. FUERZA DE VOLUNTAD

[1]   Norcross, John, Marci Mrykalo y Matthew Blagys, "Auld lang Syne: Success predictors, change processes, and self-reported outcomes of New Year's resolvers and nonresolvers", *Journal of Clinical Psychology* 58.4 (2002): 397-405.
[2]   Baumeister, Roy y John Tierney. *Willpower: Rediscovering the Greatest Human Strength*. New York: Penguin, 2011.
[3]   *Ibid.*
[4]   Schwartz, Barry. *The Paradox of Choice: Why More Is Less*. New York: Ecco, 2004.
[5]   http://blog.ted.com/the-science-of-willpower-kelly-mcgonigal-on-why-its-so-dang-hard-to-stick-to-a-resolution (9 de julio de 2017).
[6]   www.ideafit.com/fitness-library/science-willpower-0. (1 de agosto de 2017).
[7]   Inspirado por Achor, Shawn. *The Happiness Advantage: The Seven Principles of Positive Psychology That Fuel Success and Performance at Work*. New York: Random House, 2011.

AGRADECIMIENTOS

WOUTER DE JONG

Maud Beucker Andreae, te agradezco de todo corazón tu enorme compromiso, talento, perspicacia y amistad. Sin ti, este libro tan prolijo le habría provocado a mis lectores un dolor de cabeza, en lugar de una iluminación espiritual. Muchas gracias a la mejor editorial que podría haber deseado: a Emma, Juliët, Lydia, Mariska, Sander, Dorien, Gabina y Evelien. Comprometidos, atentos, creativos, todos ustedes son un grupo de gente inteligente y genial. Gracias, Marja Duin, has estado más que a la altura del título del "Rambo entre los editores". Judith Schoffelen, gracias por la enorme selección de portadas de libros que me has proporcionado. Mis amigos Lubert, Died, Swank, Maarten, Jurrian, Peter, Eran, Lykele, Wouter (Ritmeester) y Marije (mi hermana mayor), gracias por escuchar mis chistes, por darme su opinión e incluso por diseñar una portada. Gracias a todas las grandes mentes y pensadores que proporcionaron los fundamentos de este libro. Y a Frits Koster y Erik van den Brink, que me han enseñado que la compasión no es para los débiles, sino para los héroes. Agradezco su generosidad al permitirme utilizar algunos de los textos de sus ejercicios de compasión para las pistas de audio. Gracias, Nico Tydeman: me has enseñado a ver con asombro todo lo que hacemos en el planeta Tierra. Mis padres, Rob y Françoise, gracias por haberse casado el 3 de mayo de

1980 y por haberme criado en un entorno tan cariñoso. Querida Elise, mi pareja hasta que la muerte nos separe, muchas gracias por tu paciencia, tu confianza y lo más preciado que me has dado: nuestra hija, Ava. Ella es mi motivación para escribir este libro: una mente sana para dejarles un mundo mejor a las generaciones futuras.

MAUD BEUCKER ANDREAE

Queridos Maarten Beucker Andreae, Mick Peet y Pien Kooy: ¡muchas gracias! Su apoyo durante el proceso de escritura de este libro ha sido indiscutible. También estoy muy agradecido con Anita de Vries porque se dio cuenta antes que yo de que quería escribirlo. Wouter, Juliët, Lydia, Emma y Sander, muchas gracias por su confianza y por nuestra armoniosa colaboración.